三井さよ［著］

ケアと支援と「社会」の発見

個のむこうにあるもの

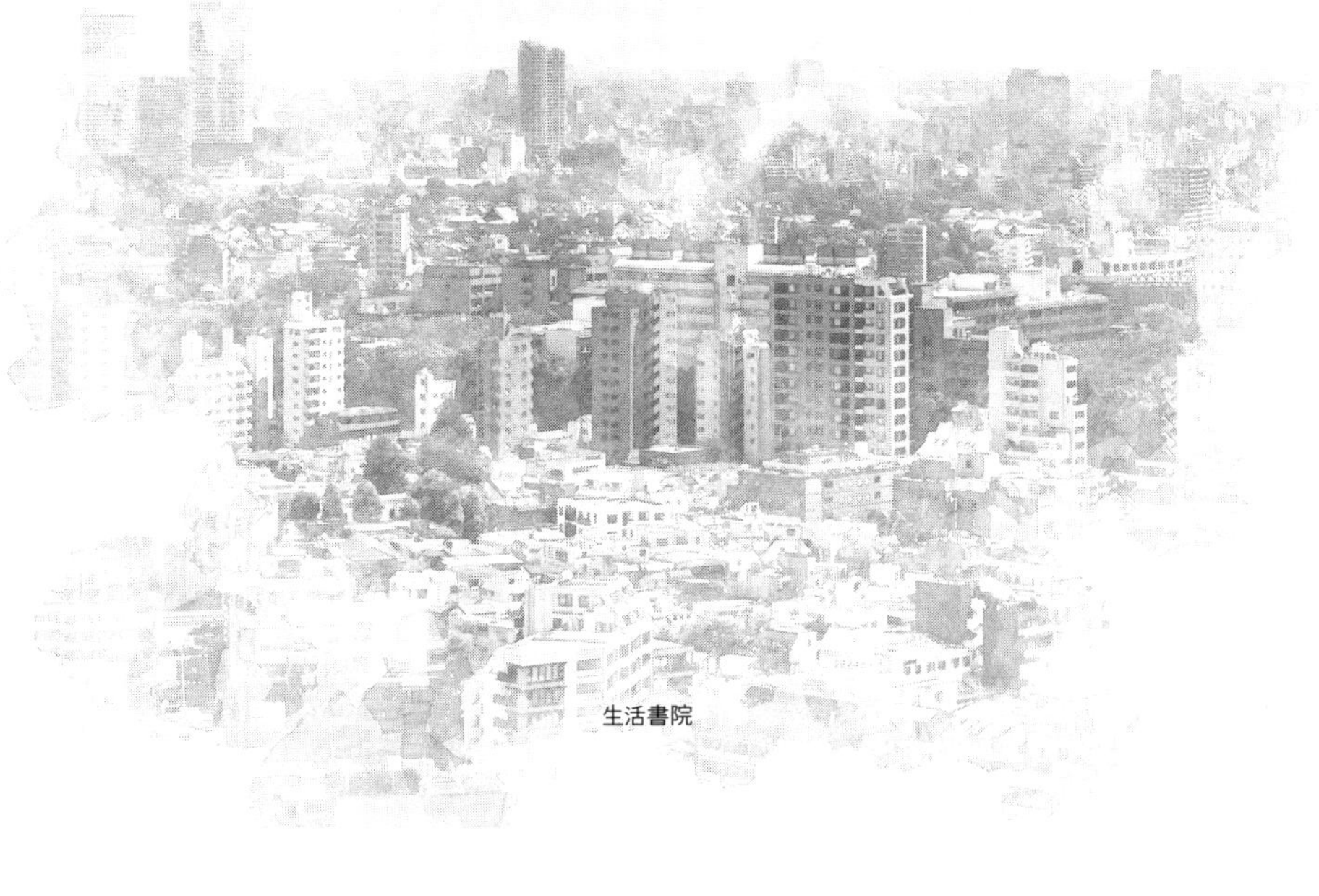

生活書院

はじめに

ケアや支援はどうしても、二者の間でケアする側がケアされる側に提供する行為や働きかけとして捉えられがちである。だが、その個々のケア行為や支援の試みのまわりには、ケアする側とケアされる側にはとどまらない場や拡がり、関係性があり、それらが個々のケアや支援に多様な意味や文脈を与えている。本書はそのようなケアのまわりにある「社会」的なものに目を向けようとしたものである。

ここで簡単に自己紹介をしておきたい。私はもともと社会学を専攻していて、博士論文では病院の看護職をはじめとした医療職へのインタビューと、阪神・淡路大震災で活躍したボランティアへのインタビュー調査に基づいて、ケアと専門職について考えた（三井 2004）。その後、現職に勤めるようになってから、ひょんなことから多摩市のたこの木クラブをはじめとした知的障害者の地域生活支援にかかわるようになった。それからもう一三年ほど、たこの木クラブでの参与観察に基づいて、ケアや支援について考えてきた（たこの木クラブや多摩の歴史については、寺本他 2008; 寺本他 2015; 三井・児玉編 2020 など）。

同時に、二〇一一年から刊行を始めた年刊誌『支援』（生活書院）の編集委員を務めてきた。この雑誌の「支援の現場を訪ねて」というコーナーでは、私が個人的に知り合ったり関心を持ったりした支援の現場について、短いエッセイを書いてきた。つながり方は本当にさまざまだったが、こうしたちょっとした現場訪問が、たこの木クラブでの参与観察といつのまにか私の頭のなかでつながっていって、支援やケアについて多く考えさせられてきた。

本書は、こうした一三年あまりの間に、あちこちで書いたものを集めたものである。本や雑誌に書いてきた四本の論文と、「支援の現場を訪ねて」一三本から成っている。たこの木クラブでの参与観察に直接基づいたものはあえて外した。特定の活動についての調査研究というより、ケアや支援一般について考えるということに重きを置きたかったからである。

集めた文章は、もともとは相互に関連のあるものではなかった。四本の論文は、そのときに与えられた課題に基づいて書いたものである。登場する現場、想定する場面もさまざまである。どれも、個別の現場の話に終始するよりは、より普遍的な課題について考えようとしてはいるが、あくまでもそのつどの課題で書いたものである。そして「支援の現場を訪ねて」は、さまざまな偶然や必然から出会った現場で、私が魅力的に感じたところに訪ねていって、そこを紹介するために書いたものである。こちらは主にその現場の魅力を伝えたくて書いており、普遍的な課題についてはあまり言及していない。いずれにしても、もともとはそれぞれバラバラな素材であり、最初から何か貫くテーマを設定していたわけではない。

にもかかわらず、振り返ってみると、相互にかなり繋がりがあり、それなりの一貫性があった。このことには、むしろまとめる段階で私自身が驚かされた。どうも私は、どの現場に関心を持つかについても、与えられた課題の咀嚼についても、自分でも気づかないうちに、ある程度共通した姿勢から臨んでいたようである。

それが、冒頭で述べた、個々のケア行為に還元されてしまわないような、それをとりまくさまざまな場や広がり、関係への注目だった。行為レベルだけ見ているのでは見えてこないようなものがあり、実際に行われるケアや支援の内実に大きく影響を与えているように見えた。そこに目を向けることが、この一〇数年の私のテーマだったようである。

これは、いいかえれば、ケアや支援がなされる場における「社会」[1]の発見だともいえる。一般に、ケアや支援について社会学的な考察をするというとき、「社会」はジェンダーやエスニシティ、階層など、あるいは組織や官僚制、法制度など、よく知られた「社会的要素」に還元されがちである。だが、おそらく「社会」というのは、そうしたよく知られた「社会的要素」だけで捉えられるものではない。現代の社会学は、よく知られた「社会的要素」だけでなく、それらに還元されないような「社会」を繰り返し発見してきたし、またそれを発見することの意味についても繰り返し考えてきた。

支援やケアの現場にも、たとえばある時空間で人とモノが織りなす場や、ある時空間での「権力」関係、あるいはそれぞれがどのような立場でどのように出会うかということなど、より微細なている。

（ミクロな）形での「社会」がある。そしてそれらは実際のケアや支援の内実に大きく影響を与えている。

そのような「社会」など、目を向けなくてもいいときが多いかもしれない。だが、ケアや支援の現場は、本当に混乱と葛藤に満ち溢れている。それはケアと支援の現場が、まさに人と人とがぶつかり合う現場であり、安易に「社会」制度の用語で切り分けられないところだからでもある。たとえば、ケア提供者として、職業人として、自身を律しようとしても、なかなかうまくいかないときがある。また、利用者を「高齢者」「障害者」、あるいは「利用者」としてまとめることや切り分けることが、ひどく暴力的に思えてしまうこともある。ケアや支援に従事する人たちは、誠実であればあるほど、ときに自分の無力さに苦しんだり、他の人と比較して自分を卑下してしまったり、自分自身を信じられなくなってしまったり、さまざまに思い悩む。そのとき、先述した意味での「社会」を適切な形で発見し、そこに目を向けることが、自分を捉え返す上で、重要な手がかりとなることがあるように思う。

つまりは、ケアや支援のように、人と人とが直接的に対峙し、向き合う場面だからこそ、逆に適切な形で「社会」を発見することが必要なときがあるのではないか。私がこの一〇数年の間に繰り返し考えてきたのは、おそらくそうしたことだったのだろう。

その意味では、本書は、ケアや支援をまさに「社会学する」試み[2]のひとつだと言ってもいい。そう気づいたときには驚いてしまった。本書に挙げた論文や文章を書いているときは、いつもだいたい、あの当事者と私の関係は何なのか、あるいはあの支援者の葛藤は何なのか、脳裏に浮かぶ人はそれぞれいて、それゆえの切羽詰まった思いで書いていて、それが「社会学」であるかどうかは、あまり強く意識していなかった。後から振り返ってはじめて、「社会」を適切な形で発見することで現場を捉え返したいと思っていたのだ、と見えてきたのである。

気づかないうちにそうしたことを試みてきていたのは、もちろんまずは、私が社会学という学問を専攻してきた人間だからである。だがおそらく、それだけではない。ケアや支援の現場で出会う人たちの中には、社会学者も顔負けだなと思うほど、社会的な力学を鋭く見抜く人が多い。ケアや支援の現場はそれだけ、適切な形で「社会」を発見することを必要としているのではないだろうか。この点については、結論で改めて立ち戻ることにしたい。

もうひとつ付け加えておきたいのは、本書でのケアと支援という言葉の使い方についてである。一般に、ケアという言葉は看護や高齢者介護、ケア倫理などでよく用いられてきており、一九七〇年代から一部で用いられ始め、一九九〇年代には広く一般化した。一方的で侵襲的な治療（キュア）や、単に生命を長らえさせるだけの身の回りの世話とは異なり、一人ひとりの思いに寄り添い、包み込んでいくような配慮ある営みを指す。それに対して支援という言葉は、障害者福祉、あるいは困窮した人たちへの働きかけなど、社会福祉領域で広く用いられてきた。これも一九七〇年代から徐々に使われ始めたが、当時は社会福祉領域で支配的だった「援助」に対する批判として用いられるようになった。「援助」がパターナリスティックで一方的なニュアンスを持つ言葉とされ、それに対してより本人の主体性を前提にした言葉として「支援」が用いられるようになった。ただ、今日ではそこまでの意味を込めずに社会福祉領域全般で用いられている。

このように領域によって好まれる言葉が違うのだが、これはそれぞれの言葉に伴うニュアンスの違いも反映している。ケアという言葉は、決して本人の自己決定や主体性を軽視しているわけではないのだが、どちらかというと提供者側からの視点で語られることが多い。看護やケア倫理で用いられるときには、看護職の視点やケアする側の視点が中心となりがちである。そのため、たとえば第4章で取り上げるような、障害者解放運動や自立生活運動などの現場では、ケアという言葉はあまり用いられない。介助あるいは支援がふさわしく感じられる。

それに対して、支援という言葉は本人の主体性を強く前提としている。主役は本人で、周囲はあくまでもサポーターである。こう書くだけだと、この言葉の方がいかにも良さそうに見えるが、実際のケアや支援の現場はそう単純ではない。たとえば、第1章で多く言及している高齢者介護などでは、ケアという言葉の方がよく用いられており、支援という言葉はあまりに似合わないように思えることもある。おそらく、認知症や老化によってさまざまな機能を失っていくように見える人たちに対して、主役が本人であることは当たり前だとしても、「失われていく」ことに対して包み込むような配慮をすることの方が大切に思えることが多いからだろう。

そもそも、こうしたケアと支援という言葉の持つニュアンスの違いは、「あえて」託されてきたようなものである。先に大まかにまとめたが、本当は文脈によって込められるニュアンスはかなり多様である。それら言葉の意味をあまり乱暴に脱文脈化してしまうことも問題だが、ひとつひとつの意味の違いに拘泥しすぎるとかえって視野が狭くなってしまう。

こうしたことから、本書ではあえて、ケアと支援という言葉を状況に応じて柔軟に使っている。ひとつには、領域に応じて使い分けている。たとえば、第1章ではケアという言葉を前面に出し、第2章や第4章ではケアという言葉を用いていない。なお、第3章ではそもそも、ケアや支援という言葉双方から距離を取って、出会いというフェーズに注目しており、また少し異なる用語法となっている。

もうひとつには、本書全体をまとめた議論をする際には「ケアや支援」と併記することにした。これは両者のニュアンスの違いを認めつつも、それぞれがある種の偏りを「あえて」持たせた言葉であり、それぞれの現場で実際にこれらの言葉で名指されている行為やふるまい、関係には、一定の共通性があると考えるからである。本書ではその共通性の方に目を向けている。もちろん、こうした扱いは乱暴ではあるのだが、いまの医療・福祉・災害支援などの現場では、その相違点を列挙するよりも、共通点にこそ着目すべきだと考えるからである（この点については「おわりに」でさらに述べたい）。

さて、最後に本書の構成について述べておこう。先に述べたような経緯で編まれた本なので、どこから読んでいただいても構わない。ただ、一応のつながりをここで簡単に述べておこう。

まず、それぞれの章において、論文の後に「支援の現場を訪ねて」を挿入しているが、これは、直接には言及したり引用したりはしていないが、書いているとき、あるいはいまもう一度見直したときに脳裏に浮かぶ現場を並べている。実際に刊行された時期については前後あり、必ずしも書いたときにそこまで強く念頭に置いていたわけではないものも含まれるのだが、いまそれぞれの論文について発想の根幹はどこにあったかと問われたら、ここだと答えたくなる現場を挙げている。

そして、第1章と第2章は、個々のケア提供者や利用者が置かれている総体としての場について考察している。ケアや支援というと、提供者の行為として何がなされるかということばかりが注目されがちなのだが、そのむこうがわにも考えるべき、集合的で個に還元できないものが存在している。社会学がこうしたことを考えるなら、組織レベルの問題や、政策や法制度レベルの問題を整理するのが一般的だが、実際に多くの現場に足を運んでみると（それも特に活動に具体的に参加してみるようになると）、それ以外にもさまざまなレベルで場の力学が働いていることが見えてくる。個々のケア提供者が何を考えどのようにふるまうか、あるいはどのような制度設計をするかということはもちろん重要なのだが、現場にはもっと具体的なところで、あるいはもっと根底的なところで、ケア提供者と利用者の関係を規定してくるものがある。それを考えたかったのが、第1章と第2章の論文である。

具体的には、第1章は、あまり言語化されにくいが、現場に立つ人なら感じ取っているであろう、場や空気としか言いようがないものを掬い上げようとしている。まだまだ理論的には精緻と言い難いが、特定の時空間に、人とモノとが取り結ぶ一定の関係はあり、直接的なケア行為以外にも、そうしたところに働きかけるというケアのあり方もあるはずだろう。この点に着目することは、ケアする側とされる側の二者関係に息が詰まりそうになるときには、重要なブレイクスルーとなりうるのではないか。

第2章は、虐待という問題について、その行為の是非や個別の行為をどう止めるかといった議論から視点をずらし、その行為が問題になるとはどのようなことかを考えようとした。虐待については、防止策が必要だと言われ、それは圧倒的なまでに正しいのだが、しかし具体的な現場に身を置いてみれば、いかに防止策が重要であっても、それだけではとても息苦しくなっていくのを実感する。もう少しいうなら、現場の豊かさのようなものすら、どんどん削られてしまうのを感じる。豊かさを削るのではなく、それでいて利用者を虐待の被害者にしてしまうのではない道を探るためには、個々の行為にこだわるよりも、場のセッティングそのものに目を向けたほうがいいのではないか。

第3章と第4章は、ケア提供者と利用者との関係についてである。一般に、ケアや支援というと、ケア提供者には専門職が相当するとみなされ、利用者はそのクライアントとして想定される。だが実際には、ケアや支援はもっと豊かで多様な関係のなかでなされる。そして、その他の関係でなされるケアや支援が、専門職によるそれと比べて価値が低いということにはならないはずである。こうした関係の多様性に目を向けたほうが、より豊かなケアや支援が実現できるのではないか。

具体的には、第3章で取り上げたのは、東日本大震災のときに活躍した足湯ボランティアの例を通して、素人であることが持っている強みである。足湯ボランティアのコーディネーターたちは、ボランティアたちをあえて素人として保とうとしたところがある。では、そのような素人性を強く持つ人たちが、素の姿勢で向き合うことには、どのような意味があったのだろうか。それは、人として出会い、自分を心配してくれる人が確かにそこにいると被災者が実感する機会を増やすということだったのだと思う。これはときに、具体的に提供される支援やケアよりもむしろ、被災者にとって大きな意味を持っていたのかもしれない。

第4章では、日本のリハビリテーション医学の大家である上田敏と、障害者解放運動とを対比的に捉え、障害学などから上田敏に向けられた批判の多くが不当であったことを確認した上で、それでも障害者解放運動には上田にはない発想があったことを示したものである。ここではそれを「ともに生きる」姿勢と述べた。これは、単に障害者解放運動だけに言えることではなく、本書の「支援の現場から」で取り上げた多くの団体にみられた姿勢である。上田のような理念型的専門職像と対比したとき、それとは異なるが、だからといって価値が低いあるいは高いといった問題ではない、それ独自の意味と意義を持つ支援者たちの姿が見えてくる。

これらの論点を通して、支援やケアについて、二者間の行為レベルを少し離れて考える糸口を描くことができればと思って、本書をまとめた。これが、現場でたじろいだり苦しんだり、あるいはそのなかで次の一歩を模索したりしている人たちとともに、考えを進める手がかりになればと願っている。

■注

1 社会学の用語でいうなら、「制度」といいかえてもいいだろう。ここでいう「制度」は、盛山和夫によれば、法制度だけでなく、ジェンダーや階層などのマクロな社会制度、さらにはひとつひとつの団体や小さなコミュニティ、サークル、人間関係のなかで成立しているような意味世界も含む。いずれも、理念的な存在で、手で掴めるものではなく、私たちの心のなかにあるものだが、かといって非実在物とはとてもいえず、私たちからすれば明らかに実在と感じ取られているような「理念的実在」である（盛山 1995）。本書で照準を合わせているのは、主にミクロなレベルでの社会制度である。そのことが持つ意味については、結論で改めて考えたい。

2 「社会学する」ことの内実について、定義はさまざまだが、まず前提として、佐藤俊樹の言葉を借りると「社会学は自分自身が関わる社会事象を正面からあつかう学」であり、「内部観察」の学だということを踏まえる必要がある（佐藤 2011: 33）。佐藤は社会学を「常識をうまく手放す」「社会が社会をつくる」と表現しているが、前者については主に内部観察について述べたものである。佐藤は、社会学が内部観察の学であるために、自分があつかっている対象とあつかっている自分自身の間に、そのつど「適切な」距離を取らなくてはならないという。近すぎても遠すぎてもいけないが、具体的にどの距離が適切かについては一般論で議論できることではないという（佐藤 2011: 31）。ここで「適切な形で『社会』を発見する」という表現で述べたかったのは、佐藤の議論を私なりに捉え返したものである。まずは、素で捉えている像が、いったん外部に出て外から観察することによって異なったものとして見えてくることを指す。そして同時に、日々の苦難が少しやわらげられたり、次の試みや展開が見えてきたりするような、ケアや支援の担い手やその受け手とされる人たちにとって（誰が担い手で受け手か、そのような定義づけが適切なのかという問いも含めての話だが）現実的効能があると感じられるような形で捉え返していくことを指す。本書がそれをできているかどうかは読者の判断に任せるしかないが、そのような形での「社会」の発見が、本書で目指したかったものである。

ケアと支援と「社会」の発見——個のむこうにあるもの

目次

第2章　「優位に立つ」関係を弱める
支援か虐待かという問いの先へ

第3章　出会うということ
足湯ボランティアと被災者のつぶやきからみる素人の力

第4章　専門職と「ともに生きる」立場と
上田敏と障害者運動の対比からみえる異なるケア提供者像

補遺　あのころの私に

第1章

〈場〉の力

ケア行為という発想を超えて

1　〈場〉という発想

〈場〉には力がある。さまざまな人やモノが全体として織りなす〈場〉が、支援やケアにおいて重要で大きな力を発揮していることがある。誰か一人の配慮や働きかけに還元できないような、さまざまな人のちょっとしたかかわりや、その〈場〉全体を流れる空気のようなものが、そこにいる人をケアし、支えていることがある。この章で考えたいのは、そうした〈場〉が持つ力についてである。

〈場〉の力は、おそらく実践の中では常に存在してきたし、多くの実践家が活用してきたものだろう。それが、一九九〇年代からは、高齢者介護を中心に議論の俎上にあげられるようになり、二〇〇〇年代に入ってからは法制度の中で施設・サービスの一類型として位置付けられるようになってきた。これまでにも病院の設置基準などのように、空間や人数が問題にされたことはあるのだが、あくまでも適正人数や適正な空間という発想にとどまっていたのに対して、〈場〉の力を物理的な空間配置、利用者の人数や属性、利用形態などに翻訳しなおして、施設やサービスの一類型に位置付ける例が出てきた。

たとえば、特別養護老人ホーム（以下、特養と略記）について、利用者にとって空間がどのような意味を持つか、どのような空間が望ましいかという議論がなされ（外山 1990）、ユニットケア化が進められてきた。具体的には、二〇〇二年からユニットケア型の特養には施設整備補助金が設けられ、二〇〇三年からは従来型よりも高い介護報酬が設定された。これらにともない、その後新たに建設されるところのほとんどがユニットケア型となった。

また、一九九〇年代から全国で民間の宅老所などの取り組みが広がってきた。これは、小規模で、かつ日中通うところでありながら、ときに泊まりや住み込みもありという場所を作る試みである。特に注目されたことのひとつが、特養とは大きく異なる空間の作り方、〈場〉の力だった。のちに、二〇〇五年の介護保険法改正により、小規模多機能居宅介護という枠が設けられ、日中通うところであり、泊まりや住み込みもあるという利用形態が、サービスの一類型として位置付けられた。

また、宅老所には、従来のように利用者を高齢者あるいは障害者などに限定するのではなく、多様な人がともに過ごす場づくりをしているところもあり、「共生ケア」と呼ばれた。これを踏まえて、二〇一八年には、「共生型サービス」が介護保険制度および障害者総合支援制度に導入された。具体的には、「（共生型）居宅サービス指定の特例」が設けられ、介護保険あるいは障害福祉のいずれかの訪問系・通所系・短期入所系の指定を受けている事業所がもうひとつの事業所の指定も受けやすくされた。

ただ、施設やサービスの一類型という位置付けが、現場で〈場〉の力を活かすことにつながっているとは感じられないことが多い。たとえば、ユニットケア化といっても、ひとつのユニットに一〇人というのは、初期の宅老所が二人や三人から始まっているケースも多いことを思うと、いかにも多すぎる。小規模多機能居宅介護も、初期の宅老所に比べれば人数が多すぎるし、現状としては経営的にかなり厳しいといわれている。[1]

では、人数を減らせばいいのだろうか。あるいは、十分な報酬がつくようにすればいいのだろうか。これらの方策が間違いなわけではないだろうが、おそらくそういう問題でもない。そもそも〈場〉の力は、物理的な空間配置や利用者の人数、属性、利用形態などに翻訳しきれるものではないのではないか。

それと密接にかかわることだが、〈場〉の力に注目することで、ケアや支援を論じる視点がどう変化するかについては、あまり十分に考察されてこなかった。ユニットケア化や宅老所の試みは、個別ケアの重視へという流れとして記述されることが多い（上野 2011 他）。確かに個別ケアの思想から〈場〉の力への注目につながる必然性はある。だが、そこには一定の断絶もある。

それは、ケア提供者によるケア行為を超えたものをどう考えるかということでもある。これまでのケア・支援に関する議論の多くが、ケア提供者によるケア行為に注目してきた。看護学や介護福祉学はケア提供者の行為をより整理し、明確化しようとしてきた。西川真規子は、介護から育児まで通じるものとしてケアを捉え、具体的には相手のニーズを判断し、働きかけ、またその結果をアセスメントするという一連の行為として論じている（西川 2008）。これらはどれも、ケア提供者がなす行為によって、ケアや支援を捉えようとするものである。[2] だが、ケアや支援をケア提供者の行為に還元してしまうことで見えなくなるものがある。〈場〉の発想は、それとは異なる視点を切り拓いてくれる。この点を踏まえることで、〈場〉の力を施設やサービスの一類型として位置付けるのがなぜ難しいのかも見えてくるだろう。

こうしたことから、この章ではまず、既存の議論を踏まえつつ、〈場〉の力の素描を試みる。その上で、個別ケアという、一九九〇年代頃から強調されるようになった潮流と対比しつつ、〈場〉の力に注目することが持つ意義を考えたい。

なお、この章で取り上げる事例は、特養Bについては調査研究に基づいているが、[3] それ以外は私がこれまでかかわってきた介護現場での経験や介護者から伺った話に基づいている。後者については、プライバシー保護の観点から、一部事例を変えてある。

2 〈場〉の力の素描

まず、本稿が〈場〉の力と呼ぶものについて説明するために、西川勝のいう「ケアの弾性」や「パッチング・ケア」の議論を取り上げよう。西川は、「ケアを活きたものにするためには、『意味の病』から回復しなければならない。ケアに『格別な意味』を求めない『普通のケア』が、互いが自由に生きられる世界を開く」（西川 2007: 122）と述べ、もっと「普通のケア」に目を向けようと呼びかけている。

西川が挙げるのは次のような例である。ある認知症の女性が夕方になって、「もう私、帰らせていただくわ」と迫ってくるときに、「ぼく」がにっこりと笑い、夜勤者が声をかけ、他のお年寄りの面会に来ている家族が声をかける。外の風景を見ながら、夕食の匂いがして、隣の人が食べている気配がする。そうしたなかから、徐々にその女性が落ち着いていく。どれかひとつが決定的だったというよりも、そうした「小さな数えきれないケアのかけら」が積み重なっていったことで、女性の気持ちが和らいでいったのだという。

ここには、ある人を取り囲む〈場〉が持つ力が示されている。夜勤者や他の人に面会に来ている家族が配慮しているのは確かなのだが、それ単体ではごく小さな力しか発揮できないだろう。だが、それらが積み重なっていくことで、その人を癒していく。人だけではなく、風景や夕食の音など、さまざまなものが一体となって、その人の気持ちをやわらげたり、孤独を癒したり、元気づけたりする。

西川が挙げるのは、人を癒していくような力だが、〈場〉はもっと多様な力を発揮しうる。たとえば、その人なりに他者とかかわる力を育むものとなることもある。ある特養でボランティアとして活動していたとき、ある利用者が、落ち着かない認知症の利用者の世話をせっせと焼いているのを見たことがある。世話を焼いている利用者は、ひとりで座っていたときよりも、はるかに生き生きとして見えた。落ち着かなくて困っている人がそばにおり、なんとかしてあげたいと思い気を配ることそのものが、その人に活力と張り合いを与えているように見えたのである。このように、〈場〉の力は、エンパワメントにもつながる。

さらにいえば、〈場〉の力は、ケア提供者のケア行為の基盤ともなる。浮ヶ谷幸代は、北海道浦河赤十字病院精神科でのフィールドワークから、看護が生まれる「場」への注目が必要であるとし、その「場」は「多種多様な人々がそれぞれ異なる目的で（目的のないことも含めて）参加しているという、目的や参加の仕方が柔軟で多様な意味空間となっている」（浮ヶ谷 2009: 195）と述べる。それは、看護職にとっても患者にとっても、「話しやすく」「居心地の良い」空間である。そうした空間でなされるちょっとした会話が、即興的カンファレンスにつながるなど、病棟内での看護や患者への支援につながっていたのだという（浮ヶ谷 2009: 192-237）。

もう少し、「わかりにくい」例も挙げよう。関西圏にある特養Bは、一九九五年に設立されたが、一九九九年頃から精神障害・知的障害のある人の就労支援に取り組んでおり、その一環として、精神障害の人たちにボランティア活動として大量に出る洗濯物をたたむ作業を頼んでいたという。最初は利用者のいないスペースで行っていたそうだが、ふとしたことをきっかけに、重度認知症の人たちが多くいるフロアで行うことになった。

そうしたところ、施設長の言葉を借りれば「空間がなごんだ」のだという。

普段の生活空間と全然違うんです。精神障害の人とリーダーの人とが洗濯物を畳んでいるだけなのだけれどね。所在なげに入所者がごろごろしていたりするのですけれども、洗濯たたみをしているそこのスポットがあるというだけで、その空間がすごく和んでいるんです。比ゆ的に言うと、利用者のほうも囲炉裏の周りにのんびりいるような、そういう感じ。普段はもうちょっとで寝てしまっていたり、早く時間がすぎないかなという感じでいる（のに、そういう）表情ではなくて、非常に和んでいるんです。

一般に、重度の認知症の利用者たちがいるフロアでは、介護職スタッフはそれぞれの仕事に駆け回っており、なかなか利用者のそばに座っていられない。そうしたなか、特にすることもない利用者たちは、ぼんやりと宙を見ていることが多い。他の利用者のうめき声やつぶやきに眉をひそめているように見えることもある。

そうしたなかで、ボランティアたちが利用者たちのまんなかで洗濯物を並べてたたむ作業をすることになったところ、多くの利用者たちがそれとなくその作業に目を向けるようになったというのである。レクリエーションなどでは疲れてしまうであろう利用者も、洗濯物たたみならぼんやりとみていることができる。そうすることで、所在なげな利用者たちに、共有するものが生まれた。注目する対象を共有するとき、その人たちの関係性にも変化が生まれる。周囲の利用者たちの声やつぶやきも、それほど不快なものではなくなるかもしれない[4]。緩やかに空間の編成が変化することで、利用者同士の関係もまた、緩やかに変化しうるのである。

これは決して「わかりやすい」変化ではなかったろうと思う。だがそれでも、「空間がなごむ」という変化を、施設長は感じ取っていた。〈場〉は、こうした「空気」の変化としか言いようがないような、それでもその場にいる人たちに確かに感じ取られているような力も持っている。

このように、〈場〉の力は、一人ひとりのケア提供者の行為や能力には還元できない、さまざまな人やモノが織りなすことで生まれるものである。人を癒したり、エンパワメントしたり、ケア行為の基盤となったり、「空気」としか言いようがないが、確かに感じ取られているような何かを与えたりする。現場にいる人たち（支援者であれ、おそらく利用者であれ）の多くが、こうした力を感じ取っている。

3 〈場〉の力の定義

では、このように感じ取られている〈場〉の力は、どう定義できるのか。それを探るため、ここで、施設やサービスの一類型として位置付けられる際に、翻訳の手がかりとされた、①物理的空間配置、②人数、③構成メンバーについて、これまでの議論を概観しよう。これまで、〈場〉の力は①～③に翻訳されて施設・サービスの一類型として位置付けられてきたが、それだけでは〈場〉の力を捉えきれない。この点を整理することで、〈場〉とは何か、よりクリアに見えてくるだろう。

（1）物理的な空間配置

第一に、従来の入所施設が、病院を模した空間となっており、とても居住空間とは呼びがたかったのに対して、居住空間・生活空間となるような物理的な配置が重要だといわれた。たとえば、植物を配置したり、ソファなどのくつろげるような家具を設置したり、ミニキッチンを見えるところに置いたりなどである。

物理的な空間配置は、確かに重要な意味を持つ。なぜなら、ケアや支援を必要とする人たちの多くが、独力で自由に大規模な移動をすることが困難だからである。入所施設で暮らす人たちはもちろん、地域で暮らす人たちにしても、身体的・心理的な事情、あるいは経済的な事情から、独力で自由に遠方へ出かけることは困難なことが多い。それゆえ、その人たちが日常的に時間を過ごす空間がどのようなものであるかは、大きな意味を持つ。

一九九〇年代頃から、特養における空間配置について、建築学の外山義をはじめとしてさまざまな議論がなされてきた。個室化と同時にレクリエーションや憩いの場を作ったり、あるいは認知症の人にとって「居心地のいい」空間とは何かなどについて論じられたりして、物理的な側面からのアプローチが蓄積された。単に憩いの場と個室を作るだけでなく、利用者がその双方を行き来できるような空間づくりの工夫が論じられている（外山 1990; 外山 2003; Cohen & Weisman, 1991=1995）。

空間配置は、建築学的な観点から論じられてきただけではない。一九八〇年代終わり頃から、全国で同時多発的に宅老所が作られるようになったが、それら初期の宅老所では、しばしば家具や調度品、食器などは、訪れる利用者たちにとって馴染み深い、年季の入ったものが多く利用されていた（奥山 2003; 下村 2001）。新品を購入するだけの財政的余裕がなかったことも一因のようだが、年配の利用者にとってみれば、新品で現代風のデザインのものよりも、落ち着くモノだったようである。このように身近なモノも重要であり、親しみやすさとでもいうべき観点からも、空間については論じられてきた。

ただし、空間はただ作ればいいというものではない。外山義をはじめ、物理的空間のありようを論じる論者たちは、同時に、それを現場にいるケア提供者がどう活用できるかが重要であると強調している（外山 2003）。

そしておそらく、ケア提供者による活用だけに注目していては不十分なのだろう。むしろ重要なのは、物理的な空間配置に利用者自身がかかわることである。

特養Bでは、グループケアを実施するに当たって、職員たちが「いかにもグループケア」な小道具（ラタンのつい立てなど）を取り入れたが、利用者に感想を聞いてみたところ、「邪魔や」の一言だったため、すべて取り払ったという。当時から特養Bにいた職員は、このように利用者に感想を聞き、利用者とともに空間をつくっていくことが重要だったと捉えている。

ケア提供者だけでなく、利用者もまた、その〈場〉を構成する主体である。というより、物理的な空間配置に口を出せることが、利用者をまさにその〈場〉を構成する主体として浮かび上がらせる。ただ専門家の議論に基づいてモノを配置すればいいということではなく、そこにいる個別具体的な利用者たちがどのように参加できるかということが、重要なのである。

（2）人数

第二に、従来の入所施設が、個々の利用者を見るというよりも機械的にケアを行っていたのに対して、人数を限定することでより細やかなケアや関係づくりが可能になるとされた。確かに、比較的少数の人たちの集まりですごした方が、それぞれの顔も覚えられ、気の置けない関係が育まれやすいだろう。宅老所運動を担う実践家たちは、少数の人たちの顔と背景がよく見える関係性だからこそ、個別のケアが行き届いたというだけでなく、豊かな〈場〉も生まれたのだと捉えている（奥山 2003; 田部井 1993）。

だが、人数が少ないことだけが本質的な問題だというわけではない。たとえばユニットケアにしても、現状の一〇人が多いというのなら五人のユニットにすればいいかというと、そう単純な話ではないだろう。むしろ問題は、そこにいる利用者たちに合わせたユニットになっているのか、それも障害の軽重などではなく個々の利用者の個性に合わせたものとなっているのかという点である（三好 2005: 134-145）。三好春樹と高口光子は対談のなかで、現場のなかで一人ひとりのお年寄りに焦点を合わせていった結果として見えてくるユニットケアなら意味があるが、一律に人数を決めさせられる現在のユニットケアのしくみではあまり意味がないと述べている（高口 2004: 141-143）。

翻って宅老所やグループホームなどの試みに立ち返ってみると、少人数だったというだけでなく、そのなかで従来の福祉施設では考えられなかったような試みがいくつもなされている。たとえば宅老所「よりあい」では、職員と利用者が一緒に入浴し、一緒にご飯を食べ、利用者同士で草むしりをしたり外出をしたりしたというが（下村 2001）、こうしたかかわりも、豊かな〈場〉が生まれる上で重要だったろう。

人数は、むしろ多い方が望ましい場合もあるのかもしれない。たとえば、山崎英樹らは大規模なデイケアを実践しており、それを「雑踏ケア」と呼んでいる（山崎他 1996）。山崎らは、利用者の間で諍いが起きたケースを挙げている。

ある利用者（「タカさん」）が大声で泣き続けていたという。他の利用者もたまりかねて、「いいかげんにしろっ！」「あいつを黙らせろ！」と罵倒する声が聞かれたそうである。職員たちは途方に暮れ、まずはタカさんを別室に移した。そして、スタッフが主に接し、タカさんという人の人となりを知ろうと努力を続けるうち、徐々にタカさんにも笑顔が出てきた。そうしたなか、やはり別室ではなく、皆で過ごす場に行くべきではないかという声が出てきたそうである（山崎＋清山会医療福祉グループ 2006: 217-226）。

そうしてタカさんは「雑踏」のなかに戻ってきた。すると、やはりタカさんは泣くことがあり、他の利用者が怒鳴ることもある。また混乱が続くかと思われたのだが、そのうちに、怒鳴る利用者に対してタカさんをかばってくれる利用者が出てきたという。ときどき泣くタカさんと、それに対して怒る人たちと、さらにタカさんをかばう人たちと、それぞれがかかわりながら日々を過ごしていたようである（山崎＋清山会医療福祉グループ 2006: 217-226）。

このように、人数はが多いゆえの良さもある。人間には、どうしても相性があるからである。少人数がいいからといって人数を減らせば、相性の合う人たちが集まっているのであればいいが、そうではないときには逃げ場がなくなってしまう。多人数であれば、合わない人と距離を置くこともできるし、自分に合う人と出会う可能性も高まる。また、多人数であれば、一人でいたい人が一人でいることもできる。少ない人数のなかでは排除されたり浮いてしまったりする人が、多人数だからこそ居場所を見つけられることもある。

いずれにしても、人数が〈場〉に影響を与えているのは確かだが、多ければいいということでもなければ、少なければいいということでもない。そこにいる人たち、その間の関係性、これらによってそのつど適正な人数も決まってくる。

(3) 利用者の属性

第三に、利用者あるいは職員とされる人たちを一律に規定しないことによって、さまざまな人が入り乱れる豊かな空間がつくられるとされた。「共生ケア」と呼ばれることもある。そのひとつの流れは、宅老所運動の中から生まれた。有名なのが、高齢者・障害者・子どもなどがともに時間を過ごす「富山型デイサービス」(惣万 2002; 阪井 2002 など) である。その他にも、三重県のグループホームと学童を合体させた「幼老統合ケア」(多湖・幼老統合ケア研究会 2006)、埼玉県での「元気な亀さん」(瀧本 2008) などがある。

「富山型」が特に有名になったのは、県が積極的に応援する体制を作ってきたからでもある。このように県が後押しする形で事業化したものとしては、滋賀県の街かどケア滋賀ネットによる「共生ケア」(ならではの働き研究委員会 2007)[5]、長野県の「宅幼老所」、熊本県の「縁がわづくり事業」

（熊本県・熊本県社会福祉協議会編 2009）などが挙げられる。

富山県厚生部厚生企画課は「富山型デイサービスのような、高齢者、障害者、子どもがともに利用でき、身近な地域で必要な福祉・コミュニティのための機能をコンパクトに一つの場所で担う施設」について独自に調査を行っており、それによると二〇一七年度には全国で二千一三八箇所に増加しているという（富山県厚生部厚生企画課 2019: 11）。

こうした共生ケアで強調されるのは、多様な属性を持つ人たちが集うことによって、お互いに補い合い、支え合うような関係が生まれることである。たとえば幼老統合ケアを実践してきた多湖らは、認知症の老人は、子どもたちが何度も同じ話をするのを毎回新鮮に聞いてやることができるなど、ある意味ではとても辛抱強さを発揮できる存在であり、大人の言うことを聞かなかった子どもたちでも、認知症の老人たちとはうまくやっていけたという。また、子どもたちに昔の遊びを教えてやることで、子どもたちは率直に老人を尊敬し、またそのことによって老人たちも生き生きとしたという（多湖・幼老統合ケア研究会編 2006）。街かどケア滋賀ネットでは、知的障害の人を宅老所のスタッフに雇用しているが、知的障害のあるスタッフが失敗をして他のスタッフに責められたときにかばうのは利用者の老人であったり、老人のゆっくりとしたテンポと知的障害のあるスタッフのテンポとがかみ合って豊かな時間が流れていたりするという（ならではの働き研究委員会 2007）。

構成メンバーが多様だからこそ、このように補い合い、支え合うような〈場〉が生み出されうる。

利用者が一律に規定されていれば、利用者はいつでも「ケアされる側」であり、ケア提供者はつねに「ケアする側」である。利用者に高齢者だけでなく子どもや障害者がいたり、あるいはスタッフの中にもさまざまな背景を持つ人がいたりするから、利用者はときに「ケアされる側」だけでなく「ケアする側」にも立つことができる。

だからといって、高齢者や障害者、子どもなどを同じ場に置けばいいということではないことには注意が必要である。ある重度身体障害をもつ人が話してくれたことだが、その人が以前いた入所施設は高齢者の入所施設と併設されており、そのため日常的に障害者と高齢者と行きあう機会があったそうである。だが、当時の状況について聞けば、「高齢者は自分たちをバカにしてくるから嫌だった」という。多様な属性を持つ人たちが集うからといって、補い合い支え合うような〈場〉が生まれるとは限らない。むしろ、どちらも生活を管理・統制され、抑圧を感じている状況であれば、お互いに否定し合うような出会い方が多くなってしまうのかもしれない。

また、三好春樹は「混合型」を「型」ありきで考えれば、うまくいかないだろうと指摘する。すべての老人が子ども好きなわけではなく、障害者を嫌う老人もいる。「混合型」が正しいとしてしまえば、こうした多様な老人の姿を塗りつぶしてしまうという（三好 2005: 66-68）。

実際、共生ケアの現場に少し足を踏み入れてみると、多様だ多様だといっていても、「高齢者」「障害者」「子ども」という表現を用いている時点で、属性で人を区切っているのであり、これらの場には似合わないと感じさせられる。外部に説明するためには、多様な属性の人がいること、そしてその効果について語らざるを得ないのだが、実際にそこで相手を思いやったり、気が合っていい組み合わせになったりしているのは、あくまでも個別の「人」である。共生ケアは多様な属性の利用者がいることだと語られがちだが、本当は属性がある程度以上大きな意味を持たなくなるのが共生ケアなのかもしれない。

いずれにしても、共生ケアは、ただざまざまな人を同じ場におけば成立するというものではない。その内実は、そこにいる人たちがどのような状況下にあるのか、どのような個性を持つのかなどによって、異なってくる。

（4）特定の空間における複数主体の関係性

以上を踏まえて、改めて〈場〉を定義しよう。ここでいう〈場〉とは、ある特定の空間において経験される、さまざまな人びとやモノが織りなす関係性である。空間だけで定義できないのは、そこにおける人びとやモノたちの関係こそが重要だからである。にもかかわらず特定の空間に限定するのは、かかわりや関係性として一般化してしまうと、ケアや支援を必要とする人たちには自由な空間的移動が困難であり、その人たちにとって特定の空間が大きな意味を持つことが看過されてしまうからである。

そして重要なのは、ケアや支援を受ける側の人たち（＝利用者）もまた、〈場〉を構成する主体だということである。物理的空間配置や人数、利用者の属性などに翻訳され、施設・サービスの一類型として位置付けられても、〈場〉の力を的確に表現できていないと思われる理由はどれも、最終的にはどのような人たちがそこにいるかによって決まってくるということが抜け落ちてしまうからだった。

つまり、利用者たちという独自の主体が複数そこにいることが見落とされていたのである。利用者は、ケア提供者との関係だけで生きているわけではない。同時に、多くのモノや人と、自分なりにかかわりながら暮らしている主体である。ケア行為だけを見ていると、しばしば利用者が受け身の存在に見えてしまったり、主体として捉え返すにしても、ケア提供者との二者関係でしか捉えられなかったりする。実際には、利用者たちもそれぞれが独自の主体なのであり、それぞれがその人なりに、周囲のモノや人とかかわっている。ケアの現場には、そのような関係の網の目が張りめぐらされている。

また、〈場〉を考える上で忘れてはならないもう一つの重要な要素は、時間である。本来、〈場〉は固定的なものではない。人は入れ替わるし、同じ人であっても状況や状態の変化によって、変わりうる。構成する主体が変化するのであれば、個別の〈場〉も本来は常に変化するものである。だがそれでも、「あそこに行けば誰かがいる」「ここならホッとできる」といった形で、〈場〉についてある程度の一貫性や同一性があることが、当事者たちにとってリアリティとして感じ取られているのも確かである。だからこそ、「関係」と呼ぶのではなく、「関係性」と呼んでいる。

何がそうした一貫性や同一性を成り立たせているのかは、場によってさまざまだろう。もちろん物理的空間もあるだろうが、それだけではない。主催者のリーダーシップであったり、メンバーの個性（ケア提供者のこともあるだろうし、利用者と呼ばれる人たちのこともあるだろう）であったりする。ただ少なくともそこで必須なのは、一定の時間が蓄積され、いわば「歴史」と呼ぶべきものが共有されていることである。「以前もこうだった」「あのときもそうだった」という経験が人びとに共有され、蓄積されることで、その場は一貫した同一のものとして認識される。そしてそう認識されることによって、またそれが一貫した場として経験され、さらに蓄積される。そうした時間という要素もまた、〈場〉を成り立たせる重要なものである。ここでいう「関係性」という言葉には、この時間という要素も含まれている。

4　ケア行為という発想の限界

（1）個別ケアと〈場〉の力

では、こうした〈場〉の力に注目することで、何が見えてくるのだろうか。先に挙げた西川勝は、認知症の女性が徐々に落ち着いていく場面を描写した後に、「こんなケアの光景をもっと大切にすることが、相手を理解や操作で翻弄しないケアになる」（西川 2007: 122）と述べている。

こうした西川勝の指摘が持つ意味を理解するために、本稿なりに、ケアや支援に関する議論が一九九〇年代以降に持ってきたある種の偏りと、それが持っていた意味をまとめよう。

一九七〇年代より徐々に、ケアや支援という言葉が、従来の医療や福祉のあり方に対する批判として積極的に用いられているようになってきた。「ケア」という言葉が積極的に用いられるようになった当初は、しばしば「キュア」との対比で用いられてきた。「支援」という言葉も、「指導」や「援助」との対比で用いられるようになった。その際、批判の対象とされた従来の医療や福祉は、大規模の医療機関や入所施設において、少数の管理者が多数の利用者を管理し、治療・指導するようなものであった。

それに対して、患者や利用者の固有な生のあり方に応じたケアや支援が必要だということが強調された。それまでの医療・福祉が、その人の身体の個別性は考慮したとしても、人生や生活の固有性にまで目を向けなかったのに対して、人生や生活も含めたその人の固有なあり方に寄り添い、それに応じた個別のケアがなされることが重要だと捉えかえされた。特に高齢者ケアの領域では、一九九〇年代にこうした発想や考え方が広く受け入れられるようになり、それにともなって法制度上の施設・サービスの類型も作り替えられていった。[6] これを、ここでは仮に、個別ケアの思想と呼んでおこう。

先に、〈場〉の力が注目されている具体例の一つとして特養のユニットケア化を挙げたが、これは一般的には、「集団ケア」から「個別ケア」への転換として位置づけられている。集団ケアと呼ばれているのは、たとえば利用者が集団で寝起きしたほうが、利用者同士の関係が育まれるという発想である。これは、もともと強く存在した思想というよりも、ユニットケア化や個室化がすすめられようとしているときに、批判対象として従来のありようがそのように名指されたと捉えたほうが正確だろう。個別ケアの思想は、集団ケアという発想が、利用者を集団として捉えてしまい、個々の人の個性や固有な人となりを無視し、一律に扱ってしまっているとして批判してきた（上野 2011: 186-214）。

〈場〉の力への注目は、個人を取り巻くモノや人とのかかわりに着目するという点では、一見すると、個別ケアとは逆方向で、集団ケアの発想と近しいようにも見える。だが、本質的に大きく異なる。集団ケアの発想は、利用者を集団として捉えるが、それに対して〈場〉の力に注目する実践家たちは、あくまでも個々の利用者に注目する。集団として捉えるのと複数主体として捉えるのとでは、大きく異なる。

その違いが如実に浮かび上がる例のひとつは、利用者間に諍いが生じたときであろう。天田城介は、入所施設において利用者が暴言や暴力をふるったときに、ケア提供者が「あ～恐い、恐い」と、暴言や暴力をふるった利用者を幼稚な存在として扱うようなふるまいが見られることを指摘している（天田 2011: 203）。集団ケアの発想であれば、利用者は集団として捉えられるため、諍いは生じないほうが望ましいのであり、暴言や暴力をふるう利用者の背景や心情は斟酌されない。

それに対して、〈場〉の力に注目する実践家たちの発想は異なる。たとえば、ある重度知的障害の人たちが集まる場において、一人がもう一人に飛び蹴りを喰らわせたことがある。そのときケア提供者たちは、蹴った方を一概に責めようとはしなかった。なぜなら、蹴られた方が、蹴った方に対して繰り返し厭味を言い、小馬鹿にした態度をとっていたことに気づいていたからである。そのため、蹴った方に「そりゃ蹴りたくもなるよね」と声をかけ、蹴られた方には「あれだけやれば蹴られるよ」と声をかけていた。

〈場〉の力に注目するというとき、実践家たちは利用者を単なる集団として捉えているわけではない。むしろ、一人ひとりの利用者の関係の網の目として、その〈場〉を捉えている。その意味で、〈場〉という発想は、個別ケアの思想と連続している。一人ひとりの利用者の固有な姿に目を向けるからこそ、その人自身が他者やモノと取り結ぶ関係に目が向けられるのである。

(2) ケア行為だけを見ていては見えないものがある

ただし、個別ケアというと、基本的に主体としてケア提供者を想定し、ケア提供者によってなされるケア行為だけが想定されがちである。ケアの受け手（＝利用者）に注目したとしても、ケア提供者とケアの受け手との関係が中心になってしまう。たとえば、冒頭で挙げた西川真規子のように、ケア提供者が、相手（＝利用者）の状態とその周辺の状況を的確に把握し、その人の必要に応えるというのが、一般的に想定される個別ケアの姿である。

そして、西川勝が批判したのは、まさにこうした個別ケアに頼る姿勢である。彼が批判するのは、「相手を理解や操作で翻弄するケア」だが、個別に人をよく「理解」し、ある働きかけによって一定の方向へと導こうとする（＝「操作」）ことは、個別ケアの思想そのものである。ただもちろん、西川も個別ケアそのものが悪いといいたかったわけではないだろう。「理解」や「操作」が悪いとは限らない。そうではなく、個別ケアの思想ですべてを覆いつくし、ケアや支援の内実を個別ケアの発想だけで捉えてしまうと、大切なものを見落としてしまうといいたかったのだと思われる。

確かに、ケア提供者のケア行為だけに注目するのと、〈場〉の力に注目するのとでは、実はさまざまな局面で重視する事柄や方向性が大きく異なってくる。たとえば3節で取り上げた三つの論点についても、アプローチの仕方が変わってくるだろう。

物理的な空間配置でいえば、ケア行為だけで捉える発想であれば、より完全なものをあらかじめ用意できる方が望ましい。より適切でリラックスできる家具や設備があり、より導線も考えられていたりするような、完全なものであればあるほど、よりよいケア行為が提供できるということになるだろう。だが、先に述べたように、〈場〉の力を考えるなら、ケア提供者だけでなく利用者もその構築に参加した方がいいということになる。あらかじめ完全なものが用意されているよりも、中途半端で不完全なものから始めた方が、豊かな可能性を持っていることになる。どこに何を置くか、利用者自身の意見を入れることで、利用者とモノとの関係が育まれるからである。トライ＆エラーがあったとしても、そのこと自体に意味がある。

人数についても、ケア行為だけで捉えるなら、少なければ少ない方がいいということになるだろう。個々の利用者や患者にケア提供者の目が行き届き、ニーズに応えやすくなるからである。だが、先に述べたように、〈場〉の力に注目したときには、そうとは限らなくなる。集団ケアで想定されていたような大人数は無理があるにしても、少なければいいということにはならない。多人数なら多人数なりの〈場〉が生まれうる。かといって、多ければいいという話でもないし、この人数ならいいという話でもない。利用者や患者がどのような人たちで、どのように出会うのか、またスタッフがどのようにかかわるのか、それらによって人数の意味は大きく変わりうる。

共生ケアについていえば、ひとつには、ケア行為だけで捉えるなら、一般にはケアを受ける対象は高齢者なら高齢者に特化していた方がいいということになるだろう。高齢者には高齢者の、子どもには子どもの特性があり、それぞれに個別に対応するためには、ある特性をもつ人たちだけに限った方がよいことになる。それに対して共生ケアの実践は、属性で人を切り分けずにごちゃまぜでいることによって、豊かな世界が生まれることを示してきた。

もうひとつには、構成メンバーの多様性だけに注目することもまた、〈場〉の力を見ない姿勢だともいえる。たとえば、「高齢者と子ども、あるいは障害者を組み合わせればよい」という発想もまた、結局、高齢者や子ども、障害者を属性で捉え、どう配置するかという議論にすぎない。いいかえれば、ケアする側について論じているだけである。そこでいう「多様性」は、ケア提供者が想定するバリエーションしか持たない「多様性」である。共生ケアが大切にしてきたのは、利用者と呼ばれる人たちがそれぞれどのような主体であり、また関係の中でどのような主体となりうるかということであり、属性で語れることではないはずだろう。

先に述べたように、個別ケアの思想は、本来は〈場〉の力という発想にもつながりうるものである。ただ、ケア行為というレベルだけで捉えてしまうと、〈場〉の力という発想とはかなり異なるものとなってしまう。そうした考え方でいいのだろうか、もっと異なる発想が必要ではないか。それが西川勝のいいたかったことなのではないか。

(3)「うまくいかない」状況から脱け出る方途として

西川勝の批判とは別の側面からも、ケアや支援をケア行為のレベルでのみ捉えることに限界がある。

それは、ケア行為が「うまくいかない」と感じられる場面においてである。個別ケアをケア行為レベルで捉えるなら、相手や状況を的確に把握し、それに対して応えるべきだということになる。だが、そのモデルが字義通りには通用しない局面は多々ある。特に、わかりやすくコミュニケーションが成立していると感じることが少ないような場面では、個別ケアやケア行為のレベルでだけ努力しても、「うまくいかない」ように感じられることは少なくないだろう。

たとえば、先に挙げた特養Bでは、重度の認知症と呼ばれる利用者が多くいるが、言葉で話しかけても、職員にとってわかりやすい回答が返ってこないことが多い。家族の面会も少ないため、職員は利用者と話す以外には手がかりがないのだが、会話そのものがなかなか続かない。そうなってしまうと、職員もいたたまれなくなってくる。そして、やり残した業務を思い出し、その場を離れてしまうことも多いという。それでも話をせよというのは簡単だが、そこで無理やり話を続けたところで、利用者にとっては、思い出せないことを四の五の聞かれる、尋問を受けるような経験になるかもしれない（三井 2008）。

同様に、重度の知的障害をもつとされる人たちは、言葉を用いないことも多い。言葉を用いても、こちらが話しかけた言葉とわかりやすく対応した言葉を返さないことが多い。よく聞けば実はその人なりの対応関係があることがわかるのだが、いつでもそれがわかるかといえば、わからないことも珍しくない。そのとき、相手が何を言おうとしているのか、心と体を研ぎ澄ませて聴くことはもちろん重要だろう。だが、相手が何を言おうとしているのかがわからないという局面は、日常のコミュニケーションで繰り返し生じる。その都度心と体を研ぎ澄ませて聴く姿勢をとっていたのでは、ケア提供者も疲れてしまう。

そのとき、〈場〉の力に目を向けることで、次の局面を切りひらく方途を見出すことができる。具体的なケア行為のレベルでわかりやすいケアがなされなくても、できること、すべきことが見えてくるからである。たとえば、その人の背景など知らずとも、暖かい日差しと、にぎやかな食事の風景があれば、それだけでその人の気持ちが和らげられるかもしれない。個々の人生観や好みがわからなくても、ともに日差しを共有し、ともに庭の花を眺めて「きれいだね」と言い合うことならできるかもしれない。誰かがにぎやかにお喋りしているのをともに眺めて、時間と空間を共有するだけでも意味はある。コミュニケーションは言葉を介した「わかりやすい」ものだけではないのだ。だから、その人を知ろうとする前に、その人に具体的な何かをしようとする前に、まず〈場〉を豊かにする。そうした試みが、実際の現場では多くなされている。

それは、「うまくいかない」状況下で無力感にさいなまれがちなケア提供者に、希望と、続ける活力をもたらしているだろう。このような希望や活力の意義は、決して小さいものではない。なぜなら、「うまくいかない」ことは、ケアや支援の現場では珍しいことではないからである。誠実に向き合おうとするケア提供者であればあるほど、むしろ頻繁に直面する事態である（三井 2018: 61-94）。

同時に、ケアを受ける側とされる利用者にとっても、小さくない意味を持っているのではないか。お互いに、きちんとやろうとしすぎると、息が詰まるものである。「うまくいかない」ことに苦しみながら、真っ向から「うまくやろう」とするケア提供者に付き合うのは、本当はちょっと面倒で、閉塞感のあるものなのではないだろうか。それに対して、〈場〉のありようにケア提供者が注力しているのであれば、その人はケア提供者の圧迫から逃れ、自分なりに他者やモノに働きかけていく余地をより見つけられるのかもしれない。

そして往々にして、そのように両者が角を突き合わせるような関係から少し自由になったとき、ケア提供者はそれまで知らなかった利用者の姿を知ることになる。たとえば一緒に外出してみることによって、特養のなかでは見られなかった、若い頃にバリバリ働いていた頃のその人がかいま見えるように思えることもある。いつもにこやかだった人が、実はストレスを抱えてもいたことが、その日初めて訪れたボランティア学生の口から知らされることもある。最近ずっと暴力が多くて顔つきも厳しいことが多かった人が、いい匂いのするリンゴを前にして、はじけるように笑うこともある。そのときケア提供者の多くが、それまでの閉塞した感覚から抜け出し、利用者と新たに出会いなおせるだろう。

ここに挙げたことは、すべて可能性にすぎず、必ず起きるとわかっているわけでもなければ、確証できることでもない。だが、可能性はある。〈場〉に目を向けるとは、そのようなものに目を向けることでもある。

先に、〈場〉の定義には、時間の流れも組み込まれていると述べた。〈場〉の力を育むことに目を向けるとき、ケア提供者にも時間的な広がりが生まれる。「いま」だけでなく、もっと先に何かが起きる可能性を見出せるのである。いまは「うまくいかない」としか思えなくても、〈場〉を豊かにしていけば、いつのまにかそうではなくなるかもしれない。そのような可能性を繰り返し見出し、そこに未来を託して、今日もまたかかわり続けていく。そうしたかかわり方が、〈場〉に注目することで可能になるのである。

5 〈場〉にケア提供者はどう働きかけるのか

（1）「作り込み」過ぎない

では、〈場〉の力に対して、ケア提供者はどのように働きかけられるのだろうか。〈場〉は、ケア提供者の自由になるものではない。利用者同士の関係にしても、外部の人たちとの関係にしても、ケア提供者からすれば、どちらも他者である。他者と他者との関係は、ケア提供者が働きかけたからといって、思う通りになるとは限らず、また何をどう働きかけることが望ましいのか、そう簡単に答えは出ない。

先に挙げた飛び蹴りの例でいうなら、ひとりの利用者がもうひとりの利用者に対して執拗に厭味を言い、からかい続けていることに、周囲のケア提供者たちは気づいていた。気づいていたのなら、暴力になる前に止めればよかったのだろうか。だが、周囲が止めてばかりいれば、からかわれている利用者が自ら問題を解決しようとする力を削ぐことにはならないか。あるいは、周囲には厭味やからかいに見えることでも、本人たちにとっては冗談の範疇かもしれない。だとしたら止めることは本人たちの関係性に水をさすことになったのかもしれない。どこで止めるのか、何を止めるのか。これをすればよいという万能の回答は存在しない。

さらにいえば、おそらくケア提供者はある程度以上〈場〉を管理・統制しようとしないほうがいい。もう少し日常的な表現を用いるなら、〈場〉を大切にするのであれば、働きかけることは必要なのだけれども、あまり「作り込み」過ぎないほうがいいようである（これはある実践家の言葉に基づいている）。

ケア提供者が〈場〉の力を育むためにさまざまに働きかけることはある。たとえば、あの人が好きな音楽をいつもかけておこう。あの人とこの人は気が合うようだから、そばに座れるようにしよう。あの人は世話好きだから、あの人に頼む「仕事」を用意しておこう。この人は一人でいるのが好きな人だから、そっとしておこう。

ひとつひとつの試みは、悪いことではないのだろう。現実的に必要な配慮でもある。だが、このような試みがある程度以上なされすぎて（「作り込み」すぎて）しまえば、その〈場〉はおそらく利用者にとっても息の詰まる空間になっていく。誰だって、普段は好きな音楽でも、聴きたくないときもある。気が合う人とだけかかわる毎日が、本当に当人にとって嬉しい毎日なのだろうか。それでは新たな出会いや変化が生まれる可能性が失われてしまう。世話好きだからといって、明らかに自分用に「用意」された「仕事」を毎日やることが楽しいとは限らない。一人でいることが好きだからといって、他の人やモノとかかわることがいつでも嫌だとは限らない。

個々の試みは、あくまでも、ケア提供者が自分の想定に基づいて行うことである。それが行き過ぎて「作り込み」過ぎれば、利用者はその関係の中に閉じ込められてしまい、その他の人やモノとの関係を生み出せない。さまざまに試みるのだが、「作り込み」過ぎず、あまり配慮し過ぎず、少し離れて座視するような姿勢こそが、利用者が自ら他の人やモノとかかわっていく余地を与える。先に挙げた西川勝は、「何かをしてあげるケアから身を引いて、相手を見守るには、相手の力を信じることが大切になる」（西川 2007: 125）と述べている。〈場〉の力を育もうとするとき、ケア提供者は、その〈場〉を直接にコントロールすることを目指すよりも、そこにいる人たちの力を「信じる」ことが必要になるのである。

なぜなら、〈場〉の力が持つ意味のひとつは、個々のケア提供者の想定の範囲を超えた、他者としての相手の姿が浮かび上がるところにあるからである。ケア提供者には依頼や相談が中心となりがちな利用者が、別の利用者を前にすれば、乱暴にふるまったり、あるいは世話を焼く側にまわったりすることがある。それは、ケア提供者の想定を超えた、その人なりの思いや生き方が示される瞬間でもある。

ケアや支援を必要とする人たちは、さまざまな思いを抱えている。たとえば高齢者が介護を必要とすることは、それまでの自分が失われていくような感覚と向き合うことも意味しており、そこで自らをどのように位置づけ、意味づけるかは、さまざまである（小澤 2003; 天田 2004; 天田 2011）。そうしたときの利用者の複雑で入り組んだ思いは、ケア提供者との関係だけで読み解けるものではない。人が見せる顔は、相手によってさまざまなのであり、本来はその人の固有性は、それらを通してこそ見えてくるものだろう。もちろん、長い付き合いになれば思いや心情がよく伝わってくるようになることもあるのだが、そのときはそのときで、ケア提供者がすべてわかっているかのような錯覚に囚われ、自らの想定を超えたその人の姿があることを失念してしまいがちである（井口 2007: 247-276）。

それに対して、〈場〉に目を向ければ、ケア提供者にも利用者のより多様な姿が見えてくる。周囲の多様な人やモノとかかわりながら、自らの「生活」を生き抜いている利用者の姿が、浮かび上がってくるのである。だとすれば、ケア提供者が「作り込み」過ぎるのは、〈場〉が持つ潜勢力を削ぐことになる。ケア提供者に見えているのは、その人のごく一部でしかない。その人らしい「生活」をと望むのであれば、その人が他の人やモノとかかわっていく姿をそれとして認めなくてはならないだろう。

特養Bのスタッフたちは、生活が「雑多」なものであり、特養の空間をより「雑多」なものにしていくことが重要だと述べていた（三井 2008）。山崎らの試みも、「雑踏」そのものがもたらすケアとして位置づけられている（山崎他 2006）。「多様性」というよりも、「雑多」「雑踏」という言葉が好まれるのは、ケア提供者にはコントロール不可能な要素が存在することの意義を意識づけるためであろう。多様性のバリエーションがケア提供者の想定内でしかないのなら、それは本質的には多様とはいえない。本来、生活という営みは、他者、そしておそらく自分自身によっても管理・統制しきれない、雑多で秩序化されない要素を多く持つ。そのため、生活を支えようとするのであれば、「雑多」「雑踏」をそれとして大切にすることが必要になるのである。

（2）にもかかわらず、関与はしている

しかし、ここで注意しなくてはならない点がある。そうはいっても、ケア提供者が〈場〉に関与していないわけではないことである。

第一に、利用者の多くは、自由に外を出歩けない。入所施設の管理や規則がそれを阻んでいることもあれば、一人での外出が危険・困難なときに一緒に出かける支援者を自由に確保できないということもあるだろう。いずれにしても、利用者が自ら外に出かけて、自由に他者との関係を形作っていけるわけではないことは多い。そのため、ケア提供者は、利用者が他の人やモノとどのようにかかわるか、その前提条件に深くかかわっている。

第二に、ケア提供者はその場を統制する権限を有していることが多い。特に入所施設であれば、利用者がケア提供者に反抗し続けるのは容易なことではない。ケア提供者はいざとなれば利用者の生活を統制する権限を、形式上も実質的にも有していることが多い。

つまり、ケア提供者はすでに、嫌でも〈場〉のありように深くかかわっているのである。たとえば利用者間で諍いが起きたときに、ケア提供者が何をどのように捉え、どうふるまうか、利用者たちはよく見ている。ケア提供者がいくら黙っていても、黙っていることそのものが一つの対応である。また、たとえ口にせずとも、ケア提供者なりの判断や思いがあれば、それはしばしば利用者たちに伝わってしまう。そして、そのことは、利用者同士のかかわりにも大きく影響する。ケア提供

者は決して「空気」のような存在ではなく、その〈場〉にかかわる一人の主体、それも大きな権限を有している主体なのである。

ただし、関与はしていても、〈場〉はケア提供者の管理・統制を超えたところでこそ力を持つ。つまり、ケア提供者にとってみれば、〈場〉とは、そこにおいて何が正しく望ましいかを自らが一方的に決められるわけではないようなもの（＝決めてしまった時点で重要なものが削がれてしまうようなもの）だが、自らがそこにかかわる主体である以上、自らの判断や思いが反映されてしまうようなものでもある。自分に管理・統制できないからといって、無関係というわけでもないのだ。

これは、単なるケア行為の発想を超えた領域である。具体的に自分が何かを利用者に提供するわけではないが、それでも関与はしているというとき、そこでケア提供者がなすことをどのように名づけ、どのように理論化すればいいのか。ケア提供者にとって、〈場〉の発想を取り入れるとは、そうした新たな課題への取り組み方を考えさせるものである。

6　ケア行為という発想を超えて

これまで述べてきたことをまとめよう。一九九〇年代に広く受け入れられるようになった個別ケアの思想は、本来的には〈場〉の力への注目と結びついている。ただ、個別ケアの思想は、その語感ゆえか、ケア提供者によるケア行為というレベルだけで捉えられることも多かった。それでは〈場〉の力は捉えられないし、ひいてはその人の生活の豊かさを損ないかねない。

別の言い方をすれば、個別ケアの思想は、ケア行為というレベルを超えて、〈場〉の力に目を向けてこそ、追求できるものなのであろう。利用者の個別性は、多様な人やモノとのかかわりの中でこそ浮かび上がるものだからである。利用者が生活する個人であることを考えたとき、その生活はケア提供者との関係だけで成立するものではない。本人の生活は、その人のまわりを取り囲むさまざまな人やモノとの関係性のなかに成立する。だとすれば、ケア提供者の行為を超えたかかわりにも目を向けなければ、その人の生活を豊かにすることはできないはずである。

もちろん、従来のケアや支援に関する議論でいえば、利用者のいわゆる「自己決定」を尊重するというのが、ひとつの解としてありうるだろう。だが、その人たちが伝えようとしていることを周囲が正しく理解できるとは限らないし、その人たちの決定に周囲はすでに関与している（三井 2011）。そうした中では、〈場〉を豊かにしていくことが、ひとつの重要な方向性であることは確かだろう。

ここまで、〈場〉の力を施設・サービス類型として法制度に位置付けることは、根本的に難しいと述べてきた。主体が複数いるということを、物理的配置や人数、利用者の属性に翻訳しようとしても、おのずと限界はある。法制度の類型として位置付けるのは本質的に困難なのである。

だが、施設・サービスの一類型として位置付けようとすること自体が無意味なわけでもなければ、間違いだというわけでもない。〈場〉の力は重要であり、それを育み活かすための方法は、現場の努力だけでなく、法制度によってもサポートされるべきである。少なくとも、利用者の属性についていうなら、高齢者向けの施設と子ども向けの施設とを合体することが許されないなど、法制度が現場の努力を阻害してきた面もあるのだから、そうした阻害をなくしていくことは必要だろう。

また同時に、このような翻訳の難しさは私たちに、法制度を作る際に必要な工夫についても教えてくれる。いささか語弊のある表現を用いるなら、適切な「抜け穴」を作っておくことの意義が見えてくる。

例として、医療や福祉におけるケア提供者の「能力」や「専門性」について述べよう。これまではどうしても、個々のケア提供者の能力や専門性を高めることが、すなわちそこでなされるケアや支援の質を高めると理解されがちだった。ケア提供者が何をなせるのか、その行為レベルでの能力や専門性が問われがちだった。

だが、生活する個人をケアし支援しようとするのであれば、個々のケア提供者の能力や専門性だけではない論点が浮上してくる。〈場〉は、ケア提供者が「作り込み」過ぎないことが重要であると述べた。「雑多」な空間こそが、ケア提供者の想定を超えた利用者の姿を浮かび上がらせ、一対一で向き合うようなモデルにはとどまらない、豊かな可能性を生み出す。だとすれば、その〈場〉にいるのは、能力や専門性の高いケア提供者だけである必要はない。さまざまな背景や志向性を持つケア提供者、もっというならケア提供者なのかケアの受け手なのか定かでないような存在がいることには、一定の意義がある。すべてのケア提供者の能力や専門性を高めることだけがケアや支援の質を高めるわけではない。むしろ、ケア提供者にもさまざまな人たちがいることを許すようなしくみが、ケアや支援の質を高めるのかもしれない。

このように、〈場〉の力に目を向けたときには、ケアや支援に関する従来のモデルをさまざまに問いなおし、法制度の作り方の発想そのものを変えていくことが可能になる。すべてを整えてしまうのではなく、適切に「抜け穴」があるようなしくみを作り、また同時にそれを適切に活用できるような余裕を現場に与えることができれば、ケアや支援の現場が本来持ちうる豊かさをそのまま活かすことにつながるのではないか。個々のケア行為だけに目を向けるのではなく、〈場〉の力にも注目するケア・支援論が求められているのである。

■注

1　独立行政法人福祉医療機構による「二〇一八年度　小規模多機能型居宅介護事業の経営状況について」によると、二五名定員の施設では、赤字の施設が五割を超えている。なお、二〇一五年に定員二五名から二九名に引き上げられており、二九名の施設では赤字施設は三割弱にとどまる（https://www.wam.go.jp/hp/wp-content/uploads/200331_No023.pdf）。

2　ケア行為に照準した議論が多かったのには理由もある。どうしても、ケアや支援を女性による無償の愛情の発露と捉え、なおかつ「誰にでもできること」と位置づける傾向は強く残っている。それに対するアンチテーゼとして、ケア行為とは何をしているのか、その内実を示そうという努力がなされてきた。

3　特養Bは、関西圏にある特養で、一九九五年に設立された（デイサービスや在宅介護支援センターを併設）。設立主体は、地域住民の希望によって一九九四年に設立された、部落解放をベースにして人権のまちづくりを目指す社会福祉法人である。二〇〇〇年に増設され、長期・短期を合わせて一五〇名定員となった。二〇〇三年四月一〇日から小規模・グループケアの実践に取り組み、一九九九年頃から精神・知的障害者の就労支援に取り組んでいる。二〇〇三年に同じ敷地内に、身体障害者デイサービスセンターと知的障害者デイサービスセンター、精神障害者地域生活支援センターを兼ね備える地域活動支援センターが開設された。特養Bでの聞き取り調査は、二〇〇七年一二月、二〇〇八年三月、二〇〇八年八月に、筆者によって行われた。現施設長（二〇〇八年四月より。それまでは副施設長。看護師）に三回、元施設長（二〇〇八年四月まで施設長）に一回、フロア責任者に一回の個別インタビューを行い、フロア責任者二名を含む五人の職員へのグループ・インタビューを一回（どれも一時間程度）、また一日だけ一つのフロアに滞在させてもらい、利用者からもお話を伺った。同じ敷地内にある地域活動支援センターにも伺い、職員の方に短時間ながらお話を伺っている。インタビューについてはICレコーダーに録音し、後日文字起こしを行った。本文中で特に引用が明記されていないものは、この文字起こしから引用したものである。（ ）内は筆者による補足である。この場を借りて、お忙しい中をご協力くださった方々に心からの御礼を申し上げたい。

4　イーフー・トゥアンによれば、密集した空間は、自分のまわりにいる他者が持つ意味によって、大きく意味が変わりうる。相反する意思を持つ他者が密集しているとなれば、空間が圧迫されて不快に感じるが、コンサート会場など、同じものを注視する他者との間では、密集はむしろ心地よい（Tuan 1977=1993）。

5　滋賀県では、介護保険制度施行以前から知的障害のある人が介護現場で働いていたそうだが、二〇〇二年度より知的障害者介護技能等習得事業が実施されている。

6　本稿では〈場〉の発想に注目するために、主に施設ケアやデイケアでの変化を取り上げているが、ホームヘルプサービスが拡充したことなども個別ケアの思想が制度に反映されていったことのひとつとして捉えられる。

支援の現場を訪ねて①

お年寄りの方が、懐も深いし、したたかですよ

エフ・エーさろん

エフ・エーさろんは阿倍野王子商店街にある、地域の居場所あるいは井戸端である。一〇〇円でコーヒーやお茶が飲み放題（二〇一三年当時）。コーヒーやお茶を準備するのはボランティアたちだが、人によってこだわるポイントも違い（たとえばティーバックを入れたまま出す人と、抜いてから出す人といる）、二～三時間交代なので、行く日や時間によって異なる人に出会える。

午前中は、男性のお年寄りが多いらしい。男性のお年寄りは、ひとりで来るのだという。近隣というより、少し遠いところから、朝の散歩の最後に立ち寄る人が多いのだとか。皆さん新聞を読んだり、ひとりでコーヒーを飲んだりするのだそうである。

午後は、もう圧倒的に、女性のお年寄りの溜まり場で

エフ・エーさろん

ある。私は午後にしか行ったことがないのだけれど、だいたい定番（?）のメンツに、たまにしか来ない人たちも混ざって、いつもワイワイガヤガヤしているのだそうである。

　昼前から来て、商店街で昼ごはんを買ってエフ・エーさろんで食べ、またお茶を飲み、閉店間際までいる、という人も多いとか。スタッフによると、「いったい何を話してるんだろうと思うけど、でも私たちも高校生のときは、学校でさんざん友達と喋った後、家に帰ってからも電話して喋ってたなあと思うんですよ」。そういや私もそうだったなあ。

午後のひとコマ

　平均年齢は八〇歳を超えている。身体のあちこちが悪かったり、認知症だったり、いろいろな人がいるらしい。よく見ると、こわばった顔をして黙って座っている人もいる。いつでも誰でもずっとお喋りしているわけではない。それでも、そんな人も確かに輪の中にいる。

　ガラス張りなので外を行く人が軽く中を覗いていく。知り合いがいると、にこにこしながら入ってくる。あるいは中にいる人たちが外を眺め、知り合いを見つけると呼びこんでくる。

　そして「商店街で買い物してから帰るわ」といいながら帰る人もいる。来ている人達の多くが近隣に住む人だそうで、多くは独居なのだそうだ。

　エフ・エーさろんを運営するのは、NPO法人エフ・エーである。エフ・エーの前身は、任意団体「ふれあいあべの」で、一九九五年に設立された。

　もとになったのは、一九九四年から始まった、阿倍野区の有志による「助け合い」の学習会である。理事のひとりである長福洋子さんは、もともと医療ソーシャルワーカーだった。病院の中で、退院していく患者たちが、またすぐに舞い戻ってくるのを何度も見た。家での生活そのものをサポートしなければ、また体調を崩して帰ってくることが目に見えている。最期までの時間を可能な限り自宅で過ごせるようなサポートはできないものか。そういう思いを抱いていたそうである。

もうひとりの理事である木村充枝さんは、もと看護師であり、循環器センターに勤めてから、子育ての後に病院に復帰するかどうかを考えたとき、それより地域で生活の助け合いができないかと考えた。病院で病気を治したとしても、本当の病気は治せない。地域で、あるいは在宅で、看取りまで含めた医療が要る。そう思ったそうである。

お二人とも阿倍野区に住む。その地域で、何かできないか。「助け合い」の学習会には計四五人の人たちが訪れ、そのうち九人が集まって、「ふれあい　あべの」がスタートした。

当初は、有償ボランティア事業（ふれあい事業）だけだった。ちょっとした手助けを必要とする人がおり、手が貸せることならやってもいいという人がいる。多くの有償ボランティアに登録してもらい、依頼があったところとコーディネートする。設立時に朝日新聞に掲載されたこともあって、大量の依頼があったそうである。たとえば掃除をしてほしいなどの生活上の細かいことから、在宅での重篤な人の介護、そして看護師資格を持つ人もいるため医師と協力して在宅で看取ることまで含め、多くの依頼に応えていった。

ただ、二〇〇〇年からの介護保険制度施行を前に、有償ボランティアで掃除してもらえば六〇〇円だが、介護保険制度を使えば一二〇円くらいで済む（介護保険スタート時の自己負担分）、だったら介護保険がいい、という声が利用者から多く挙がった。そのため、介護保険制度の指定事業者となるために、NPO法人として認証を受けることになる。「ふれあい　あべの」は発展的に解消。NPO法人エフ・エーとなる（FAは「ふれあい　あべの」の略であり、「For　All」の略でもある）。

介護保険による訪問介護事業が二〇〇〇年に開始、二〇〇三年には居宅介護支援事業が開始。それと同時に、他にも多くの事業を展開している。たとえば子育てをはじめとして、地域で暮らす人たちが自由に使える場づくりとして、みなくるハウスが二〇〇四年にオープンし、その運営、事務局を担っている。清掃事業や、多くの研修事業も行なってきた。

そのなかで、長福さんたちは、徐々にジレンマを感じるようになったという。

もともと、近所の独居のお年寄りたちは、したたかに他人を使いながら生活をまわしている。阿倍野区は、いまでは新しい家も多くなっているが、もともとは長屋が立ち並ぶ地帯だった。木村さんは嫁に来たときにカルチャー・ショックを受けたそうである。玄関が並んでいるから、出かけるとすぐに隣から「どちらへ?」と声をかけられる。「おたくのお子さん、あっちに行ったで」と教えてもらえてしまう。プライバシーも何もあったものではない。

そうしたなかで生きてきた人たちは、たとえば電灯が切れたなら、隣に声をかけてつけ替えてもらう。具合が悪くなれば買い物を頼んだりする。隣近所を酷使しながら(もちろん気もつかいながら)、生活を成り立たせているのだ。

エフ・エーの介護サービスや有償ボランティア事業を利用する人たちは、それだけでは足りない人や、いろいろな事情によってそうした関係をつくれなかった人たちである。だからこそ介護サービスや有償ボランティアが

午後のひとコマ

必要である。
だが、介護サービスや有償ボランティアの派遣をすればするほど、その人たちはエフ・エーには頼れるようになるし、エフ・エーの信頼度は増すのだけれども、その人たち自身がつながらなくなる。お隣同士でそれぞれにエフ・エーを利用していながら、お互いを知らず、お互いがエフ・エーを利用していることすら知らない（エフ・エーはプライバシー保護のために、原則としては同一地域内では派遣せず、別地域へと派遣する）。そんなことも出てきた。

個別に「助け合い」を進めれば進めるほど、もっとすぐそばの人たちの「助け合い」が進まなくなる。そうしたジレンマを感じていたそうである。

そこで始めたのが、サロン事業である。[1] エフ・エーさろんは二〇〇七年一二月にオープンした。また、二〇一二年四月には、歩いて一〇分程度のところで（でも街並みや空気は随分違う）、「よってこサロン」もオープン、こちらでは通所介護事業も行なわれている。

エフ・エーさろんでは、ここ五年あまりの間に、商店街とさまざまなコラボをしつつ、多くの人たちが集まる場となっていった。そうすると、それまでエフ・エーを知り、ファンの一人となっていた人たちが、お互いにお互いを知るようになる。それまで商店街で行きかっても、知らない者同士だったのが、「サロンで会った人」になる。接骨院に行ったら、サロンで会った人に会ったから、お喋りしちゃったよ。サロンに来ようと思って商店街を歩いていたら、サロンで知り合った人に次から次へと会うものだから、ここまで来るのに三〇分もかかっちゃったよ。そんな話が聞こえるようになっていった。

そうはいっても、いろんな人たちが集まる場である。「もめごとやトラブルが起きたりはしませんか？」と私が聞くと、エフ・エーさろん担当の秀衡靖代さんは、「もちろん起きないわけではないですよ」という。たとえば大声でがなる人がいたり、知的障害を持つ中年女性が「あの子変だよ」と言われたり。だが、秀衡さんはほとんど口を出したことがない。来ている人達から直接にクレームがあっても、そうかそうかと聞きつつ、よほどのことがない限り、直接に何かを言うことはない。ただ、問題が起きればいつでも出ていくから、と声はかけている。

そうすると、「年の功なんですかねえ」と秀衡さんは言うのだが、お年寄りたちはなんとなく相手に慣れていき、大声でがなる人も少しずつ相手に合わせ、なんとなく毎日は巡っていくのだそうだ。「お年寄りの方が、長生きしている分、懐も深いし、したたかですよ」。そんな理事たちの言葉に、サロンがうまくいく秘訣のひとつは、このスタッフたちが地域の人たちに寄せる、厚い信頼なのだろうとも思った。


エフ・エーは、単にお年寄りの支援をしているわけではない。ここを「助け合う」まちにしていこうとしている。エフ・エーさろんを訪れないお年寄りへの個別の支援も続けられており、近所でも有名なゴミ屋敷だった人が、少しずつ少しずつ心を開いてくれるようになったともいう。最近はよってこサロンを使って、子どもたちに向けた寺子屋事業も展開されている。近隣の長屋を使って若い人たちがショップを開き始めており、その人たちと連携しながら、地域のなかで人の輪をつくろうとしている。助けたり、助けられたり。それが当たり前ではないか。そうやって広がっていって、思ってもみなかったことがたくさん起きる。「それって楽しいですよ」。理事はそう言って笑う。

そうはいっても人は年をとる。エフ・エーも活動を始めて二〇年近くが経とうとしており、当初から活動している人たちも高齢化し、有償ボランティアに携わる人も減りつつある。エフ・エーさろんに出入りする人たちですら、わずか五年の間にも、入れ替わりが起きている。そうした中で、後継をどう育てるかは、理事も課題と考えているようだ。

「でもねえ、寺子屋で子どもたちが育ってるんですよ」。理事の長福さんはそう言って笑う。「二〇年経ったら、この子たちが地域の担い手になります」。

二〇年かよ!と笑ってしまったのだが、地域をつくっていくのは、そんなものかもしれない。


（『支援 vol.4』〔2014〕所収に加筆修正）


〈後日談〉

二〇二一年七月現在、エフ・エーさろんの飲み放題一〇〇円はさすがに経費面で厳しくなり、一杯一〇〇円となったそうである。訪れる方が亡くなるなど、いろいろあったが、その後も糸へん倶楽部（手芸など手仕事の集まり）、健康マージャン（男性参加者が急増したらしい）など、さまざまな仕掛けをしながら、多くの人が集まる場であり続けているようである。さらには「夜ごはん食堂」を企画して、ビールなどのアルコールも提供、小皿料理も用意したところ、大行列になってしまい、大量に準備した料理等も三十分で売り切れてしまったそうである（直後にコロナ禍となったので二回目は開催していない）。

ただ、よってこサロンのデイサービス事業は二〇一七年に廃止、現在はよってこサロンの一階は「コトコトキッチン」というカフェになっている。二階はよってこサロンとして残っているが、イベントのときに貸すなどしているだけだという。

コロナ禍は、こうしたサロン事業を直撃している。エフ・エーとしては安全対策に万全を期した対策を施したのだが、エフ・エーさろんのある商店街がコロナ感染者を出したくないと強い緊張状態にあることもあって、一年半近く閉まったままである。

それでもつながってはいたいということから、絵手紙や俳句・短歌など、なんでもいいから募集！ と呼びか

健康マージャン

けたところ、チラシを使って折った箱（ちょっとしたゴミ箱やお菓子入れに使えるので、デイサービスなどで重宝される）を大量にサロンに届ける人たちが出てきたとのこと。コロナ禍のなか、自分にも何かできたらと思っているお年寄りだって多いのだろう。箱の向こう側にその人たちの思いが見えるような気がした。

寺子屋事業は、諸事情によっていまは行われていない。ただ、この二十年あまりの間、エフ・エーは単独でやってきたのではなく、阿倍野のなかでさまざまな市民活動団体とお互いにサポートし合ってきており、そうした土壌がまた新しい取り組みを育てているという。それがあるなら、直接の後継者を育てるよりも、よっぽどすごいんじゃないか。地域ってのはやっぱり、組織や事業では測れないんだな。そんな当たり前のことを改めて思わされた。

今回、久しぶりに連絡を取って、長福さんのお話を伺っていたら、なんというか、そのしぶとさというか、しつこさというか、気の長さに、またしても笑ってしまった（失礼だったら申し訳ありません）。いやあ、事業のひとつやふたつがダメになっても、コロナ禍が来ても、しぶといです。こういうの、なんというか、いいですよね。

■注

1　大阪市提案型高齢者の地域交流拠点づくり事業補助金など、いくつかの補助金を活用して運営されている。

NPO法人エフ・エー
〒545-0021
大阪市阿倍野区阪南町 3-31-15
TEL：06-6627-1977
FAX：06-7172-1511
E-mail：npofa@oct.zaq.ne.jp
http://www.npofa.net/

にぎやかさ、明るさと、それを支えるものと

すまいる／ほっとすまいる

大阪と京都の間くらいにある茨木市に、「地域共生ホームすまいる」はある。内部では「一号店」と呼ばれている。郊外の雰囲気あふれる地域で、国道から少し離れた、狭い路地に囲まれた住宅地にある。見た目は本当にただの家である。

ドアを開けて入ってみると、これまた本当にただの家である。上がりかまちも高くて、バリアばりばりである。入ったところはリビングで、奥に台所が見える。料理担当のスタッフがしいたけのいい匂いを漂わせながら昼ごはんを作っており、包丁がまな板を叩く気持ちのいい音が響く。リビングには男性のお年寄りがひとりいるだけだった。

ああ、まだ朝早いからだろうか。そう思っていた

すまいる（旧）一号店

すまいる（旧）一号店

ら、私を案内してくれた代表の米田早苗さんは、どんどん奥に入っていく。二つあるトイレの奥に和室があり、そこを覗きこんだらまだ三歳以下の子どもたちが三人、若いスタッフと一緒にいた。その日は土曜日だからスタッフの子どもたちしかいなかったが、普段はもっと多いらしい。

さらに米田さんは奥へ入っていく（この廊下と部屋の間もバリアばりばり）。奥には第二のリビングとでも呼びたくなるような部屋があり、大きなテレビがあって、ソファやいすにお年寄りが何人か座っていた。

お年寄りのデイケアと、子どもたちの保育を同じ場でやる――これは共生ケアとも呼ばれ、始めた一人として富山県の惣万佳代子さんが有名である。そのため「富山型」と呼ばれることもあった。決して富山だけの専売特許ではなく、他県にもそうした試みはあるのだが、富山県がバックアップしたこともあって全国的に「富山型」として有名になった。いまは共生ケアと呼ばれることが多い。すまいるは、大阪で共生ケアを始めたなかでもパイオニアといっていい。

米田早苗さんとは以前から知り合いだったので、ここが共生ケアをやっていることは知っていた。実際に行ってみると、少々想像とは印象が違っていた。なんというか、家に入ってから奥へ奥へと入っていくような構造になっており（実際にはぐるりと回っていて、最終的に一番奥の部屋は玄関とつながる構造である）、逃げ場があるのだ。最初に入った部屋からは、和室の子どもたちの声はあまり聞こえない。奥のテレビのある部屋には、ときどき和室の子どもたちが乱入していたが、しばらくいた後はまた戻っていく。いつでもごちゃまぜというより、それぞれに逃げ場があり、イヤになれば少し距離をおけるしくみになっている。

そりゃそうだよなあ、と思う。お年寄り同士だってもちろん、同じ空間を共有することにしんどさはある。子どもたちはとってもかわいいけれど、やっぱり四六時中一緒ではたまらないこともあるだろう。子どもたちからしても、お年寄りとずっと一緒では面倒だというときもあるかもしれない。そういうときに、すっと逃げることが可能な場になっているように感じた。

そうして逃げ場があることを前提とすると、ときどき聞こえてくる子どもたちの歓声や泣き声が、なんと場を潤わせることか。ここに来ているお年寄りは、よく喋る人もいるのだが、認知症が進んであまり口をきかないように見える人もいる。にもかかわらず、場はにぎやかで、その人たちも確かにその場にいる一員なのだ。

「地域共生ホームすまいる」がオープンしたのは二〇〇六年である。運営しているのは「有限会社すまいる」で、代表である米田さん個人の生き方や魅力とすまいるの歴史は切り離せない。

米田さんは、昭和五四年から二五年以上、老人ホームや大型デイサービスの現場で働いてきた人である。そのなかで、大規模施設の画一的な処遇に強い違和感を抱いていた。ちょうどその頃は、全国的に宅老所やグループホームが増え始めていた頃であり、ずっと「自分もなじみの関係で小規模な家をやりたい」と思っていたそうである。

ただ、生活の問題もある。子どもが小さいうちはとても動けない。むしろ退職してから、退職金をもとにして始めようか。そんなふうに思っていたそうである。

それが退職よりはるかに前に始めてしまったのは、お姉さんの影響だったという。末期がんであることがわかったお姉さんは、化学治療ではなく免疫力を高めるという方法でがんと付き合い、時間を大切にしながら生き抜いて、亡くなった。その姿を見るうちに、いまやりたいことをやらずしていつやるのか、と思ったそうである。

その背景は、米田さんが利用者やスタッフと話すときの表情やふるまいにも表れているように私には感じられた。いまやりたいことやっている。見ているだけで伝わってくる充実感が、長い間高齢者福祉の現場で溜めこんできたものの重みや深さを逆に感じさせる。

たとえば大人数の老人ホームなどでは、お風呂に入るときには、風呂場まで移動させる人、服を脱がす人、身体を洗う人、お湯につける人、服を着せる人、もとのところまで戻す人など、スタッフが入れ替わり立ち替わりで、下手をすれば一〇人くらいのスタッフがかかわっていたという。そんなの、一人でやればいい。歩ける人も、デイサービスに来るなり車椅子に載せ、そのままフロアで座らせきりだったという。その上、機能訓練とやらで、無理やり棒につかまらせて歩かせる。暴れたり問題を起こしたりした人は、スタッフにまで排除される。何をしているのかという思いがあったという。だが、そうではなくお年寄りのそばに少しでもいようとすれば、サボっているとみなされる。

大人数だから悪いというわけではない。ただ、米田さんはもっと、お年寄りと丁寧にかかわりたかったのだと思う。それも、誰のことも排除せず。そして米田さんは付け加える。「楽しいことしたいのよ」。老人ホームや大型デイケアにもお年寄りはおり、その人たちと一緒にいたいという思いもあっただろう。それでも、次に踏み出すことを決断したのである。

二〇〇六年、物件を見つけて「地域共生すまいるデイサービスセンター」が開設された。同時にケアプランセンターも併設し、さらに訪問介護サービスも始めた。その後、二〇一二年には「地域共生ホームほっとすまいる」(通称「二号店」)も開設、一階ではデイサービス、二階では五部屋のサービス付高齢者向け住宅と自主事業のお泊りをやっている。

ちなみに、一号店でも二号店でも子どもたちを預かっているが、これはあくまでも自主事業である。高齢者福祉と児童福祉は別物だそうで、都道府県によっては建物の入り口まで別に設定するよう指導されるところもあるらしい。

指導する側にもそれなりの論理はあるのだろう。高齢者への介護サービスが、不適切な環境でなされていては、介護保険制度の指定事業所として認めるわけにはいかない——そういう思いがあるのかもしれない。

しかし、デイサービスにしても保育サービスにしても、利用する側からみれば生活の場である。生活の場で、お年寄りと若い人と子どもたちが空間を共有するのは当たり前である。むしろお年寄りがお年寄りだけで寄せ集められた空間の方が、異様かもしれない。もちろんお年寄りがお互いに仲良しだから寄り集まっているのならいいだろうけれど、介護サービスを利用するのはお年寄り自身の意志というより、同居する家族たちの意志が大きいのだから。

一号店も二号店も、そこにいる人たちの個性が、一度伺っただけの私にも、浮かび上がるような場だった。このスタッフたちは、人を塊では見ていないのだと思う。一人ひとりの人として見ている。お年寄りと子どもが一緒にいることが、それとして当たり前なのは、おそらく一人ひとりの人としてそれぞれが共に場にいるからである。だとすれば、サービスの枠で切り離す方が、無理をしているように感じられる。

すまいる二号店

にもかかわらず、法制度やサービス類型をつくる側は、別にしなくてはならないと思うらしい。適切なサービス提供の名のもとで、人が分断されていくしくみが働いている。それに抗しようと思えば、自主事業でやるしかないのが現状のようである。

すまいるの活動は、共生ケアを実践しているところが決して多くはないこともあり（やりたいと思う人は多いが、実際にやるのはそう簡単なことではないようだ）、どうしても共生ケアの方が注目されがちである。要は、昼間の時間にお年寄りや子どもたち、あるいは（二号店で試みられているように）地域の人たちが、同じ空間の中でそれぞれ過ごしたり、ちょっと行きかったりするような場面が強調されがちである。

だが、すまいるの活動は、昼間の場だけのものではない。当たり前といえば当たり前である。来ている人たちは、お年寄りにせよ、子どもたちにせよ、それぞれの生活と背景を持っている。そしてその人たちの向こうには、その人たちの家族がいる。

すまいるが二号店のオープンに踏み切った理由は、デイケアだけでは支えきれない利用者たちに出会ったからである。たとえば、ある男性は、ダンディでステキな方でもあるのだけれど、家族からすればたまらないものが多々あったようである。すまいるは五年間ほど三六五日営業していたのだが、そのうちの三六四日、男性は通ってきていた。それでも家族としての葛藤も大きかったのだろう、介護していた娘さんがうつ状態になってしまった。すまいるのケアマネージャーが気づき、娘さんを心療内科に連れていき、その日初めて男性はすまいるで二泊の「お泊り」をした。少し落ち着いたようにみえたこともあり、その男性は家に帰されたのだが、その一時間後に娘さんから電話があったそうである。「お父さんがいる部屋にどうしても入れない」。そう号泣する声に、スタッフが駆け付けたのだが、とてもこれは放っておけないということで、その日から男性は一号店に住みこむことになった。

デイサービスは確かに、介護負担を和らげるだけでなく、家族の関係に風穴を開ける。だが、デイサービスだけでは支えきれないものがある。すまいるは、一人ひとりの利用者とその家族と丁寧に付き合ってきた。そこから、その先の課題が見えてきてしまったのだと思う。そして米田さんをはじめとするすまいるのスタッフたちは、それを放置することもできず、とにかく支えようとするしかなかったのだろうと思う。

それまでも、どうしても家族がつぶれてしまい、精神病院に急きょ入れられてしまうお年寄りもいたそうである。そこでぷつりと関係が切れてしまう。それを避けるために、どうしても、お年寄りが住む場所をつくらなくてはならないと思ったそうである。それはそれで大変な負担を抱え込むことでもあったのだけれど。

米田さんは「めざせ、地域の駆け込み寺!」と笑う。すまいるの明るい雰囲気、笑いのたえない空間、包み込むような空気は、そこだけで成立しているわけではない。あの明るさは、地域に暮らす人たちの多くの涙や苦しみともつながっている。それら涙や苦しみをそれとして受けとめ、なんとか支えようとしてきたがゆえに生まれているものなのである。

訪れる側が、子どもとお年寄りが一緒にいてステキだね、というだけでは済ましてはいけないのだと思った。笑顔だけでは通れないような深刻なこともある。すまいるに通う利用者だけでなく、その人たちの家族の苦しみや涙もある。

それらをまとめて支えながら、ひっぱりながら、すまいるの明るさは成立しているのだと思う。このワイワイとした賑やかな空間の向こうには、確かに「地域」があるのだ。

(『支援 vol.4』(2014)所収に加筆修正)

〈後日談〉

二〇一八年十一月に、「一号店」は茨木市新堂から鮎川に移転し、リニューアルオープンした。二〇二〇年八月からは、それまでお休みしていた「地域共生すまいるデイサービスセンター」で「共生型地域密着型通所介護」(「地域密着型通所介護」+障がい者の「生活介護」)をスタートさせている。茨木市では初の「共生型」だそうである。

地域共生ホーム
すまいる (1号店)
〒567-0831
大阪府茨木市鮎川 1-13-1
TEL:072-636-5200
FAX:072-636-5210

地域共生ホーム
ほっとすまいる(2号店)
〒567-0851
大阪府茨木市真砂 2-9-21
TEL:072-657-1006
FAX:072-657-1007

有限会社すまいる
NPO 法人ほっとすまいる
https://www.kyoseismile.comß

支援の現場を訪ねて③

おたっしゃで

フェリスモンテ

お変わりのう？

——へえ、
おかげさんで。

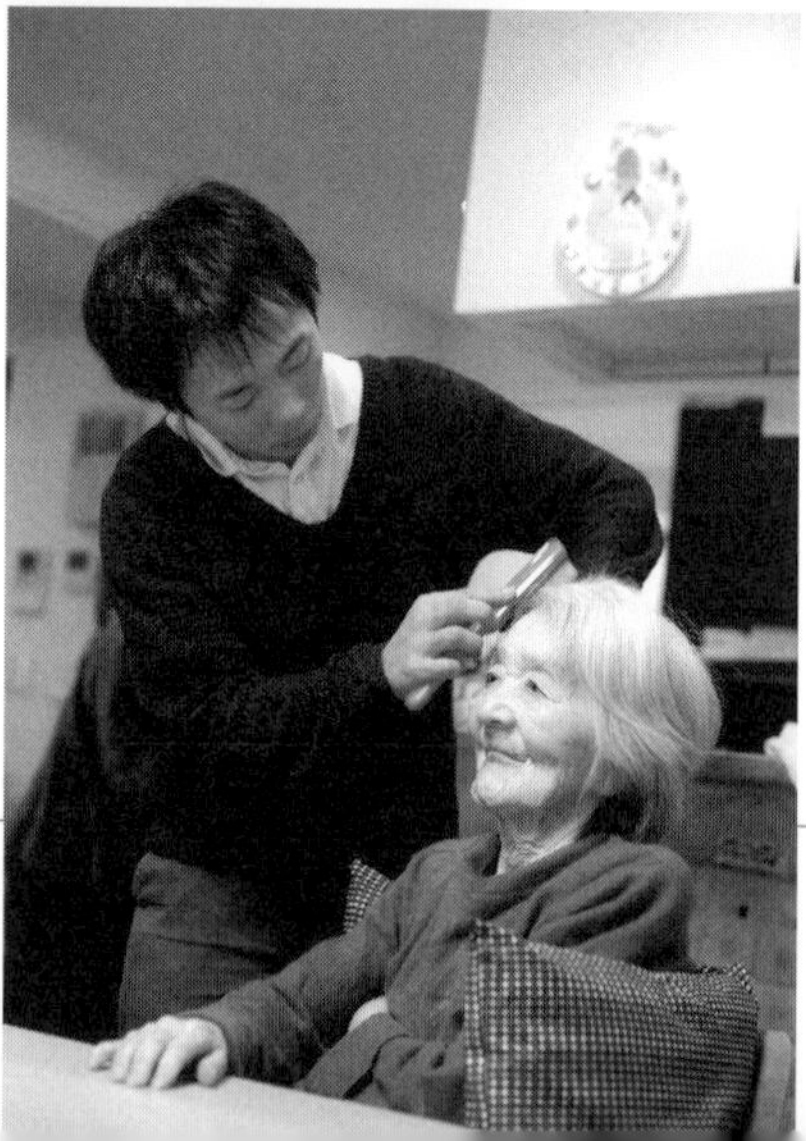

NPO法人フェリスモンテは1999年に設立。大阪市千林・今里・太子橋で「おたっしゃサロン」をはじめとして、コミュニティカフェ・ヘルパー派遣・配食サービス・グループハウス・子育て応援事業など多彩な活動を展開している。

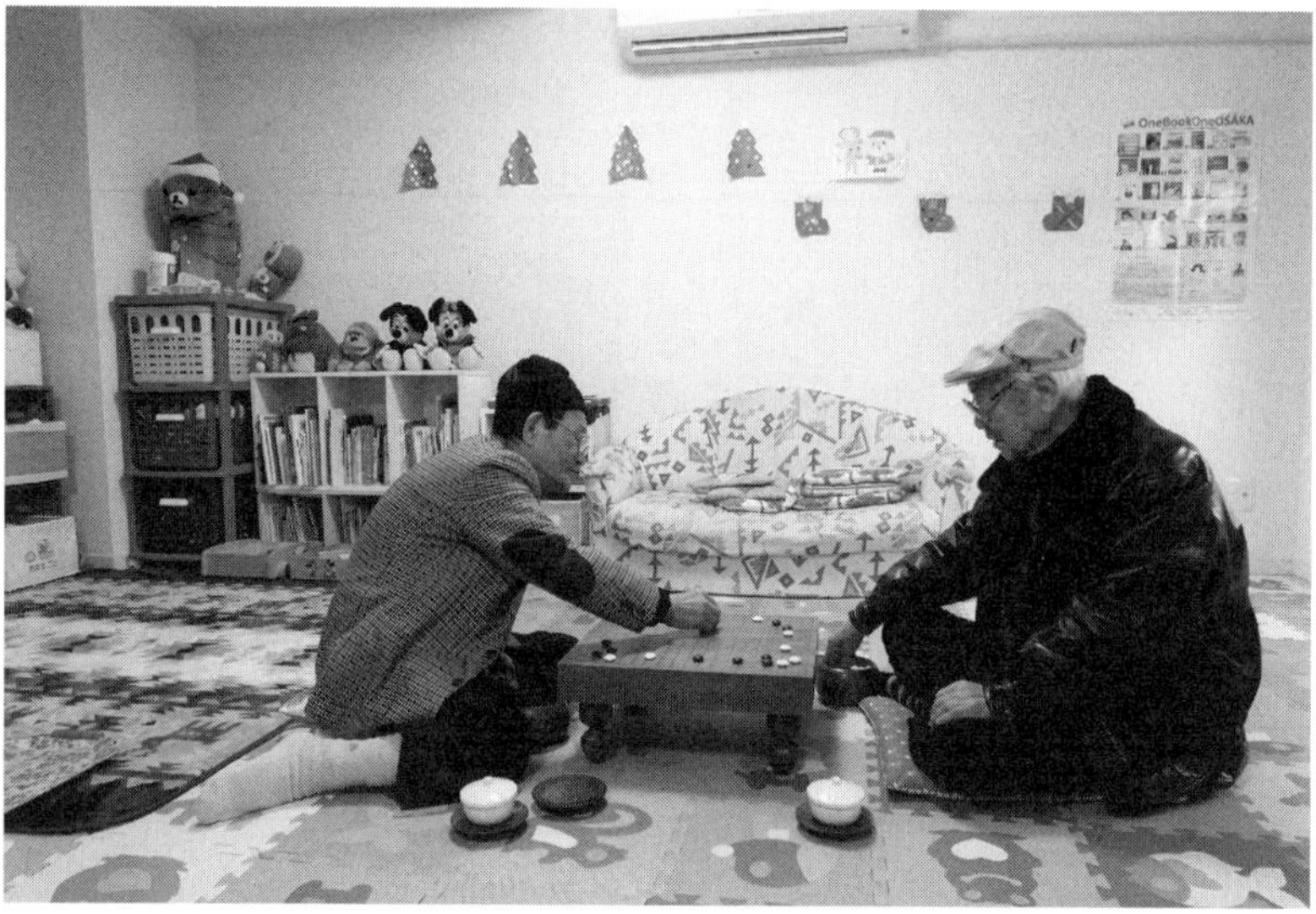

「元々が、自分の親をみる活動から広がったのがフェリスモンテ。困っていることをお互いに助け合う精神があれば、公とか私とかは後から考えれば良いことです。」（山王丸由紀子理事長『おたっしゃ十周年記念誌』より）

「最期の最期まで「おたっしゃ」の菩薩に守っていただき、あらうれしや、うれしやと寂光の都に帰らせていただきます。」(『おたっしゃ十周年記念誌』より利用者の言葉)

〈後日談〉

フェリスモンテについては、『支援 vol.4』に載せたときは、口絵という枠で紹介している。もともと、このときはエフ・エーとすまいる、そしてフェリスモンテを訪問していて、そのうちのひとつを口絵にすることが決まっていた。気づいたら当然のように口絵はフェリスモンテだろうと思っていた。それは、フェリスモンテの案内のされ方があまりにも独特だったからである。

フェリスモンテは一九九九年にＮＰＯ法人として設立された。もともとは、旭区の千林商店街近くの人たちやＰＴＡの人たちが集まって開いていた「ボケの勉強会」が始まりらしい。仲間のひとりの父親が認知症になったことをきっかけに勉強会を開き、ゆくゆくはグループホームをつくろうと考えていたらしいのだが、まずはできるところからということで、サロン活動から始め、二〇〇〇年から介護派遣を行うようになった。二〇〇二年には千林で「おたっしゃ食堂」という配食事業所を開設、独居の高齢者を中心に配食サービスを始めた。二〇〇三年には旭区でデイサービス、生野区でも介護派遣を、二〇〇四年にはグループホーム（フェリスモンテでは「グループハウス」と呼ばれている）を始めている。二〇〇七年にはコミュニティ喫茶「花しょうぶ」を開設、二〇〇九年には「つどいの広場　花しょうぶ」と称して、地域子育て支援拠点事業を受託している。

こうして書くと、本当に多彩な事業をやっている。〇〇事業と名のつくものをかたっぱしからやっているという印象すら受ける。結局のところ、何をしている団体なのか。そう聞きたくなる人もいるだろう。

訪ねたときも、何がなんだかわからなかった。拠点がたくさんありすぎるし、事業がたくさんありすぎる。あっちにもこっちにも事務所だの事業所だのがあり、働いている人も知的障害や精神障害のある人が普通に入っていたりして、もう何がなにだかわからない。

というか、案内してくれた当時の理事長である山王丸由紀子さんの説明が、ちっとも福祉事業っぽくないのである。「次は賄いつきの下宿ね」といわれて、「え？　下宿？」と思っていると、確かに下宿と呼びたくなるような入口の奥に、お年寄りが住んでいる部屋がいくつか並んでいる。お年寄りのひとりがお茶を入れてくれたのでありがたく頂戴した。しばらくしてから、「これって、いわゆるグループホームってやつか……」と気づく。

「はい、今度は赤ちょうちん」といわれ、「はい？　赤ちょうちん？」と思っていると、確かに小さな居酒屋がそこにはある。板前さんが障害のある人だと教えられたが、もちろん教えられなければそんなことわからない。

「お弁当屋さん」だといわれて案内されたところは、えらく鋭角な建物（街角にときどきありますよね）で、こういう建物が大好きな私はそっちに魅了され、天井からつるされた布巾に魅了され、それがいわゆる配食サービスだと気づくのに時間がかかってしまった。

万事がその調子で、案内されながら、「こ、ここは何をやっているところなんだろう……」と思っていた。もしかして、多角経営している外食産業なんじゃないのか。

きわめつけが、最後に山王丸さんのご自宅に案内され、そのまま茶室に連れていかれ、茶の湯を頂戴したことである。いや、とても美味しかったし、とてもステキだった。でも、「支援の現場を訪ねて」であれこれ出かけたけれども、自宅で茶の湯をふるまわれたのはあれが最初で最後（いまのところ）である。そして、「これがうちの精神だから」というようなことをいわれたのである。もう、絶句するしかない。

これは、口絵にするならフェリスモンテだ。帰ってきてから矢部さんの写真（これもものすごく良かったのだ）を見つつ、はっきりそう思った。あのわけのわからなさ、口絵だよ。写真とキャプションとそのデザインとで、なんとかあの空気を出したい。茶の湯を頂戴したときの感覚をそれで伝えたい。

不思議と、矢部さんの写真をもとにデザイナーさんがデザインした紙面を見たとき、キャプションはすごく自然に出てきた。

出来の良さについては、読者の皆さんのご判断にお任せするしかないのだけれども、いまでも私にとってこの口絵はとても印象深く、大のお気に入りである。

いま、何年も経ってから振り返ってみると、あのとき山王丸さんは、福祉の「型」など吹き飛ばしながら、「人」が「地域」で暮らすということを続けるための形として、フェリスモンテのありようを私に伝えてくれようとしたのだと思う。

もうひとつよく覚えているのが、事務局長の隅田耕史さんが、コミュニティ喫茶のある建物の上階に、お年寄りが一人暮らしをしていているところに案内してくれたことである。見たところ、ひとりで歩いて行動できるという感じではなかった。喫茶の関係者がときどき様子を見に行ったり、お年寄りも介護者の手を借りて階下に降りてきたりしながら暮らしているとのことだった。「え、これ、お年寄りの自立生活?」という言葉が頭をよぎった。

いま思うと、自立生活なんていうのは、必要な支援を得ながら普通に地域で暮らすというだけのことだから、あのお年寄りも、そうしていただけなのだと思う。いや、普通ではある。でもあんまり、聞いたことがない。

こういうフェリスモンテの、なんというか柔軟性や幅の広さを、福祉の事業という枠からとらえようとすると、えらく多彩でわけのわからないことになる。そして、そちらの呼称を使うと暮らしの実感からずれる。だから山王丸さんは「賄いつき下宿」「赤ちょうちん」「お弁当屋さん」と呼んでみせた。そうすることで、地域の暮らしのひとつとして位置付けたのだろう。

茶の湯の意味は、本当に多様にありうるから、ひとつに決める必要なんてないと思っているが、無理やり言葉にするのなら、「人と人との出会い」ということなのだとは思う。ただ、茶の湯ってのはさ、そういう陳腐な言葉で切り取っていいもんじゃない。一期一会の真剣勝負である。だから、山王丸さんはそこに名前をつけなかったのだろう。そして、仰天しつつまごまごとお茶を頂戴していた私と、本当に美味しそうに茶の湯を楽しむ矢部さん(矢部さんってこういうところすごいんである)と、それをおもしろそうに眺めていた隅田さんと、何も語らず座していた山王丸さんとで過ごした時間は、誰がなんといおうと、私にとってかけがえのない時間だった。

さて、以上は二〇一三年当時の話である。ここからは、その後現在にかけてのことを書こう。フェリスモンテは、現在も相変わらず多彩な事業を展開している(事業規模は一時期に比べて縮小したようだが、それも介護保険バブルが自然に消えたという程度らしい)。グループハウスでお茶を出してくださった方も、ご健在とのこと。とても嬉しくなってしまった。山王丸さんは二〇一七年に理事長を退任しているが、いまもいくつかの建物の大家としてはかかわりがあるらしい。隅田さんもお元気そうだった（いま、Youtubeで生野区まちセンによる隅田さんのインタビュー動画が流れているので、関心がある方はぜひどうぞ）。

私が伺った当時から、生野区と旭区の二か所で拠点を持っていたが、それもそのままらしい。そして、コミュニティ喫茶を中心に、小中学生に向けた活動が始まったり（夕食会「ホームスペース花しょうぶ」）、障害があったり長年引きこもっていたりという人たちとのかかわりが増えたりしていて、後者の人たちはここの「居酒屋」で働くことをきっかけにして、ヘルパーとして働くようになったり、お弁当屋さんで働くようになったり、フェリスモンテの重要な戦力になっているという。

当時はよくわかっていなかった地域の特色についても、隅田さんから少し伺った。生野区はもともと在日コリアンの人も多く、障害児・者とともに生きる運動も根強く、市民活動や社会運動が活発な土地柄らしい。そういえば旭区も、山王丸さんの自宅は千林商店街のすぐそばで、この商店街は全国的にも有名なところだそうだ（伺ったとき、千林商店街のテーマソングというのが流れていて、えらいビックリしたのだった）。この二か所に拠点があるのは、特に選んだことではなく、旭区で活動を始めたら、当時はまだ介護派遣が少なかったために遠方からも依頼が多く来たというだけだったらしいのだが、きっとそれなりの必然性があったのだろうと思う。

最後に、語弊がある表現かもしれないのだけれども、隅田さんのお話を伺っていると、やっぱりフェリスモンテって妙に人間臭いよなあ…と思ってしまった。なんというか、ある側面から見ると「自由」すぎる。社会福祉業界の空気がどうも薄くて、理念に貫かれているとかそういう感じがあんまりせず（失礼だったら本当に申し訳ありません）、普通の人たちがやっていると感じるエピソードが多い。といっても、まあ、本当に普通の人はなかなかこんなこと始めないし、もっとまわり（福祉業界）に染まるものだろうから、そういう意味では、あんまりフツーではないのだけれども。

そうした人間臭さが、ここの柔軟性につながっているのかもしれないなと思った。やっていることを並べてみれば、本当に多彩で、いわゆる「支援」の「対象」も、高齢者から障害者、子ども、母親、ひきこもりと幅広い

（中間支援も担っているから、他の支援団体も「対象」といえば「対象」である）。ただそれは、「事業を拡大しよう」という意思のもとになされているというより、それを必要としている人がいたから、というノリに感じられる。「ノリ」なんて言葉を使うのは不謹慎だろうか。でもなんだかそんな言葉を使いたくなるくらい、人間の匂いがする。

そして、地域包括ケアだの地域共生だのって、本来はそういうものだよな、とも思うのだ。いいことかどうかは別として。善悪とか良し悪しとかの基準の先にあるものを見せられているような気持ちになった。

NPO法人フェリスモンテ
事務局
〒535-0001
大阪市旭区太子橋1-23-15
TEL：06-6958-0011
FAX：06-6958-0003
E-mail：ota-sha@viola.ocn.ne.jp
http://www.otasha.jp/

第2章

「優位に立つ」関係を弱める

支援か虐待かという問いの先へ

1　虐待防止というけれど

近年、入所施設等での虐待などの不祥事が繰り返し報道されている。この章では、虐待とは何か、それを防止するとはどのようなことか、考えてみたい。いわゆる虐待防止の議論とはかなり異なる議論になるだろう。一般的な虐待防止論の意義を否定するものではないが、それらが見落としてしまいがちなことに目を向けるためである。

ここで想定しているのは主に、知的障害者と呼ばれる人たちへの虐待、それも親などの「養護者」とは異なる立場で、支援にかかわることを生業としている人たちによるものである。[1] これは私が主に知的障害者の自立生活支援にかかわってきたため（三井・児玉編 2020）、想定しやすい状況がそうした状況だからである。だが、何も知的障害者への職業的支援者だけに当てはまる議論をしようとしているのではなく、より広く虐待一般に当てはまると思われる要素を抽出している。

なお、知的障害者や認知症の人など、いわゆる一般的な意味でのコミュニケーションが困難に思える人が、虐待の対象となりやすい傾向があることは、これまでにも指摘されている。たとえば増田公香は、障害者の中でも、知的障害者は特に虐待の対象となりやすいことを明らかにしている（増田 2014）。高齢者の虐待でも、入所系施設では認知症の重い人がより身体的虐待の被害にあっているケースが多く（養護者の場合は介護等放棄が多い）、また入所系施設やそのほかの介護施設で、あるいは養護者には、認知症の人の方が深刻な虐待を受けていることが多いことが報告されている（平成三〇年度「高齢者虐待の防止、高齢者の養護者に対する支援等の法律」に基づく対応状況等に関する調査結果）。その意味では、知的障害者への虐待とその防止について考えることは、虐待全般を考えることにもつながるだろう。

さて、一般に、福祉領域で虐待が論じられる際に、防止策として挙げられるのは、だいたい次の二つである。第一に、職員の教育・研修がよく挙げられる（市川 2000; 増田 2014）。社会的背景に注目すべきだと主張されるときにも、専門性の確立（松川 2001）など、やはり職員の質が問題にされる。具体的な内容として挙げられるのはさまざまだが、（1）何が虐待になるかについての知識を得る、（2）障害の特性を知る、（3）職員自身の怒りなどの感情をコントロールする方法を学ぶ、などが多い（市川 2000; 2001; 市川編 2007; 市川・木村 2016）。

第二に、外部による早期発見・早期介入のしくみがよく挙げられる。もともと外部からの強制的介入や内部告発を支える通告制度の必要性が指摘されることは多かったが、近年では、たとえば児童虐待防止のためのアウトリーチのしくみが参照されるなど、ことが大きくなってからではなく、早期に発見・介入できるしくみづくりが重視されている（市川 2000; 増田 2014）。

これらの防止策が間違っているわけではないだろう。だが、私自身の（短いながらの）経験、これまでともに活動してきた介助者たちの抱える葛藤などを見るに、どうも根本的な対応になっていないような気がしてならない。それどころか、ときに、もっとも誠実に頑張る職員たちにとって負担となり、虐待に近しいところにいる職員たちには響かないものとなることすらあるように見える。これらの防止策に意義がないわけではないが、もう少し根本から考える必要があるように思えるのである。

そのため、そもそも虐待とは何か、それを防止するとはどのようなことか、そこから考え直すことにしたい。

2　虐待は文脈に依存する（1）――行為の意味

虐待の定義として一般的に用いられているのは、類型論か、それらすべてをふくみ込むような包括的な定義である。たとえば、虐待防止法の定義に従って、虐待内容による類型（身体的虐待、身体拘束、ネグレクト、心理的虐待、性的虐待、経済的虐待）、虐待者と被虐待者の関係による類型（養護者による虐待、障害者福祉施設従事者等による虐待、使用者による虐待）が挙げられることは非常に多い。そして、類型論以外では、これらの類型のすべてを覆うような包括的定義がなされていることが多い（宗澤編 2012: 185）。これらの定義では、虐待とは何かが端的に定義されているとはいいがたいだろう。

では、虐待とは何なのか。端的な定義が困難なのは、何が虐待かは文脈に大きく左右されるからである。ある行為がそれ自体として虐待かそれ以外かに分類できるわけではない。ある行為が虐待と名指されるのは、それがなされた文脈による。

第一に、社会的な常識や前提が変化することで、それまで虐待とみなされなかったものが虐待とみなされるようになることがある。たとえば一九八〇年代であれば身体拘束は当たり前に行われており、拘束衣が使われることすら珍しくなかった。一九九〇年代に「縛らない」看護や介護が訴えられるようになり、いまでは多くの医療・福祉現場で身体拘束は激減したといわれている。

この背景にあるのは、疾患の治癒より人々の「生活の質 Quality of Life」を重視する方へと私たちの社会の価値そのものが変化したことである（猪飼 2010）。私たちは、お年寄りであれ、障害者と呼ばれる人たちであれ、その人たちがいま、どう生きて生活しているか、その内実を大切にすべきだという価値を抱くようになってきている。高齢者虐待防止法（二〇〇六年施行）、障害者虐待防止法（二〇一二年施行）は、こうした私たちの価値の変化の表れである。[2] そしてこの傾向はおそらく簡単には変わらない。以前の価値（疾患の治癒）が二〇世紀を覆っていたことからすれば、一〇〇年単位の傾向であり、数年で変化するようなものではない。

第二に、具体的な相互作用場面において、主体の受けとめ方によっても異なってくる。特に、明らかな暴行や暴言はまだしも、それにつながるとされる「不適切な対応 maltreatment」は、文脈や主体の受けとめ方によって定義が異なってくる。林田俊弘は、高齢者介護の現場で鼻めがねを利用者にかけて皆で笑うというときに、本人が楽しんでいるのならいいが、周囲のスタッフたちだけが笑っているのであれば、いわば嘲笑っているのと同じであり、いくらスタッフが悪気のないつもりであったとしても、それは「不適切な対応」だと指摘する（林田 2016: 60-64）。

そして、本人がどう思いどう感じているかは、知的障害や自閉、認知症の人だと、なかなか本人の言明からだけでは判断できない。そのため、周囲の人たちの間でも、人によって判断が異なることが多い。

このように、ある行為そのもので虐待かどうかが決まるわけではない。暴力や暴言についても同様である。確かに、一般論として、暴力や暴言は望ましくない。だが、暴力や暴言にも、前後のプロセスがある。暴力や暴言を引き起こすだけのことを相手がしたのかもしれない。それに、友人同士であれば、暴力や暴言が関係を深めたり育んだりすることは多い。表面上は罵倒し合ったり暴力的なふるまいをし合ったりしながら、強い信頼関係によって結ばれている友人関係や仲間関係は珍しくない。暴力や暴言という行為そのものが「悪」だと呼ぶ理由は、実はない。

虐待とは何かといえば、支援やケアがまさに「適切」でないときに用いられる言葉だ、としかいいようがないのである。もちろん、その「不適切さ」の度合いによって、積極的に虐待という言葉が用いられるものから、そこまではいかないが首をかしげられるようなものまで幅広くあるだろう。判断に幅があり人によって異なるにしても、支援やケアの「適切」性についての判断こそが何が虐待かを決定するのである。

その「適切」性の基準は、常に複数あり、ひとつに特定できるわけではない。第一に、適切かどうかを判断する主体が、どのような価値観に依拠するかによって大きく左右される。たとえば、一八歳以上の知的障害者のうち十人に一人が入所施設で生活しているという状況[3]自体を、入所施設に入れざるを得ない社会環境しか用意しないという虐待だと主張する人もいる。他方で、自閉の強い人には「構造化」された環境が必要なのだから、街中のアパートで支援付きとはいえ一人暮らしをさせるなど、虐待ではないかと主張する人もいる。判断する人が何に価値を置くかによって、何が「適切」かの判断は大きく変わってくる。

第二に、どこまで状況を総合的に捉えるかによっても異なってくる。たとえば、ある知的障害を持つ男性は、和式便所なら大便ができるが、洋式便所ではどうしてもできないそうである。ところが、近年はバリアフリー化の名のもとに駅やデパートのトイレも洋式が増えており、その人が便意を催したときに行けるところが少ない。そうなると、公衆の面前でところかまわず用を足してしまうのだという。この場合、どのような対応が「適切」なのだろうか。本人が用を足したいところでやればいいというのか、力尽くで止めるのか。そもそもその二分法がおかしいと考える人も多いだろう。数少なくなったとはいえ、残されてはいるだろう和式便所の場所を、介助者が把握していればいいのではないか。さらにもっと広く考えるなら、トイレのすべてを洋式化してしまうのではなく和式も一部残すという社会的な配慮が必要なのかもしれない。その人の行為がどのような文脈のもとに成立していると考えるか、どこまで状況を総合的に捉えていくか、それによっても異なってくる。

つまり、何が虐待かは、行為そのものによって決められることではなく、判断する人の価値、どこまで状況を総合的に捉えるかというそのつどの判断によって、ときに大きく異なってくる。いわば、それ自体が論争的なものなのである。

3 虐待は文脈に依存する(2)――「優位に立つ」とは何か

そしてもうひとつ注意したいのは、ベースとなる関係性である。暴力と見えるような行為がなされたとしても、だからといって私たちはそれをすぐに虐待と呼ぶわけではない。たとえば、近隣に住む人が通りがかりでいきなり唾を吐きかけてきたとしよう。それも十分に精神的・身体的・社会経済的苦痛を与えるだろうし、恒常的あるいは集団的であるなら「いじめ」と呼ぶかもしれないが、「虐待」とはなかなか言わない。

私たちが「虐待」と呼ぶのはやはり、加害者が「優位に立つ」関係にあるときである。たとえば虐待の包括的な定義を掲げた宗澤忠雄は、「障害者虐待とは、（中略）等の生活・労働・社会サービスの活動を共有する同一集団内において、扶養・養育・養護・介護、保育、教育、就労、看護・治療、支援サービス等の相互作用過程において優位に立つ」ものがなすものだと定義しており、「優位に立つ」ものがなすことを前提としている（宗像 2012: 185）。

ところで、この場合の「優位に立つ」とは何だろうか。このような権力関係は、虐待の前提として取り上げられがちな要素なのだが（虐待は英語でいえばabuseだが、これは濫用ab-useがもともとの意味である）、権力を実体として捉えることには無理がある（盛山 2000: 173-190）。

個人としての力であれば、知的障害や自閉、認知症の人の中には、身体的には壮健な人も多い。男性の利用者であれば、女性の職員などよりよほど「力」があることも多いだろう。確かに、職員が利用者の入浴や排泄の介助をするとき、しばしば利用者は裸体や恥部を顕にされるので、いかにも利用者が一方的に弱い立場に置かれるように見える。だが、セックスワーカーの顧客もワーカーに裸体や恥部を顕にすることが多いが、必ずしも一方的に弱い立場に置かれるわけではない。

それに、そもそも加害者の多くは、自分こそがひどい目にあわされた、あるいは無力だった、という被害者意識を持っている。たとえば利用者に暴行を繰り返す職員がいたとしても、本人の主観からすると、楽しんでやっているわけでもなければ、自らやりたくてやっているわけでもないことは珍しくない。あくまでも、利用者が自分に対して不当なことをしてくるから、仕方なくやっている、他にやりようがなかった、と認識していることが多いのである。利用者との権力関係や社会的地位を前提にしてみればいかにも不当な被害者意識に見えるが、本人たちのリアリティからすれば必ずしも不当ではないわけで、加害者には加害者なりの力関係が見えていることもある。

それでも、一般には、たとえば入所施設の職員が利用者に対して「優位に立っている」のは自明なように見える。それは、両者の関係の主要な部分に、利用者の生活の管理（ひいては人生の管理）を職員が担うという法制度やしくみがあると知っているからである。そして、多くの場合、利用者が職員を管理する法制度とそれを実質的に可能にするようなしくみも存在しない（利用者による管理委員会が実質的な権限と機能を持つなら、状況は大きく異なってくるだろう）。さらにいえば、多くの入所施設では、利用者が職員以外の人たちとかかわる機会を持つことがほとんどない（利用者に幅広い友人関係があり、頻繁に友人や知人が訪ねてくるのであれば、また状況は異なってくるだろう）。そしてその場を取り巻く環境によっても異なってくる。たとえば利用者が、当該の地域で多くの人たちとかかわりながら育ってきており、道を歩けば知り合いに会うような環境にいるのと、誰も知っている人がいない地域で暮らすのとでは、利用者と職員との関係も違ってくる。

このように、「優位に立つ」という関係は、実にさまざまな要素によって成立している。それらによって「優位に立つ」度合いも変わってくる。よく、入所施設であれば虐待が多く、地域生活や自立生活であれば少ないかのように言われることがあるが（逆をいう人もいる）、両者の違いは決して小さなものではないけれども、それだけが「優位に立つ」度合いを決定しているわけではない。入所施設と一言でいっても、利用者による管理委員会が機能しているか、利用者にどの程度外部の人たちが日常的にかかわっているか、などによって大きく異なってくる。逆に、いわゆる自立生活であったとしても、利用者が介助者だけに取り囲まれた生活になっているか、その人なりにさまざまな人や場とのつながりを持っているか、によって大きく異なってくる。

もちろん、一般的には、知的障害や自閉、認知症の人たちは、社会的に「劣位に立た」されている。現状の日本社会では、ある程度の知的能力がなければ、そしてある程度の一般的な生活態度に従うことができなければ、公共交通機関を利用することも、買い物や食事も困難だからである。ただ、このような日本社会全体の状況だけが、利用者と職員の関係を一義的に決定しているわけではない。その上でさらに、個別の環境や場がどのように設定されているかによって、職員が「優位に立つ」関係と職員の権力とが成立しているのである。

4　虐待を防止するとはどのようなことか

このように虐待の文脈依存性について考えてみると、冒頭で挙げた虐待防止策二つは、あまりにも狭すぎるものとして見えてこないだろうか。これらの方策に意味がないといいたいわけではない。ただ、あまりにも、「虐待」をそれとして同定できていることを前提にした議論になっており、また「優位に立つ」という関係を不動のものと考えてしまっている。

　確かに、まだまだ非常に悪質で、多くの人が見て虐待だと思うようなことが行われている事例が残っている。それらを発見し、被害者を救済していくことは必要である。そのためにはこれらの方策のように、虐待を同定可能なものとして描き、力関係も不動のものと捉えて、第三者のより上位な権力をぶつけることによって改善するというモデルを立てることには意義がある。

　だが、虐待を防止しようというとき、そうした悪質な事例だけを摘発すればそれでいいのだろうか。悪質な事例は、単独で成立するのではなく、その前に自覚なくなされる「不適切な対応」の重なった先にある。悪質なものと無自覚になされる「不適切な対応」とが明確に区分できるわけではないし、「不適切な対応」がなくならなければ悪質な事例もなくならないだろう。

　だとすれば、虐待を防止するためには、虐待をなくすことを目指すのではなく、虐待は生じるものだという前提に立った上で、その深刻化を防ぐという姿勢が必要なのではないか[4]。支援と「不適切な対応」とは、もちろん別のものであり、後者ではなく前者を目指すことを諦める必要はないが、厳然とした線引きは不可能である。先に述べたように、「適切」性の基準そのものが、判断主体の依拠する価値、またそのつどの状況をどう読むのかによって異なってくるのだから。

　こう述べると、あまりに支援と虐待を結びつけすぎだと思われるかもしれない。だが、現場で働く人たちにとっては、むしろこれくらいのほうが実感に近いのではないか。支援に携わる人たちの多くが、「自分も虐待者予備軍だ」と強烈に感じた経験を持っている。利用者に対して強い怒りを感じてしまったり、素で「死ねばいいのに」と思ってしまったり、あるいは何かを契機に、それまでの自分が本当に絶望的なほど相手を理解しておらず、勝手に見下してしまっていたことに気づかされたり――そうした経験を持っている人は多い。私自身も、ボランティアとして支援にかかわる間に何度もそのような経験を重ねた。自分が虐待者になる恐怖と、そのような自分の醜い面を見たくないという思いから、支援にかかわるのをやめようかと思ったこともある。

支援と虐待はそう遠いものではない。職員と利用者は他者であり、いつでも了解しあえるとは限らない。そうである以上、「適切な」対応がいつでもできるわけがない。むしろ「不適切な対応」が多々存在するのが普通なのではないか。

逆にいえば、虐待を「なくす」ということを主眼に置いてしまえば、支援の質を下げる可能性がある。たとえばトイレや入浴は性的虐待の温床である。だからトイレや入浴を密室で行うのではなく、皆が見ているところでやればいい、というのでは、悪質な性的虐待は防止できるかもしれないが、支援としては明らかに後退だろう（少なくとも、まずは同性介助を原則にする、その上で利用者だけを一方的に裸にするのではなくともに入浴するなど、やれることはたくさんあるはずである）。また、職員の長時間勤務は、心理的余裕を奪い、虐待の温床となるとよく言われる。だからといって、職員の勤務時間の都合に合わせて障害者が生活するよう強いられるのは、支援という観点からすれば本末転倒なのではないか。

だから、「なくす」よりも、深刻化を防ぐという発想が必要なのだと思う。支援の可能性を押さえ込むことなく、「不適切な対応」をしたとしてもあまり問題が深刻にならない状況を作り出すことはできるはずである。

5 「優位に立つ」関係を弱める

だとしたら、まず、虐待を成立させる要素のひとつである、「優位に立つ」関係を、可能な限り弱める（あるいはこれ以上強めない）工夫が必要になるだろう。

先に述べたように、虐待の加害者が被害者に対して「優位に立つ」という事態を成り立たせているのは、日本社会全体の構造的な状況のみならず、当該の利用者と職員のいる場や環境におけるさまざまな要素である。それらを少しずつ変えることによって、職員が利用者の生活や人生に与える影響を全面的なものにしてしまわないようにしていくことは可能である。

それは何も、第三者のより上位の権力を持ち込むことによってなされる必要はない。それよりも持続性があるのは、利用者の世界と人間関係を広げ、利用者の意思が示される機会を少しでも多く用意することである。職員としか付き合いがない生活であれば、職員から「不適切な対応」をされることは、生活や人生すべてを否定されるのと同じである。だが、その他にも世界や人間関係があるのなら、生活や人生の大きな部分を占めているにしても、全否定ではなくなる。先に述べたように、入所施設で暮らしていたとしても、日中活動や作業所がそれとは別組織なら、それだけでも違うし、行き帰りの支援がまたさらに別組織なら、さらに関係は広くなる。そして休みの日や帰り道に立ち寄る場所があれば、もっと世界や関係性は広がるだろう。職場で嫌な上司がいても、暮らしの場に戻れば気の合う職員がいるのなら、そして帰り道に気持ちよく息抜きできるような場があれば、少しはマシである——そして「障害者」と呼ばれない人たちも、そのようにして逃げ場を探し、日々をなんとかやりくりしている。

さらに、利用者の意思が示される機会を少しでも多く用意していけば、一方的な「優位」性を変える一助になるだろう。どのように重度の知的障害や自閉の人であっても、また同時に身体障害を有する人であっても、意思を持たなかったり決定ができなかったりする人を私は見たことがない。「拒否」しかできないこともあれば、かなり時間をかけなくては積極的に意思表示をするようにならない（周囲も理解できるようにならない）こともあるが、それでも時間をかけ、言語以外で示される意思表示を読み取ろうとすれば、その人なりの意思がみえてくることはあり、決定を示してくることはある。できないように見えるのは、（本人にとっても周囲にとっても）その機会が与えられておらず慣れていないからであることが多い。むしろ、利用者が意思を示し決定する機会を日常的に作り続けることが必要なのである。[5]

そして、それにもかかわることだが、本人がかかわる世界や人間関係を広げることは、おそらく直接にも暴力や「不適切な対応」を減らす効果を持つ。井口高志が認知症高齢者の介護を事例に指摘しているように、重度の認知症の人を介護し続けるなかでは、相手の行為が意味を持たない「反射」にしか見えなくなり、相手が内省する主体であるというリアリティを保てなくなることがある。そこで相手が内省する主体だというリアリティを取り戻す契機となるのは、しばしば別のコミュニケーションのなかにいるその人を観察することだと井口はいう。異なるコミュニケーションで呼応するその人の姿に、その人なりの思いや意思の断片を読み取り、内省する主体としてのリアリティが蘇るのだという（井口 2007: 247-276）。

利用者が内省する主体だというリアリティを失えば、利用者に対して「不適切な対応」がどうしても増えるだろう。利用者がさまざまな場や人間関係にかかわるようになることは、直接的に「不適切な対応」を減らす契機になるのである。

ただ、そもそも知的障害者に介護や支援が必要になる理由の多くを占めるのが、現在の日本社会において、知的障害者が、多様な人間関係と社会関係を持つ機会を奪われているからである。現在ではどうしても、特別支援学校や特別支援学級から作業所等で働き、その後親が介護しつづけられなくなったら施設あるいはグループホーム入所というコースが中心であり、人間関係もそれらだけにとどまっている。そこから変える必要がある。

障害者虐待について論じられる際にはしばしば、二者関係に閉じないこと、第三者が問題を共有していくことが必要だと言われる（増田 2014: 198）。確かにそうであり、繰り返し訴えられていながらなかなか進まないのは、そのためには非常にコストがかかるからである。本人にとってもいちから人間関係を広げるのは容易なことではないし、職員も日々の介助や支援に加えて関係づくりの支援を行うのはなかなか大変である。さらにいえば、そのような努力については現行法上ではほとんど金銭的に評価されない。

だが、一般的には多くの人たちは二者関係に閉じない人間関係を持てている。それが障害者からは社会的・構造的に奪われているのだともいえる。そもそも奪わなければいい。少なくとも、学校や放課後活動、子ども会活動などから排除されないなど、さまざまに試みることは可能なはずである。

いいかえれば、虐待防止策を考えるというとき、福祉制度の内部だけが問題にされることが多いのだが、本来はそうではない。学校や雇用、まちづくりなど、多様な法制度やしくみが同時に問われているのである。

6 かかわり続けるなかで

そして、職員が一方的に「優位に立つ」関係が崩されていくと、実は「不適切な対応」や虐待という概念自体が揺るがされていくことになる。

先に、支援に携わる人たちには「自分も虐待予備軍だ」という切実な恐怖を味わった経験のある人が多いと指摘した。先に挙げた例は内面のものにとどまっていたが、行為に出てしまうこともある。たとえば疲れがたまって余裕がなく、利用者に当たり散らしてしまったり、利用者からのしつこい要求につい怒りが抑えられなくなり、キツイ対応をしてしまったりといった経験は、多くの人が持っている。

これらの対応は、やった当人にとって当初は、いかにも「不適切な対応」や虐待の一歩手前に思えているし、実際そうなのだろう。だが、時間が経ってみれば、単純に「不適切」とはいえなくなることがある。たとえば、当たり散らしたり余裕を失ったりする職員をみて、利用者が親しみを感じることもある。あるいは、職員が自分の卑小さや弱さに直面させられることで、利用者の行為やふるまいについて、それまでなら苛立つだけだったのに、了解可能なものと見るようになることもある。

一般的な人間関係でも、そうだろう。「雨降って地固まる」という言葉があるように、衝突したり、悪意のある面を見せ合ってしまったりしたことが、あとで信頼関係につながったり、お互いについての理解を深めることにつながったりするのは珍しくない。それと同じことは、利用者と職員の間でも成立しうる。

だとすると、ある行為が「不適切な対応」とはなかなか決めつけられなくなる。先に、何が「適切」かは、判断する人の依拠する価値や、どこまで状況を総合的に捉えるかによって変わってくると述べた。だが、本来はそれだけでも決められない。時間軸を入れなければわからないのである。ある行為が「適切」かどうかは、その前の経緯やその後の経緯によっても左右されてくる。あとから、もしかしたら「不適切」ではなかったといえる日が来るかもしれない。

つまり、現段階では誰にとっても、何が「適切」か、判断不能なのである。先に述べた「適切」性の基準を左右する要因についてなら、判断する人それぞれだったとしても、判断自体は可能だということになる。だが、時間軸が入れば、根本的に「適切」性の基準は現段階では判断不能だということになる——ある意味では、将来にわたっても判断しきれるわけではない。常に不確実なものでしかない。[6] 虐待や「不適切な対応」それ自体が、いつかそうでないものへと変わりうるものとなっていくのである。

もちろん、「優位に立つ」関係がかなり強く働いているときには、こんなことはいえない。圧倒的な権力関係があるなかでは、職員の対応は利用者の生活や人生をそのまま大きく左右するため、時間が経てば変わってくるかもしれないなどという、いわば悠長な議論はできなくなる。利用者が多くの場や人間関係を持ち、自らの意思を示せる状況がある程度にせよ実現していなければ、時間軸の導入など実質的に意味を持たないだろう。

だが、ある程度「優位に立つ」関係が崩れたあとなら、職員がいまここで「やってしまった」としても、そのことの意味は、その後にその職員が利用者にどうかかわっていくか、あるいは利用者を取り巻く状況がどのように変化していくかによって変わってくる。

支援に携わる人たちの多くが、「自分も虐待予備軍だ」という恐怖を味わっている。先に述べたように私も何度も経験し、自分の醜さを見たくないがために支援から遠ざかりたいと願うこともあった。だが、遠ざかることは「不適切な対応」をそれとして固定してしまうことになる。むしろ問われるのは、その「まえ」であり、その「あと」である。かかわり続けるなかで、意味は変化しうるのだから。

7 クリーンさを目指すのではなく、場のセッティングを変える

この章では、虐待とは何かを考えるところからはじめて、虐待を防止するということは虐待を「なくす」ことではなく、起きるのを前提とした上で、それが深刻化しない方策を考えることではないかと述べてきた。虐待を成立させる「優位に立つ」という関係は、実は具体的なさまざまな法制度やしくみによってつくられているため、それらを変化させることによって変えることができる。そしてその先にみえてくるのは、虐待はある時点で判断されるものというより、時間的な流れの中で意味づけが変化しうるものだということだった。

改めて、冒頭で取り上げた虐待防止策二つを振り返ってみよう。虐待が起きてからの対応として

は重要であり、その必要性を否定するものではないが、根本的に虐待防止策になっているかといえば、実はそうではないのではないか。早期発見・早期介入は原則として起きてからの対応である。それに対して、職員の質の向上（倫理観の醸成も含めて）は、いかにも実効性がありそうにみえるかもしれない。だが、本当は逆効果になる恐れすらあるように思う。

6節で、「不適切な対応」をしてしまったことが、利用者との関係を変えていく可能性を実は持っていることを指摘した。自分の弱さや卑小さを見てしまったとき、職員は利用者と自分との関係を見直さざるを得なくなり、利用者の苦しみや葛藤が見えたり、利用者の思いが少しだけわかるような気がしたりすることがある。

職員の質の向上だけを論じることは、その可能性を消してしまう恐れがある。たとえば暴力をふるうことは虐待だと言われ、全面的に禁じられたとしよう。そして、職員は利用者の行動に怒りを覚えてもうまくコントロールでき、障害特性から説明することもできるとしよう。それらはいかにもいいことに見える。だが、そのような場に、たとえば人に暴力をふるってしまう利用者がいたとしたら、その人はどのように位置づけられるのだろうか。どうしようもない障害特性だといい、周囲が感情をコントロールしていればいいのか。生活をコントロールすることでそのような行動をなくしていけばいいのか。周囲の人たちがそのようにしか対応しないとき、その利用者が、知的障害や自閉、認知症ゆえに、言葉では訴えられず、暴力という形で示していた思いは、誰が受けとめるのだろう。[7]

そんなものは受けとめなくてもいいのかもしれない。受けとめたところで何がどうなるものでもないかもしれない。だがそれでも、相手が投げかけるものを受けとめてしまうところから始まるのが支援やケアではないだろうか。

だとしたら、虐待のないクリーンな場をつくることを考えるよりも、虐待が深刻にならない状況をつくることを目指していくことが必要である。それが、ときにクリーンではいられない利用者をも排除することなく、かかわり続けることを可能にする。

ひとつひとつの行為の是非を、それは支援か、それは虐待かと問うのではなく、そもそもの場のセッティング自体を問い直すことが必要である。ひとつひとつの行為を裁定してまわっているだけでは、支援そのものの豊かさと、利用者のときに複雑な思いとが、切り捨てられ、見捨てられてしまいかねない。そうではなく、この場がどのようなセッティングになっており、どのような権力関係が成立してしまっているのかを問い直し、それを解体していくことが必要なのである。

それも、単にそこが入所施設か自立生活か、といった外形的な違いだけの問題ではない。実質的な「優位に立つ」「劣位に立つ」関係がどの程度まで弱められていくかということこそが問われており、それは小さな工夫からでも実は可能なことでもある。

また、福祉制度の枠内で考えていればいいことでもない。学校や雇用、まちづくりなどから、障害者と呼ばれる人たちを排除する法制度やしくみをなくし、多様な場と人間関係を実質的に生み出すサポート体制をつくることまでを含む。障害者福祉の現場で起きていることは、障害者福祉という領域だけで解決できることではない。

虐待防止の構想はこうした点を踏まえるところから始まるのだろう。場のセッティングを変えることなく、また福祉という領域に閉じ込めてしまっていては、虐待防止策として考えられるのは、特に悪質なケースを叩くことは寄与できても、ケアや支援が本来持つ可能性を損ないかねないようなものだけである。逆にいえば、福祉現場における虐待を本当に防止したいと私たちが思うのであれば、私たちは自分の暮らす日常から見直していく必要がある。個々の福祉現場のありようを根底から変えていくためには、その他の社会的な場面から――たとえば学校や地域社会、そして自分の足元から――変えていかなくてはならないのである。迂遠なようにみえて、それがもっとも直截な方途なのではないか。

■注

1　障害者虐待防止法では、虐待者を「養護者」「障害者福祉施設従事者等」「使用者」に区分するのだが、ここではその区分を用いない。なぜなら、私自身の経験からするとこれらの区分が意味をなさないからである。私が日常的に会う障害者は（三井・児玉編 2020）、介助を受けながらアパートで一人暮らししたりグループホームで暮らしたりしている。働く場は、協同組合のような性格を持ち、制度的には使用者がいないことが多い。これ以降、本稿では基本的に、虐待の加害者として想定される人たちを職員と総称することにする。本当は、自立生活支援なら介助者あるいは介護者と呼び、職員という言葉は馴染まない。職場の同僚であれば「従業員」などと呼ぶほうが馴染むだろう。それでも、これまで障害者虐待について論じてきた研究が主に「職員」という言葉を用いてきたことから、ここでも「職員」という言葉を用いておきたい。なお、被害者として想定される人は、原則として「利用者」と表記する。自立生活支援のなかでは人間関係が中心となり「利用者」という呼称が似合わないこともあるが、虐待という議論の文脈（サービス利用が前提となることが多い）からして、あえて「利用者」という言葉を用いておく。

2　近年になって虐待などが多く報道されるようになったといっても、それは虐待事例そのものの増加を意味するわけではない。おそらく、それまでならば「体罰」や「しつけ」として見過ごされていたものが、虐待として問題視されるようになったためでもあるだろう。

3　入所施設の入所者は二〇一六年には成人の知的障害者全体の約一一パーセント（『令和元年版　障害者白書』）。入所者の割合はこの一〇年ほどで急減しているが、これは知的障害者の総数が増加しているためでもある（二〇一一年から一六年で三四万人増加）。鈴木良によれば、知的障害者の施設居住者数は戦後一貫して増加傾向にあるという（鈴木 2019）。

4　一九九〇年代初めまでは、医療事故は「あってはならないもの」とされ、事故を起こした個人の医療者が刑事罰に問われることもあった。それに対して、医療界全体が医療事故は「起きてあたりまえのもの」とみなすことで、医療安全と質向上に取り組むようになり、今日では、実感としては実数が減っているといわれている。この取り組みから学ぶことは大きい。実際、虐待についてもヒヤリハット事例集をつくるなど、応用した試みも多く見られる。ただ、医療事故の事例と同じことをすればいいというわけではないだろう。リスクが持つ意味や、それを管理することの意味などが大きく異なるからである。たとえば虐待に関するヒヤリハット事例集は、「優位に立つ」関係がある程度崩されたあとに、職員と利用者が共有できるものにしてこそ、活きてくるように思われる。

5　なお、利用者にとってみれば、ただ意思を聞かれても、それによって大きく何かが変わったという経験がなければ、意思決定の実感など得られない。その意思が実現されるという経験を積むことがまず重要である。そして、意思決定は自分についてだけでなく、他の人たちの行為について決定するということでもある。いいかえれば、「利用者が意思を示す機会を作る」ということは、単に質問すればいいということではなく、職員がそれに基づいて自分たちの仕事や時間を編成しなおすということまで含めて初めて成立するのである。

6　行為の意味が二重の不確実性をともなうことについては、佐藤（2008: 132-162）。

7　看護職が患者に対して抱く否定的な感情は、うまくコントロールすることが必要だとみなされているが、実際にはそうとばかりは言えないようである。ある看護職は、コントロールしきれずに患者に怒りをぶちまけてしまったのだが、あとで患者に謝りにいったときに、他の看護職はニコニコしているだけで本気で自分の相手をしないのに、その看護職だけが自分の思いで話してくれたと感じたと、むしろ感謝されたという（三井 2010: 66）。感情を的確にコントロールできる職員が、利用者に対して暗に向けてしまっているメッセージは、「劣位に」立たされている側からすれば、かなり露骨なものに見えるのかもしれない。

支援の現場を訪ねて④

ちょっと変わったリサイクルショップ

ちいろばの家

住宅街のリサイクルショップ

京王線聖蹟桜ヶ丘駅から歩いて五分、住宅街のど真ん中に突然現れるのが、リサイクルショップちいろばの家である。私が訪ねた二〇一七年八月上旬は、入口に家具や置物などの大きなもの、本、さらに大量の子ども服が並んでいた。この場所は季節によって出されるものが入れ替わるらしい。

店に入ってみると、約半分のスペースが雑貨で、あと半分が古着である。雑貨も本当にさまざまで、お高そうな食器やアクセサリーから（といっても格安の値段だが）、ちょっとした便利モノまで多種多様なものが並んでいる。見て歩くのは、ちょっとした宝探しである。一ヵ月以上出しっぱなしのものは適宜入れ替えていくそうで、月に一度くらいのペースで訪ねれば一新していることになるようだ。

古着スペースも、なかなかすごい。一枚三〇〇円くらいから始まり、高級ブランドまであるのだけれど、とにかく量がすごい。そして、品ぞろえに特徴がある。近年は古着屋が本当に増えて、どこの町でも安いものから高いものまでそろえた店があるけれど、その多くはデザインもサイズも若い人向けである。その点、ちいろばの家の品ぞろえはもうちょっと上の年齢層向けなのである。一般の古着屋では買うものがないと思ってしまうだろう中高年層にとって、現実的かつリーズナブルな棚になっている。実際、私が訪ねた平日昼間の時間帯は、中高年男女がたくさん店の中にいて、あれこれと見繕っていた。

ちいろばの家にあるのは、こうしたリサイクルものだけではない。店に入って左側には、近隣で採れた地場野菜や、近隣の作業所などのパンやクッキーも並んでいる。地場野菜は新鮮かつ安く、人気の商品のひとつらしい。地場野菜がほしくて入店する人もおり、そうした人がついでに古着や雑貨を覗いていくらしい。

ちいろばの家入り口

普通に「働く」

店の奥には工房がある。ちいろばの家の商品はすべて近隣の家からの寄付である。多摩ニュータウンの団地住まいの人たちは転出・転入が多く、そのたびに大量の不用品が出る。それが寄付という形でちいろばの家に集まるそうである。寄付された不用品のすべてが使えるわけではないし、そのまま店に出せるわけでもない。そのためまず、集まった不用品を弁別し、使えるものはきれいにするなどの作業が必要になる。奥の工房は主にそのために用いられている。

店の商品管理や客対応、そして工房での作業。これらの仕事がちいろばの家にはあるわけだが、それを担うスタッフたちには、障害者手帳を持つ人たちが多く含まれている。現在は就労継続支援B型事業所であり、手帳を持つ人たちは「利用者」でもあるわけだが、スタッフ間の関係は、「利用者」と「職員」というのとは少し違う。「利用者」の「工賃」も時給五〇〇円ほどで、一般の作業所とは水準が違うし、それ以前の問題として、「利用者」と「職員」があまり区別されていない。こう書くと、すごく和気あいあいとした職場に聞こえるかもしれないが、そういうことでもない。なんというか、ごく当たり前に障害を持つスタッフがいて、ほんとにただ一緒に「働いて」いる。普通の職場で、そこに障害者がいるだけなのである。

そうした場所となっている背景には、ちいろばの家が辿ってきた歴史と経緯がある。

就学運動の先の課題として

ちいろばの家の始まりは、一九八四年一〇月に社会福祉法人である至愛協会が始めた「ちいろばの会」という古紙回収のためのボランティア活動である[1]。至愛協会というのは、多摩市でゆりのき保育園とかしのき保育園という二つの保育園を運営している団体だった。

一九七〇年代に多摩ニュータウンが開発され、多摩市には多くの人たちが移り住んできた。引っ越してきた人たちの多くがまだ若くてこれから子どもを作る世代だった。ところが当初の多摩ニュータウンは、建物だけはできるが、なかなかインフラがともなわない状況だった。そこで多くの私立保育園が生まれていく。そして、それら保育園が人々のつながりを生み、まちづくりの礎の一つとなっていった。ゆりのき保育園とかしのき保育園もそのひとつである。

そして、ゆりのき保育園とかしのき保育園は、障害児を積極的に受け入れる保育園だった。親たちをつなげる活動にも熱心で、特にかしのき保育園は「おやじの会」といって、保育園児たちの父親たちが集まる会を作っていた。

そうしたなか、多摩市では一九七六年頃から、就学時健康診断に対する反対運動が広がるようになる。同じく多摩市にあったバオバブ保育園も障害児を積極的に受け入れており、かしのき保育園とこれらの保育園の保育者（保母や助手）や親たちがその中心となった。保育園時代には普通に一緒に遊んでいた子どもたちが、どうして小学校に上がるからといって、一部は養護学校に追いやられなくてはならないのか。そうした切実で現実的な思いから、運動は広がりを見せるようになった。

さらに、至愛協会は、その子どもたちの卒業後についても考えるようになったそうである。分けられてしまうのは学校だけの話ではない。だからこそ学校で分けることも問題なのであり、だとしたら学校だけを問うていればいいわけではない。学校だけでなく卒業後も分けられないためにはどうしたらいいのか。だったらともに働ける場をつくればいいのではないか。それが古紙回収を始めた理由だったそうである。古紙回収の中心になったのは、「おやじの会」のメンバーで、平日に休みをとれる職種の人たちだったそうである。

古紙回収はそれなりの収入になり、一九八五年に百草で初の店舗を構えることになった。そのときに古紙回収だけでなく、周辺の人たちによって寄付された不用品をリニューアルして売るという、現在のリサイクルショップのスタイルが確立した。店舗を構えるようになると、「うちの知り合いに障害者の人がいるんだけど…」という声が舞い込むようになる。そこから、徐々に障害を持つスタッフが増えるようになったという。

古参スタッフのひとり

「企業」としてのスタート

その後、一九八九年に多摩市役所そばの土地を借り、プレハブの建物を建てて、店舗を開くことになった。そのときに「ちいろばの会」は、単なるボランティア団体ではなく事業体として再出発する。事業主になったのが、現在（二〇一八年当時）も代表の石田圭二さんである。

石田さんはもと島田療育園の職員で、一九八二年に斉藤秀子さんが「脱走」したときにかかわり、解雇された人の一人である（荘田 1983）。その後も解雇撤回闘争などに巻き込まれていたこともあり、一九八四年当時は無職だった。そのため至愛協会から白羽の矢が立ったようで、「ちいろばの会」の中心メンバーであり、早くから専従となっていた。

石田さんは自分のことを「理念がないからね」「巻き込まれ型なの」と表現する。たまたま無職でいたら、声がかかって、「巻き込まれ」てしまったのだというのである。

事業体となるときに、石田さんはどうしたら一番効率的に助成金が得られるかを人に聞いてまわったらしい。そうすると、雇用促進事業団からの助成金が大きいらしいとわかってきた。これは、障害者雇用促進法に基づき、多くの障害者を雇うことによって助成金がもらえるというしくみである。このためには就業規則を作ることと最低賃金を守ることが条件だったが、当時はすでに時給八〇〇円を超えていた。そこで、スムーズに「企業」のような事業体としてスタートすることになったのだという。

ここに、現在のちいろばの家に通じる、スタッフ間の関係を作るベースができている。もともと障害者スタッフは、「利用者」でもなんでもなかった。その人が障害を持っているおかげで雇用促進事業団からの助成金を受けることができると解釈されるような関係だった。当たり前にスタッフの一人であり、ともに働く同僚たちだったのである。

そして、こうした石田さんの説明を聴いていると、「それってどこが特別な話なの?」という気持ちになってくるから不思議だ。障害者と健常者が同一賃金で働くというのは、特別な話のはずである。いわゆる「福祉的就労」と呼ばれる、小規模作業所や授産施設で生まれた働き方は、もともとは「働く」という位置づけもあったはずだが、徐々に健康の維持や生きがいづくりとして位置付けられるようになった。その多くは、時給一〇〇円もあれば高いほうである。もちろん、支援スタッフの側は最低賃金を保障されていなくてはならず、両者の賃金は大きく異なる。それが同一賃金になるというのは、実際にはかなりむちゃくちゃな話のはずである。

石田さんは、少なくとも現在では、あとで述べるように、同一賃金にはあまりこだわっていない。それでも当初、同一賃金で始めたのは、リサイクルショップという新しい形態であったこと、先述のように助成金の獲得の仕方として雇用促進事業団がいいと判断したことも大きいだろうが、そもそもあまり障害者と支援者を分ける視点がなかったことに加え、同一賃金が「ともに生きる」

ためのひとつの手段として一定の意味を持っていると捉えたためではないかと思う。

同じ給料をもらっているのであれば、一方がのんびりサボっていて、自分だけ働かされるのではかなわない。相手が時給一〇〇円にも満たず、自分はもっと給料をもらっているのであればまだしも、同じ給料をもらっていて、働きに違いがあるのは不快に思う人も多いだろう。それでも給料に違いが出ないというのなら、誰だって、みんなが働いてみんなが力を発揮できるしくみを考えることに必死になる。あの人やこの人と一緒に「働く」ということを実現するためには、何をどうするか、必死で考えるだろうし、取り組むだろう。

つまり、同一賃金という決まり事を先に作ってしまえば、それ自体が何かを実現するわけではないが、個々の働く人たちの気持ちが向かう方向を、ともに働くほうへと向かわせるという意味は確かに持っているのである。いわば、場のセッティングを変えるのだといってもいい。その意味では、スタート地点でしかない。だが、確かにスタートには立たせる。

少なくとも、場のセッティングを変えずに、大きな給料格差が自明視されているなかで、「ともに働く」ことを模索するのは、あまりにも困難だろう。それに対して、場のセッティングを変えることは、確かに大きな、そしてゆるぎない一歩ではある。

転換期——授産施設へ

その後、ちいろばの家はどんどん拡大していく。もと大工としての技術を持つ障害者スタッフを中心に、ドールハウスやイスを作って全国の保育園に売るなど、単なるリサイクルにとどまらない事業も展開していた（作業所の一部は通所授産所となった）。一九九〇年代半ば頃まではリサイクルショップもいまのようには多くなかったし、多摩ニュータウンという引っ越しの多い地域に合ったビジネスモデルだったといえよう。また、市によるごみ回収などでの優遇措置もいくつかあったようである。

だが、二〇〇〇年頃に一気に状況が変わってくる。優遇措置が失われたことに加え、新たに開いた唐木田店が経営不振に陥った。給料の遅配も生じ、時給も以前のように最低賃金を上回る額を維持できなくなった。

このとき、ちいろばの家は授産施設として生まれ変わることになった。授産施設になるときには別の条件がある。雇用促進事業団からの助成金を受けるときとは異なり、「障害者」には最低賃金を払ってはダメだといわれたとか。そうはいっても時給六二〇円ほどは出したというが、ここで明らかに「障害者」と「健常者」の間に明確な賃金差ができることになった。

石田さんは当時のことを、「だって仕方がないよね、ちいろばを残さなくちゃならなかったからね」と、あっさりと話す。だがよく聞けば、障害者の親に怒鳴り込まれ、「おまえたちは結局、障害者から切り捨てる」ともいわれたそうだ。でも何もいいかえさなかったという。

いまはあっさりとしか語らない石田さんだが、おそらく当時はさまざまなことをあちこちからいわれ、葛藤していたのではないかと思う。多摩市の就学前健康診断反対運動を担ってきた人たちのなかには同一賃金・同一時給を理念として重視する人も少なくなかったと聞くし、ともに働く場をつくるという理念に立っていた以上、そのことを石田さんが意識していなかったはずはない。「理念はない」というけれど、本当になかったはずなどないのだ。

その上で、「なぜそれでも続けなければならなかったのですか」と聞けば、「だって、もう通ってきている人がいるんだよ、○○さんや××さんがさ。ここがなくなったら、あの人たちどこに行けばいいのよ」「それが責任ってもんじゃない」。

ここで石田さんはおそらく、「理念」よりも、目の前にいる一人ひとりの人への「責任」として、続けることを選んだ。自分もおそらくそれなりに価値を置いていたであろうこと、目指してきたこともわきに置いて、いまここにいるこの人やあの人は明日どうなるのか、と考えたのだろう。それが石田さんの「責任」の取り方だったのだ。

「巻き込まれ型」という自称には、それが表れているのだと思う。「巻き込まれて」始めたことであったとしても、そこで生じる「責任」はとる、ということなのだろう。

続けることの重視

こうした発想は、石田さんだけのものではないのだろう。おそらく、ちいろばの家にかかわる多くの人たちが持っている姿勢なのではないか。たとえば授産施設になった後の給与の決定方法について質問すると、至愛協会の方針として、石田さんを含め、支援にかかわる人たちが「食べていける」ことが優先されたのだという（なお、支援者たちの給与にはベースアップもついているという）。

このことは、見方によれば、「障害者から切り捨てる」と言われたことと表裏一体でもあるのだろう。だが、支援者たちに「食べていける」環境が整っていなかったら、支援し続けることも普通は困難になる。そこで何を選ぶのか。ちいろばの家には、そうしたときに「続けること」を捨てないという発想がある。これは当初からだったのかもしれないが、いままでの経緯のなかでそのつど選び取り、培ってきた「責任」の取り方なのだと思う。

そのことは、経営に対する姿勢にも表れている。ちいろばの家は、一般の作業所等に比べると、はっきり「数字」にこだわる。お店をよくするためには数字を明確にした方がいいというのである。たとえばどのような天気の何時頃にどのような品が売れるのか。これらの商品管理を、二〇〇〇年以後はかなり厳密に行っているという。

こうした事業所が「数字」にこだわることに対して、抵抗感を抱く人もいる。それが結局、障害を持つスタッフを切り捨てることにつながりがちだとみなされているからだろう。だが石田さんは、これはむしろ、利用者の仕事を「作る」ことにつながったという。たとえばあるときに棚に出した商品には同じ番号をつけておき、一か月経つと、その番号のものを棚から抜くと、同じものが一か月以上棚の上に出ていることを防ぐことができる。商品の番号を見て回収するだけなので、この作業はさまざまなハンデのあるスタッフにもできる「仕事」になる。

「といっても、間違いも多いんだけどね」と石田さんは笑う。「数字」にこだわるけれども、「数字」に振り回されるつもりはないということなのだろう。いまここにいる人への「責任」として「続けること」を重視する、という発想に立つなら、「数字」にはこだわらなくてはならないが、振り回されたら本末転倒である。そのことを考えているからこその笑いだったのだと思う。

そして、ちいろばの家は、通ってくる障害者が立ち去ることを大いに歓迎している。現在では、知的障害・身体障害の人たちの作業所が増えたこともあり、障害福祉課から紹介されてくる人には精神障害の人が多いのだという。これら紹介されてきた人たちのなかには、ちいろばの家で経験を積むことで自信をつけ、そこから一般就労につながっていく人も多いらしい。ちいろばの家としてはそれは大いに歓迎で、出ていける人は出ていく、出ていけない人は一緒にやり続ける、というスタンスだという。「続けること」が大切といっても、それは誰かを縛り付けるという発想ではなく、あくまでも、求められることが確かにあるから、それに応え続けるという意味なのである。

「巻き込まれ型」という自然体

運動が事業体になっていくとき、しばしば事業体として続けることと本来持っていた理念との対立という課題が立ちふさがってくる。これはちいろばの家だけでなく、多くのところが共通にぶつかる課題なのだと思う。そのなかで、どこにどのように落としどころを見出していくかは、本当にそれぞれである。

ちいろばの家で石田さんのお話を伺っていて、強く印象に残ったのは、石田さんがそのような紆余曲折の過程を「おれは巻き込まれ型だから」と表現していたことである。最初に参加したのは、たまたま無職だったから。事業体にするときに「企業」風に立ち上げたのも、補助金が大きかったから。授産施設として再スタートしたのは、続けなくちゃいけなかったから。ちなみに、就労継続支援B型事業として指定を受けたのも、それなら経済的に安定すると見たから。確かに石田さんの語り口を並べると、常に状況の中で巻き込まれながらあっちへこっちへと流されてきたようにも聞こえる。

だが、そこにははっきりと貫かれていることがある。いまここにいる人をどうするのか、という姿勢である。そこに「責任」を見出す石田さんは、そのつど必要と思われる道を選んできた。そして現にその経緯が、普通に「働いて」いる場をつくりだし、維持してきた。これは、単純なことに見えて、実はすごいことなのだと思う。

しかもそれを「巻き込まれ型」と語ることに、石田さんなりの障害者運動との付き合い方や、一人ひとりの障害者やその家族とのかかわり方がかいま見える。あくまでも率直に、人の暮らしをどうするかという姿勢として

地場野菜など食料品もある

考えてきたのだと思う。「運動の時代」の跡が色濃く残る時代背景のなかで、飄々と「おれは巻き込まれ型だから」と語る人がいたことの意味は、決して小さくなかったのではないか。そういう人もいたからこそ、保てたもの、失わなかったものが、多々あるのではないか。そんなことも考えてしまった。

まあでも難しいことはさておいて。とにかくいろいろと宝物を発掘できるところなので、まずはお店を訪ねてみてほしい。私はここで買ったアクセサリーをいまも愛用している。たぶん、三〇〇円だった。

（『支援 vol.8』〔2018〕所収に加筆修正）

■注

1　ちいろばの家のできる背景については、三井・児玉編（2020）でもう少し詳しく述べている。

リサイクルショップ
ちいろばの家

〒206-0003
東京都多摩市東寺方 1-16-3
TEL：042-372-3015
FAX：042-338-5162
http://www.chiiroba.tokyo/shop.html

支援の現場を訪ねて⑤

美味しいものいっぱいですよ

あしたや共働企画

　あしたや共働企画が運営する店舗は三つ。諏訪名店街(京王永山駅および小田急永山駅から徒歩一五分)にある「あしたや」は食品を中心とし、「あしたや　みどり」は古本と雑貨。そこまで行くのは遠いという方には、ベルブ永山(駅すぐ)の三階にある「はらっぱ」へどうぞ。こちらは「あしたや」と「あしたや　みどり」併せての品揃えとなっている。

　私があしたや共働企画にかかわるようになってもう一五年近い。いろいろ食べてきたが、ここの商品は美味しいものが多い。そして安全である。しかも表面的な安全性ではなく、個々の生産者とやり取りした上で判断されており、東日本大震災後も、吟味した上で福島県産が

あしたや(諏訪名店街)

売られているなど、頼りになる。ただ、安全性だけなら私は買わないだろうと思う。美味しいから買っちゃうのである。

生鮮食品でいうなら、卵は「やさと農場」からのたまご、ソーセージなどの加工食品、黒豚のパック、鯖の干物などが定番。ときどきアジの干物などの出張販売もある。あとは野菜や果物が、地元で栽培されたものを中心に並んでいる。私には初めてのものが並んでいることも多いので（同じ大根でも、こんな大根見たことないよーというものとか）、見るたび発見がある。調理の仕方は店員さんに聞けば教えてくれる。

乾物や調味料も美味しくて、いつもうどんやみりんなど買い込んでしまう。コーヒーはフェアトレード、お菓子も安全で個性的なものが多く、全粒粉クラッカーやミレービスケットなど甘すぎないのがいい。

けど、私のイチオシはやはり塩糀「うんまいな」である。夏ならきゅうりを拍子切りにしたのにまぶして数時間置くだけで一品できてしまうし、肉にまぶして数時間置いたら後はグリルで焼くだけで、肉の旨味が倍増なのである。この塩糀を食べて以来、スーパーの塩こうじのヌルイこと……ストックが切れると慌てて買いに来ている。

最近は調理も始めたので、日替わり弁当やコロッケなどもある。弁当はヘルシーなものなので、若い人には物足りないかもしれないけれど、近隣の年配の方々には好評らしい。

なお、以上の味の紹介は、飲兵衛人間にありがちな辛系に偏ったものなので、その点ご了承いただきたい。そしてもちろん、私の舌には合わないなあと思うものもある。だがそれは方向性の違いというか好みの問題で、いずれにしても個性的なものが多いので、「これは好みとは違ったなあ」というのも含め、いろいろ試してみること自体が面白い。

なんだか「あしたや」の食品ばかりアピールしていて、書いている奴の食いしん坊ぶりが露呈してしまった。

気を取り直して他も紹介しよう。「あしたや　みどり」には、古本が売れ線からレア本まで（ここの本は寄付が中心なのだが、寄付している人たちの幅広さを感じる）、すべて一〇〇円から二〇〇円で並んでいる。手作りの織物などの工芸品やフェアトレードの革製品なども、見ているだけで楽しいし、品揃えがよく変わるので探す楽しさもある。アレッポの石鹸やダンボールコンポストなど、思いもかけぬものもある。

　まあとにかく、行ってみる価値のあるお店たちである。永山駅に用事があるときには、ぜひともお立ち寄りいただきたい。

あしたや　みどり（諏訪名店街）

と、お店の紹介ばかりしていては支援の話にならない。あしたや共働企画のもうひとつの側面もご紹介しよう。あしたや共働企画には、障害者手帳を持つ人が多く働いており、つい数年前までは手帳を持つ人も持たない人も、年齢の若い人も上の人も、男性も女性も、勤務歴の長い人も短い人も、みんな同一時給で働いていた。

　あしたや共働企画の活動は、もともとは多摩市の任意団体たこの木クラブの活動の一つから始まっている。[1]たこの木クラブは、多摩市の就学時健康診断反対運動と密接にかかわり、なかでも子どもたち同士の関係づくりに重きを置いて活動していたが、そうして子どもの頃からかかわっていた知的障害の人たちは成長するにつれ、子どもから大人になっていく。なかには、高校へ行かないことを選択する人たちもいた。その人たちが中学校を卒業したとき、だったら働く場が必要だということから、一九九五年に「たこの木企画」が始まったという。当時はバザーへの出品、公園掃除、パンなどの配達が中心だったそうである。

　そんななか、一九九七年に、現在の「はらっぱ」である、永山公民館の売店部門を担当することになった。ここは小さな売店部門でしかなく、もっと自分たちの拠点を持たなくてはということから、一九九九年に諏訪名店街で公団から店舗を借りて「あしたや」を開くことになった。規模が大きくなってきたことから、たこの木クラブから株分けし、「あしたや共働企画」として再スタートした（二〇〇四年にNPO法人となる）。

その後さらに二〇一一年に「あしたや　みどり」も開設し、今日に至っている。現在は障害者自立支援法就労継続支援B型事業を受託している。

先にも述べたように、あしたや共働企画の基本コンセプトは、障害があろうがなかろうが、ともに働く、というところにある。自立支援法の法内事業所になる以前は、いわゆる「同一賃金（時給）」を守ってきていた。ただ、なかなか最低賃金を上回ることができずにいた。障害者自立支援法の施行から数年、従来の助成金がなくなるなかで、就労継続支援B型事業を受託するに際して、障害者手帳を持たない人たちの給与が最低賃金を超えていないと認められないということから、激しい議論の末、現在は実質的に障害者手帳を持つ人と持たない人との時給は異なっている（同一賃金なのだが、持たない人には上乗せがなされている）。

といっても、障害者手帳を持つ人たちが受け取る賃金は、いわゆる「小規模作業所」とは水準が違う。圧倒的に「稼げる」職場なのである。なかには、障害者年金と賃金だけでほぼ一人暮らしの生活を回していけている人もいる——いわゆる「重度知的障害者」なのだが。

まあ、それだけでも十分すごいことで、共同連大会[2]などには常連の、知る人ぞ知るところでもある。ただ、なぜだか私はそのことをすごいといって称える形で紹介する気になれない。あしたや共働企画のすごさを、そういうのとは違うところに、私は感じているのだと思う。

理事は現在七人（二〇一八年現在）。うち創設時からのメンバーは五人なのだが、その五人全員が団塊の世代の女性である。ずっと以前、初めてかかわった頃に、「なぜ皆さんはこうした活動をされているのですか」と聞いたら、「だって私たち、全共闘世代だもん」とドッと笑われたことがある。私のイメージする全共闘世代は「白ヘルと黒ヘルの男たちで角棒を持って殴り合う」だったので、頭の中が「?·」でいっぱいになった（私のイメージもたいがいだが）。だけど、いま思うとわからなくもない。あしたや共働企画は、ある世代というか、時代のなかで生まれたものではあるのだろう。

たとえば五人のうちのひとりは、福祉系の大学に在学中、青い芝の会のメンバーが乱入してきて「なんだこれは」とすごい衝撃を受けたと話してくれたことがある。別の理事も、若い頃から在日の人たちの運動にかかわり、いまの社会のありようを変えなくてはという思いがあったという。長いこと、労働組合で働いてきたという人もいる。社会を問う時代の空気を本当にまっすぐに受けとめ、自分のものにしてきた人たちなのだと思う。

他方で、なかには、子育てやさまざまな家庭の事情から、ある時期からは思うように社会運動や活動、仕事にかかわれなかったという経験を持つ人もいる。子どもと過ごすこともそれとして大切にしたいという思いを否定せず、かといって何かしたいという思いも捨てられず、そのなかで苦しんだ経験のある人たちも多いのだ。男性たちは社会を問うていればよかったのかもしれない（なんて書くと怒られてしまうかもしれないが）。でも、目の前に人の手と目と心を必要とする子どもたちがいるときに、どこまで何をするのか、できるのか。その狭間で苦しみつつ、かつどちらの思いも捨てなかった女性たちなのである。

「はらっぱ」を始めることは、事業体として存続していかなくてはならないということでもあり、それなりに決意のいることだったようなのだが、そのときの思いを話してもらうと、多くの理事が「子育ても一段落したから」「何かしたくて」という。誰かのためではなく、自分たちの人生の新たな局面として始めたことがひしひしと伝わってくる。理事たちは「障害者のため」というより、自分たちのための場として、あしたや共働企画を育て上げてきたのだと思う。

そのことが、品揃えにも表れていると私は感じている。絶対、品選び、楽しんでいるでしょ！

そして、そうした人たちが創設時に五人も集まったということには、この時代と場所が刻印されている。諏訪名店街は、多摩ニュータウンのなかでももっとも早くに入居が始まった地域の商店街なのだが、多摩ニュータウンだからこそこれだけ同世代の人たちが集まったのだともいえる。理事たちは若い頃からお互いに子どもを預け合い（というより、話を聴く限り、ほとんど一緒にやりくりしていたように聞こえる）、助け合ってきた仲である。一九八〇年代の多摩ニュータウンの空気が、あしたや共働企画の背景にはある。

そもそも、NPO法人がURの商店街の一角を借りて事業を始めるという形が生まれたのも、多摩ニュータウンの高齢化が進んだという時代背景を抜きにしては語れない。二〇〇〇年代だからこそのことでもある。

そして、まがりなりにも同一賃金で一〇年以上やってこられたのは、あしたや共働企画の力だけでできることではない。一般の「小規模作業所」と呼ばれていたところで働く障害者の賃金が低く抑えられていたのは、それらの「作業所」が障害者の居場所や預かり場所としての意味も持たされていたからでもある。たとえば実質的な「労働時間」は二時間程度であっても、一日にたった二時間しか外出しないのでは、家族の負担が大きくなりすぎることもあるだろう。現実問題として、「労働時間」だけでなく、その前後にその場所に滞在することで、親と子が離れる時間を作るなど、非常に多くのことをひとつの「作業所」が担わざるを得ない。前後に二時間ずつ足せば、全部で六時間。実労働時間が二時間の分を六時間分の時給として計算すれば、どうしたって時給は安くなる。

その点、あしたや共働企画で働く人たちは、そのような場所としてあしたや共働企画を利用する必要があまりない。自立生活している人であれば、仕事がない日はヘルパーと一緒に行動したり、グループホームでのんびりしていたりすればいい。そうでなくとも、ちょっと立ち寄ったり、話をしたりする場所が他にもあれば、何もかもをあしたや共働企画に託す必要はない。ここで働く人たちは、それこそ居場所や預かり場所を別に持っているのであり、だからこそ「労働時間」分の給料しか払わなくてよく、その結果として時給も高いままにできるのである。

その意味では、あしたや共働企画が同一賃金を堅持できていたこと自体、あしたや共働企画だけの努力でできることではない。多摩ニュータウンを中心とした、多摩地域における知的障害の人たちへの支援ネットワークがあったからこそ、実現できていたことなのである。

こうしたなかから、あしたや共働企画は生まれ、育ってきた。単に同一時給・同一賃金だという、しくみの部分だけを見ても、その度量の広さはわからない。先にちいろばの家を紹介するところで、同一賃金はひとつの道具でしくみでしかないと述べたが、あしたや共働企画でも考え方は同じで、理事のひとりに言わせれば、「せめて同一賃金くらいはやっておきたい」というスタート地点に過ぎない。そこから始まる、「ともに働く」ことをいかにして実現するか、ということの方が重要である。

あしたや共働企画の人たちは、実際にこの多摩ニュータウンという地において、それぞれの問題意識や背景を背負って出会い、障害者の就労なる問題を、自分たちの人生とかかわらせながら、自分ごととして捉えてきた。そのなかで、「ともに働く」とは何かを考え続けてきた。おそらく、重度知的障害と呼ばれる人たちもまた、そのなかで自分の暮らしと毎日を作り上げてきた。それらの凄みや度量の広さがここにはあり、それが、私がもっともあしたや共働企画に惹かれる理由なのだと思う。

この一〇年近くの間に、あしたや共働企画で働く人たち、かかわる人たちをめぐってトラブルが起きることは何度もあった。何度も何度も、もうこれ以上どうにもならないと思わされたし、どこにも解決策が見つからないと思わされた。私も何度か、そこで働く人をめぐって生じているトラブルに際して、理事をはじめとした何人かの人たちとによる話し合いの場に伺ったことがある。いろいろ話し合い、あれやこれやの意見や思いが飛び交い、悩みや苦しさが吐き出され、でも結論が出なかった。

それでも、いつのまにか、なんとか日々が過ごされていく。そしていつのまにか、なんとかなることはなんとかなっていく。もちろん、あしたや共働企画に居続けることができなかった人もいる。だがそれでもその人たちはなんとか地域で暮らし続けており、いまは働いていなくとも、あしたや共働企画のメンバーともかかわり続けている。

理事たちの多くがここで働く知的・発達障害の当事者たちが育つ過程にずっとかかわってきたことも強く影響しているのだと思う。ただ、それだけにとどまらない、あしたや共働企画の空気のようなものがある。

たとえば、ある知的障害の男性が周囲の人たちによく暴力をふるっていたとき、私はその人に会うのが怖くてたまらなかった（正確にいうと、自分が怖がっているということに気づくのに半年以上かかった）[3]。そのことを理事のひとりに話し、「「あしたや」ではどうしているんですか」と聞いたとき、その人が困った顔をして、「普通にしてる…かな」と言ったのを覚えている。そうなのだ、たぶん「普通」にしているだけなのだ。

そして、先に述べたように、あしたや共働企画はあしたや共働企画だけで成立しているわけではなく、多摩地域全体のネットワークの中で成立している。そのため、どうしてもあしたや共働企画で働き続けられなかった人たちも、なんらかの形でつながることができている。ひとつの団体だけでできることには限りがある。すべてを引き受けられなくても、なんだかよくわからないが手放さない。そこで手放さないということも、たぶんあしたや共働企画にとっては「普通」なのだ。

この「普通」というやつが、あしたやのスゴさである。なんなんですかね、あれは。

そのように時代と世代の刻印を受けているあしたや共働企画だが、いまは変化のときでもある。

法定事業所になるにあたって、あしたや共働企画は拡大した。店舗も三つになり、従来からの配達業務や掃除業務も続けており、障害者手帳を持つ人も持たない人も、スタッフはかなり増えた。もちろん、新しいスタッフも、もともとの理念に共感したからこそ参加した人たちである。ただそれでも、規模が小さくてお互いに密にかかわっていた頃と比べれば、さまざまな温度差も出てくるし、考え方の違いも出てくる。たまに通うだけの私でも、ときどきそれを感じる（まだうまく説明できないのだが）。この変化をどう位置づけ、どう受け止めるかは、人によってさまざまだろう。

ただ、私はどうもあまり悲観的な気持ちになっていない。いま起きている変化は、それはそれで、いまの時代と世代の刻印を受けたものなのだろう。いいとか悪いとかいうよりも、この変化の中身を追いかけていきたいという思いの方が強い。

あしたや共働企画という組織である必要すらないようにも思っている。あしたや共働企画がつくり維持してきた場から、確かに生まれてきたものがあると私は感じている。この場で育まれてきた複数の芽が、どこでどう育つのか。どこかで必ず、育つはずだ。

はらっぱ（ベルブ永山）

とにかく、なかなかに魅力あふれる場所なんですよ。いろんな人がいますしね。お店を覗くだけでも楽しいはず。どうぞ気軽にお立ち寄りください。

何より、美味しいですから。やっぱ、食べ物が美味しいっていいですよ。騙されたと思って一度たずねてみてくださいな。

（『支援 vol.7』〔2018〕所収に加筆修正）

■注

1 あしたや共働企画が生まれ、育っていく経緯については、和田（2020）に詳しい。あしたや共働企画が生まれるもととなったたこの木クラブについては、寺本・岡部・岩橋・末永（2008）、寺本・末永・岩橋・岡部（2015）、三井・児玉編（2020）など。

2 共同連とは、全国各地でつくられた、障害のある人とない人とがともに生き働く場がともに集まり、政府への共同の要求を掲げるものとして、一九八四年一〇月に「差別とたたかう共同体連合」（略称「共同連」）として立ち上げられたもの。年に一度、大会が開かれており、各地の団体の情報交換や交流が行われている。

3

その男性に殴られたことがあるからなのだが、その経験を「利用者に殴られた被害」と位置付けられると、私はどうも落ち着かない。殴り返せばよかったなと思うことも多かったが、それをやると一般には「虐待」である。そう呼ばれたらかなわないと思うと同時に、でもやはり私が被害者であるかのように意味づけるのは、他の一般的な虐待者と自分が同じ陥穽にはまるようで、それも嫌である。暴力については安易な意味付けをついしたくなるものだが、この件以降、そういう問題ではないのだとつくづく思うようになった。

支援の現場を訪ねて⑥

特にイジられている人がスタッフです

えるぶ

私がHTさんと知り合ったのは、多摩市のたこの木クラブでのこと。数年前からこの木クラブを介して自立生活を始めたHTさんは、日頃の人間関係は狛江にある「えるぶ」という団体にあるとのことで、家もえるぶのそば、日中はだいたいえるぶに行っていると聞いていた。

そして傍で見ていて面白いなあと思っていたのが、HTさんの介護は「楽」だと多くの人が言っていたことである。HTさんの人徳もあるのだろうが、そして確かに人付き合いのいい人なのだけど、長く付き合ってみれば彼なりのいろんなダークな側面もみえてくる（それがなければ人間じゃないよね）。それに、一般に自立生活の支援が「楽」かどうかは、本人の人徳で決まることではないとも感じていた。だとすると、どうも鍵になっているのは、HTさんにはすでに「ダチ」が（えるぶに）いっぱいいて、その仲間との時間があることなのではないか。そんなふうにも感じていた。だから見に行っちゃいました、えるぶ。

スペースえるぶ

「えるぶ」というと、共生・共育の運動では有名なところらしい。共生・共育にかかわる人たちに話すとだいたい知っているし、行ってみて知ったのだけど、私が別のところで知り合っていた人が複数、えるぶに来ていた。世界は意外と狭い。

えるぶは、一九八九年に始まっている（「えるぶ」はフランス語で「雑草」という意味らしい）。当初は「療育」をする場としてスタートしたけれども、障害のある子どもたちとかかわる中で、「療育」よりも、同世代の子どもたちと「共に育つ」ことのほうが重要だと思うようになったとのことである。そこから、いろんな子どもたちが入り混じって、学校とも家とも塾とも違う、いろんなことをやる場所になったらしい。英会話教室、アート、パソコン、コンサート、あそばん会…ほんとにいろいろである。その後、人数も増え、子どもたちが成長していったこともあって、一九九七年から小中学生が中心の「こども教室えるぶ」と、ティーンズから大人中心の「スペースえるぶ」に分かれたという。

その頃のスタッフは、現在は引退しているそうで、いまは他のスタッフが回している。そして「こども教室えるぶ」は、いまは放課後等デイサービス事業となっている（「スペースえるぶ」は地域活動支援センター事業）。放課後等デイサービス事業は、いわゆる「障害児」に向けた事業だ。建物もそのために改築を余儀なくされたと聞いた。

本当はたぶん、えるぶとしては不本意なかたちなのだろうと思う。存続のために苦渋の決断だったのではないか。いまの「福祉」のしくみは、分けることが前提になっていて、障害のあるなしで人を分けない場所を維持するのはますます難しくなっている。

訪ねた日のことを書こう。狛江駅から延々と歩くこと一五分程度。古いコンクリのマンション一階に、「えるぶ」という看板と独特の鳥さん（「しめじどり」というそうな）。入ろうとすると、入口が三つもある。どこから入っていいかわからなくて、やっぱここは真ん中でしょと行ってみたら、真ん中は「子ども教室えるぶ」だった。私が訪ねた「スペースえるぶ」の方は道路側。三つの部屋を使っているらしく、一番奥が事務所だった。ベランダ側は一本の廊下で結ばれているが、入口は別になっている。これ読んで興味持って訪ねる方、ご注意ください。

午後の時間帯はカラオケタイムだったようで、若い男性がキーボードを駆使しながらリクエストに応えて伴奏し、徐々に集まる人たちが次から次へと歌いまくる――といってもいわゆる歌詞付きの「ソング」を歌っているというより、その人の心のなかでの「うた」を歌っているという感じの人も多い。

夕方はまたさらにいろんな人がやってきて、スタッフ「しめじ」さんの司会進行に従って会が始まった。私が新参者なので自己紹介タイムがあったり、過去の写真をみんなでみて話したりしてくれて、日頃のえるぶ（火曜日）の様子を知ることができた。いろんな人がいて、サッカーの話をしたり、鉄道やバスの話をしたり、手話を少しだけ教えてもらったり、なんか、変な言い方で恐縮なのだけれども、普通に楽しかった。

印象的だったのは、来ている人たちがみんな好き勝手にしていることだった。これはちょっと語弊がある表現かもしれない、他の人をすごく尊重しているとも感じたから。だけど、「ケアしている」とか「支援している」とかいう空気があまり感じられないのである。

たとえば、カラオケタイムでキーボードを駆使していた男性は、確かに自分で勝手に曲を選ばず、歌う人が選ぶのを、本当に丁寧に手伝っている（ホワイトボードを使って、「この曲？　それともこれ？」と、サビを歌ってみせながら、選べるようにしているのだ）。だけど、間奏などでは明らかに、自分で気持ちよくなって弾いている感じがある。ああいうの、すごくいい。私も、劇的カラオケ嫌いでありながら、マイク握りたくなったもの。音楽はみんなが好きにやらなくちゃな。

夜の会に来ていた人は、ほんとまあみんなそれぞれ。…なんというか、説明しにくい。自己紹介をし合ったけれど、障害があるとかないとかそういうことは全然話題に上らないし、こっちもまったく意識に上らないので、そういうことは説明できぬ。みんなそれぞれですよ、としか言いようがない。好き勝手におしゃべりする人もいれば、クッションに顔をうずめている人もいるし、喧騒の中をひとりで絵をかいている人もいれば、遠くから私にしきりに合図してくれる人もいるし、手話でおしゃべりしている人たちもいる。

そして、スタッフが見分けられない。「しめじ」さんは司会をやっていたのでまだわかるけれども、「じゃすみん」さんは、スタッフと聞いていなければわからなかっただろうと思う。確かにカラオケタイムでは歌詞をネットで探してプロジェクタに映す役をやっていたけれども、あれなら別に誰がやってもおかしくないし。そもそも、いわゆる介助に当たるようなこと（スタスタ歩けない人を支えるとか）は、隣にいる人が適当にやっているので、スタッフの「お仕事」とかではないのだ。それをいうなら全員がスタッフにも見えてくる。

　でも、ぼんやり見ているうちに、ひとつだけ区別できる指標があるなあと感じるようになった。「じゃすみん」さんも「しめじ」さんも、一番まわりからイジられている。のしかかられたり、笑われたり、あれこれ文句を言われたり。「頼りにされている」とかいうよりも（失礼!）、よってたかってイジられている感じがある。そうか、ここでのスタッフの見分け方は、「イジられているか」どうかなのか。もちろんそれはある種の安心感の表れでもあるのだろうけれど…でもあんまりそういう感じでもないのが、なんだかとても魅力的である。

　HTさんは、たこの木クラブで会うときと少し違って、なんというか、若々しかった。たぶんたこの木に来ている人たちの平均年齢が三〇代から四〇代なのに比べて、えるぶに来ている人たちは二〇代が多かったからだろう。

　もっと、「ああ、ここがHTさんにとっての『居場所』なのね」と思うかと思ったのだが、あまりそうは思わなかった。むしろ、HTさんはHTさんなりに、いろんな

スペースえるぶ

場を使い分けているのだろうなと感じた。たこの木クラブでのほうがみえる顔もあり、えるぶでのほうがみえる顔もある。人は居場所で生きるというより、居場所を活用して生きるのだろう。

いま、「スペースえるぶ」に来ている人がもうひとり、自立生活を始めようとしているらしい。HTさんに続く二人目である。狛江市がなかなか支給を認めないので難航していると聞くけれども、本人は乗り気のようである。「スペースえるぶ」に来ている人たちには、HTさん（二〇代後半）と同じような年齢の人が多いようで、親元を離れるという話が出てくるのは自然な流れなのだと思う。

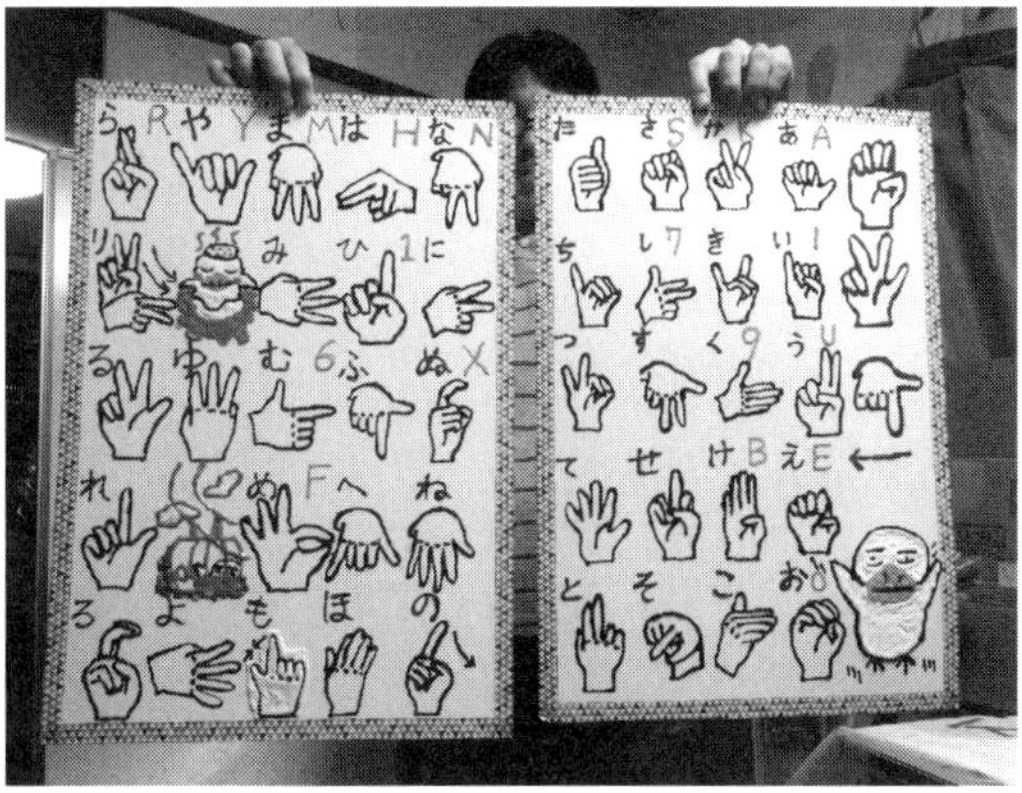
手話教室用にと参加者が作ったもの

人間は、子どもだったのが成長して、大人としての暮らしをつくるようになる。だから、共生・共育の場をつくり維持するということと、自立生活（親元を離れての生活）のサポートをするということは、本当は直結している。ただ、現状としてはどうしてもそうはいかないことが多い。確かに、具体的に必要な支援の中身が違ってくるから、簡単でないことはよくわかるのだが。

HTさんを見ている限り、たぶん共生・共育の場で関係を育んできて、いまもそれが維持されている人は、自立生活が始まってからもサポートが比較的楽になるように思う。少なくとも、いろいろな居場所を持ち、それぞれを使い分けて生きていくのは、いかにも現代を生きる人間らしい営みである。それが閉ざされている人の生活をサポートするより、当たり前に持っている人の生活をサポートするほうが、自然ではあるだろう。

そのためにも、共生・共育の場が維持されることはとても重要なのだと思う。それも、できれば年配の人が管理するような場だけでなく、同年代のスタッフがいて、イジられているかどうかでかろうじて見分けられるような場が。

本当に、えるぶのような場の「良さ」を伝えるのは難しい。本当は「良い」「悪い」の問題ではないのだから。それでもこうしたことを少しずつでも言葉にしていくことが必要なのだと思う。

そんなことはさておき、えるぶの好き勝手にできる雰囲気はとてもステキだった。「ボランティア」という名の、勝手に来る人は、常に募集中とのこと。興味をもたれた方、ぜひどうぞ。私もそのうちまた伺うつもりです。

（『支援 vol.7』〔2018〕所収に加筆修正）

〈後日談〉

えるぶ二人目の自立生活は、えるぶのスタッフが中心となって進めており、行政がなかなか介助者派遣時間を増やさなかったり、アパートの近隣住民からのクレームがついたりと、あれこれ波乱がありつつも、いまも維持されている。もちろんＨＴさんも元気に一人暮らしを続けている。

それではえるぶがガンガン自立生活を実現していっているのかというと、スタッフの数が確保できないなどの事情もあって、そう簡単にはいっていない。何より、えるぶのスタッフの中にも、いろいろな戸惑いと葛藤があるようだ。そして、それを隠したりごまかしたりするのではなく、ひとつひとつ考えていくスタッフたちの姿勢を、私はとても素敵だと思う。必要だとわかっていても、やっぱり踏み出せないときもあるし、かといって撤退だってできないときもある。それでも高所に立つのではなく、自分の足元から考える人たちの姿は、いつだって希望である。

NPO 法人えるぶ
〒201-0002
狛江市東野川 2-1-10-103
TEL/FAX：03-3480-2808

第3章

出会うということ
足湯ボランティアと被災者のつぶやきからみる素人の力

1 「何ができたか」よりも「どのように出会ったのか」

本章では、ROADプロジェクトによる足湯ボランティアによって、被災者がふともらす言葉を書き留められた「つぶやき」に注目し、足湯という場で被災者とボランティアがどのように出会っていたのかを探る。そこから、被災者ケアについて、よく見られるような「何ができる（た）か」という視点だけでは捉えられないものに光を当てていきたい。

よく、被災者への支援やケアでは、「役に立つ」ことと「迷惑をかけない」ことが重要だと言われ、そのため「何ができる（た）のか」と問われる。もちろん、それらの問いをまったく持たない支援活動でいいといいたいわけではないが、そもそも「役に立つ」「迷惑をかけない」とはどのようなことなのかと思うことがある。被災者がお茶や菓子をふるまおうとしたとき、ボランティアが喜んでそれをいただいた方が、「役に立つ」「迷惑をかけない」ことにつながるように思われることもあるだろう。被災者とボランティアがなんでもないような世間話をしている（これは足湯のつぶやきでもよく見られる）のが、むしろ「役に立つ」「迷惑をかけない」に近しいように見えるときもある。

だが、ではそこで「何ができたのか」と言われると、なかなか説明は難しい。被災者の善意を受け止めることが被災者のケアになるのだと表現することは可能なのだが、その言い方では、被災者はあくまでもケアされる対象でしかなく、ボランティアはいつでも助ける側である。この構図のなかにある限り、見えないものがある。それは、この構図そのものが揺るがされるような、同時にこの構図を実質的なものとして成り立たせるようなものである。「何ができたか」という問いの立て方をした時点でそれは見失われてしまう。

そのため、本章ではあえて、足湯ボランティアが被災者に何をできたかという問いを避ける。そうではなく、足湯という場において、ボランティアと被災者がどのように出会っていくのか、そのプロセスを描いてみよう。個々のつぶやきは短く、また大量のつぶやきはあまりにも多様性があり、出会うプロセスをこれと定めることはとてもできないのだが、それでもつぶやきに多く示されている断片をつなぎ合わせることによって、足湯において起きていた出会いのかたちを仮に作り出してみよう。そこから、支援活動において支援者が素人であることが持つ意味について考えてみたい。

2　足湯ボランティアと書き取られたつぶやき

まず、本章が取り上げるROADプロジェクトによる足湯ボランティア派遣の「つぶやき」データとは何かについて説明したい。ROADプロジェクトとは、日本財団と「震災がつなぐ全国ネットワーク」[1]等が共同で行った東日本大震災の支援・救援プロジェクトである。その一部として、関東地域でボランティアを募集し、簡単な研修の後にまとめて被災地域に派遣し、被災者に足湯を提供するという足湯ボランティア派遣が行われた。

ROADプロジェクトによる足湯ボランティア派遣では、二〇一一年三月二八日に石巻へ派遣されたのをはじめとして、二〇一三年三月三一日までに一九九〇名のボランティアが派遣された。のべ人数（活動日数×人数）でいえば七二九六名である。当初は大型バスで派遣していたが、一年目の後半から一〇名程度のグループになった。参加者は多岐にわたり、学生もいれば、仕事を持つ人、リタイアした人など、さまざまだった。年齢別でみると二〇代が三三％、三〇代が二〇％、四〇代が二四％、五〇代と六〇代がそれぞれ九％である（震災がつなぐネットワーク 2014）。

派遣先は、震災がつなぐネットワークに属する諸団体が、自ら常駐している地域や、深くかかわりのある地域でコーディネイトしていた。避難所、仮設住宅、ときには役所などである。多くは関東から東北への派遣だったが、東京に避難してきた人たちへの足湯提供が行われたこともある。また派遣元も、関東以外に福島県内での派遣、静岡県からの派遣などが行われた。

足湯を受けるのに条件はなかった。足湯を受けた人のほとんどは開催地の仮設住宅や避難所に住む人たちだったが、ふらりと訪ねた近隣の避難所や仮設住宅の住民、あるいは自宅避難者の人たちも含まれていた。また、役所で行われた場合には役所に勤める人たちが主に足湯を受けているなど、いわゆる支援者と呼ばれる立場の人たちも、足湯を受けていることがある。

そこでいう「足湯」とは、被災者の足をたらいに入れた温かい湯につけ、その間に手を軽く擦るというものである（足をマッサージすることはない）。被災者が足を湯につけている数分間、ボランティアは椅子に座る被災者の足元に座り、その手に触れていることになる。コーディネイターによっては、整体師による施術や「おちゃっこ」と呼ばれるお茶会、弁護士による法律相談とセットになっていたり、帰り際には寄付された靴下が提供されたりといった工夫がなされていた。

そして、足湯を受けているうちに、被災者がふとさまざまなことを口にすることがある。ボランティアは特に質問などしないようにといわれていたそうなので、まさに「問わず語り」である。ボランティアは、被災者が立ち去った後に、自分が聴いた言葉を記憶に頼って書き取っている。それがここで取り上げる「つぶやき」である。

足湯という形式が災害支援で明確に活用され始めたのは阪神・淡路大震災からだが、つぶやきの重要性を意識し、書き取るようになったのは、二〇〇四年の中越地震の支援活動からだという。つぶやきが重視されるようになったのは、たとえば被災地支援のための施策がなぜ被災者に届かないのか、被災者自身から見ればどう見えているのかなど、いわゆる意識調査でも簡単には出てこない事柄がつぶやきには表れていたからである。そのため、ＲＯＡＤプロジェクトではあらかじめ「つぶやきカード」がボランティアに配られており、そのフォーマットにのっとってつぶやきが書き取られるようになった。[2]

こうして書き取られた大量のつぶやきが、東京のＲＯＡＤプロジェクト事務局に集まってきた。これらのつぶやきに込められている被災者の思いを何らかの形で活かせないか。こうした依頼が東京大学被災地支援ネットワークに寄せられ、有志によるテキスト入力の手伝いおよび分析がなされるようになった。中心となったのは、似田貝香門（東京大学名誉教授）、清水亮（東京大学）、三井さよ（法政大学）だが、その他にも東京大学医学部川上研究室、東京大学や法政大学の学生ボランティアなど多くの方々にご協力いただいた。

なお、つぶやきデータとしてここで分析しているのは二〇一一年三月二八日〜二〇一二年一一月に限られる。総数は一万五一四五件。つぶやきが残されている人たちのうち、女性が七二％を占める。年齢は七〇代がもっとも多く（三二・四％）、六〇代以上だけで三／四近くを占める。都道府県別では、宮城県六九％、岩手県二六％、福島県四％、東京都一％である。

つぶやきの内容は非常に多岐にわたる。今日の天気から、被災時の経験、被災者自身の人生、仮設住宅や避難所の環境、友人のこと、そしてときに足湯ボランティアへの声掛けや励まし、人生訓なども含まれている。[3] 何も話さずに帰っていく被災者もいたようである。あくまでも問わず語りに語られたものであり、その人そのつどによってテーマも異なれば、長さも異なる。

そして、つぶやきはその場で書き取られたものではなく、足湯ボランティアがあとから記憶をたどって書き留めたものである。もしつぶやきを被災者の心情を直接的に残すためのデータと見るのであれば、大いに限界があるということになるだろう。被災者が用いている方言は消えていることも多く、おそらく言葉の細部も記憶違いのままに書き留められているだろう。カードの記入者名に注目してデータを見ると、長くメモを残すボランティアもいれば、そうではないボランティアもいる。また、すべての言葉が書き取られているわけではない。足湯ボランティアに行っていたという学生の中には「自分だけに話してもらったのだと思うと、とても書き残せなかった」という人もいるなど、意図的に省かれたものもあると思われる。

むしろつぶやきは、足湯という場において、ボランティアの前に被災者がどのような姿を見せたか、どのような存在として立ち現れたかについての記録と考えた方が正確である。いいかえれば、つぶやきは被災者単独の記録というよりも、ボランティアとの間での共同行為として生まれた記録なのである。

こうしたつぶやきの分析[4]を通して、足湯の場で被災者とボランティアがどのように出会っていたのかが浮かび上がってくる。個々のつぶやきは非常に断片的な記録なのだが、それらをつなぎ合わせることで、足湯ボランティア派遣の場においてしばしば生まれていたと思われる出会いのプロセスを浮き彫りにしたい。

3　足湯を受けるということ——大切にされる場

つぶやきの中でもっとも多く言及されているのは足湯であり、一万五一四五件中三割程度が足湯について言及している。その多くが感謝の言葉や足湯の効能について体感したことの報告である。

特に、三月末から四月頃の、避難所での生活が続くなかでは、風呂に入ることが困難だったため、足湯によって身体が温まることや、気持ちが良くて気分転換になること、すっきりした気分になることなどが言われている。「足湯はこれで三度目、とてもありがたい。お湯に足つけられるというだけでもほっとする。体全体が温まる感じがする。」（2011/4/1 石巻　六〇代女性）、「昨日も足湯をしたんだけど気持ちよかったからまた来てしまいました。配給をもらうついでにくるのがいいねぇ。」（2011/4/1 石巻　六〇代男性）、「足湯は昨日もおといも入ったよ。足湯はいいね。ずっとぐっすり眠れてる。喘息持ちだから昨日はちょっとそれぞれで起きちゃったけれど。それがなければぐっすり眠れるよ。」（2011/4/25　石巻七〇代女性）、「ずっとお風呂に入れてないから足湯に入れてすっきり出来てうれしい。昨日も来たけど、昨晩は久々に寝れた。足湯の効果は凄い。」

（2011/3/31 石巻　三〇代女性）など。

なお、つぶやきを見ていると、救援のため風呂が用意されていても、なかなか入れないという事情がある人もいることも浮かび上がってくる。たとえば、「お風呂も一キロくらい先で入れるけど、避難所におばあさんひとり置いて出られないから毎日足湯でサッパリして気持ち良い。」（2011/4/3 石巻　五〇代女性）とある。

二〇一一年の夏頃には、多くの被災者が仮設住宅に移っていく。そうなれば風呂に入ること自体は可能なのだが、それでも足湯の方が、身体が温まる、気持ちがいいなど繰り返し言及されている。夏は暑いので身体を温める必要はなさそうに見え、実際「冷やしてほしい」という人もいるのだが、むしろこの時期だからこそ温まることが必要だという人もいる。七月のつぶやきであっても、「体がポカポカしてくるね。こんなのやってもらうの気の毒だなあ。」（2011/7/3 郡山　六〇代女性）、「暖かくて気持ちいい。この時期になると足首から先が冷えて痛い。こないだお灸、鍼をしてもらったら、少し良くなった。ひどい時は、首、肩や頭まで痛くなる。」（2011/7/12 山元　五〇代女性）とある。

これらの言及から、足湯の提供そのものが、被災者への重要なケアになっていることが窺える。たらいの湯に足をつけるだけの単純なことなのだが、全身に大きな意味を持つようである。

また、実際に身体に与えられる影響だけでなく、ボランティアのふるまいや身体の配置・姿勢も大きいようである。先述したように、被災者が椅子に座っている間にボランティアが跪いて手を擦るのだが、これを恥ずかしがったり喜んだりしているつぶやきは多い。「子どもにもマッサージ[5]してもらったことないのに、ありがたいなあ。」（2011/7/16 気仙沼　六〇代男性）など。最後には足を拭くのだが、「全身入ったみたいにぽかぽかしてあったかい。足までふいてもらって申し訳ない。天皇?・さまみたいだー。」（2011/4/27 気仙沼　八〇代女性）という人もいる。また、「お姫様みたい。ありがとう。テレビと向き合ってたら、時間が長く感じるけど、皆と話してるとあっという間やね。」（2011/11/11 気仙沼　七〇代女性）と表現する人もいる。

また、異性に触られる経験があまりない世代だからだろうか、そのことへの言及も多い。「女性にさわられてうれしい。毎朝散歩しながら上半身などは動かしている。楽しい話をたくさんできた。」（2011/4/4 七ヶ浜　六〇代男性）という人もいれば、「若い男性にさわられて嬉しい。一〇〇人程（?）の村。一〇人逃げ遅れた。二人まだみつかっていない。まだ一度もおふろに入っていない。こつばんに金具が入っている。逃げてくるのが大変だった。」（2011/4/4 七ヶ浜　八〇代女性）という人もいる。

このように、足湯が持っている効果は、単に足を温めるというだけでなく、ボランティアによって大切に扱われるということも含めてのもののようである。足湯と、それにともなうボランティアのふるまいが総体として、被災者に対して、あなたを大切に扱いたいというメッセージを発していたのだと思われる。

そして、単に足を温めるというだけでなく、自分を大切にしてもらうという経験が、被災者に、沈黙を含めて、さまざまなことを口にさせていく。

4 「全部流された」「全部もうダメだ」――絶望と、それでも立ち上がる姿と

そこから人によって異なる多様な会話が始まっている。震災のことに言及する人も多く、一万五一四五件中の四分の一程度が、震災経験に触れている。といっても、挨拶代わりに震災の状況を簡単に話す人もいたようで、テキストデータからだけでは、どのようなニュアンスで話されているのかは簡単には判断できない。

ただ、なかには震災時の過酷な体験について話されていることもあったようである。たとえば次のつぶやきは端的な例の一つである。

地震の時、車ごと流されて、三時間半泳いでやっと丘の上についた。泳いでいる途中、一〇〇人以上の遺体。足つかまれたり、色々したけど自分の事だけで精一杯だった。そこから七時間歩いて避難所に着いて、すぐ病院に連れていかれて四日間入院した。一週間、何食べても戻した。一回死んでいるんだ。弟は車の中で死んでた。見つかって火葬できた、仕様が無い。(2011/4/19 石巻 五〇代男性)

これを書き留めたボランティアは、備考欄に「涙をこらえるので必死でした」と書いており、文字情報で伝わる以上の思いが示されたことがうかがえる。このように、決して簡単な話だけでない、震災経験についての思いが吐露される機会は、足湯の中で珍しくなかったようである。

なお、津波の被害と原発事故による被害とは少し意味合いが異なるが、そのことはつぶやきで多用されている表現の違いにも表れている。

津波の被害について特によく用いられている表現は、「流された」である。なかでも、「全部流された」「みんな流された」といった表現がよく用いられている。

仙台に仕事で俺は行っていて、一人残った。本家も母ちゃんも子どもも孫も家も服も全部流された。洋服や靴はなくなったからもらったんだ。空手道場もなくなったし、教え子も沢山いないんだよ。俺だけ残ったけど、生きなきゃなぁ。（2011/4/8 石巻　六〇代男性）

全部流された。部落も全部流された。一ヵ月は（住んでいた）家を見れなかった。（ひざがガクガクして）でも今はやっと近くまで行くことができる。家の土地を見ることができる。（2011/4/25 大船渡　八〇代女性）

（足湯のなべをみて）うちにも大きなナベが五個あったのに全部流されたよ。何一つなくなってしまったよ、まごも…。埼玉の大学に行く予定で入学金もふりこんだのに……。震災のあとは病院に入院したり、避難所にいったりして、ここに来たんだよ。（2011/7/25 陸前高田　八〇代女性）

昔は農家をやっていて三〇代の時に夫が脳梗塞で亡くなってから一人で仕事をやっていた。息子が今は田んぼをやっていたけど津波で全て流された。新しく買ったトラクターや農機具も全部流された。最近はもう仮設の暮らしにも慣れたから、特に不便なことはないけど、ちょっと交通の便がない。体を動かせないから体が硬くなった。家がある時は草とりなどしていたけど、庭の木も全部流されてしまった。写真などはボラセン？に届けられていて想い出のものは見つかってよかった。（2011/8/23 山元町　八〇代女性）

家も何もみんな流された。壊れたんじゃないんだよ。そのまま沖に流されていったんだって。だから何も残らなかった。でも鍬とかだけは残ったのね。畑には塩入ってしまったけど、また畑やれってことなんだろうね。（2011/1020 石巻　七〇代女性）

「全部流された」という言葉は、多くの被災者にとっての被害の実感を端的に表しているのだろう。津波による被害は、確かに「流された」という表現になるが、おそらく単に津波だから「流された」という表現になっているというより、家はもちろん、家の中にあった大切な思い出の品、いまも必要な品、ときに家族や隣人たちが、一気に暴力的に奪われたことが、この表現には込められているように思われる。そして、「全部」「すべて」「みんな」という表現が繰り返し用いられているのだが、ここには、一人ひとりの人やモノというだけでなく、そこで営まれていた生活や暮らし、ずっと続いていくと思っていたもの、そこから思い描いていた未来など、その人にとっての時間や人生が大きく変えられてしまったことが示されているのだろう。

原発事故についての言及は、一万五一四五件中、一四一件であり、そのほとんどが山元町や郡山など、近隣の地域でなされた足湯の際に出たものである。津波についての言及よりも数が少ないのは、単純に、震災がつなぐネットワークの団体が常駐していた地域が幅広かったこと、「つぶやき」データの供給には地域によって差があったことなどによる。原発事故の被害を受けていると想定される人たちのなかでは原発事故についての言及は多い。

内容としては、足湯を受けているのは年配の女性が比較的多いということもあってか、農業をやっていたのだが、継続できなくなったというつぶやきが多い。そこで繰り返し出てくる表現が「ダメになった」「もうダメ」「おいてきた」であり、これに「すべて」「全部」などの表現が伴っていることが多い。

川内村から来た。戦争よりも放射能の方がひどい。全てを失った。菜っ葉も椎茸もダメになった。
(2011/4/28 郡山　七〇代女性)

おれはな、山菜採ったりしてたんだけども、こんなことになって。全部ダメだな。わらびとかぜんまいとかやまめとかさ……牛（食用）飼ってたんだけどもみんな逃してきたよ。殺せないべ？（2011/6/12 郡山　六〇代男性）

農家やってた手だから、ごつごつでごめんね。田んぼとね色々な野菜作ってたんださ。八一でじいちゃん死んで、息子は東電だから、私一人でトラクターでやってね。半分は酪農家に貸してたんだけど、放射能で全部もうダメだね、今頃はどうなってっかなぁって気になるよ。（2011/5/13 郡山　八〇代女性）

富岡にはあまり有名な物はないけど、海、山があるからいいよ。でもできたら帰りたい。畑、牧場やってきて、畑では人参、キャベツとかを育てているけど、原発があったから何もかもダメになったねー。米もダメだし。乳牛を飼っているけど、放して避難してきた。放していない家の牛は死んでいたんだって。一時帰宅した時に家のものがいろいろ無くなっていたし。（2011/10/1 三春町　八〇代女性）

ここには、もう食べられない、以前の生活や農業が続けられないというだけではない思いが示されているように思われる。「ダメ」になったという表現は、単純に続けられないというだけでない、もう少し強い言葉ではないだろうか。おそらく、壊された、汚された、という意味が込められているのだろう。そして「全部」「何もかも」という表現には、続けられなくなったのが、単にコメや椎茸などを育てるということだけではなく、そのためにその人がかけてきた労力や時間、その中で作っていた生活のリズム、思い描いていた未来や将来などのすべてが失われたという意味が込められているのだと思われる。奪われたのは、モノだけではなく、仕事だけではなく、土地だけでもない。人生や将来もまた、奪われたのである。

このように「全部流された」「もうダメだ」という表現には被災者の絶望が込められており、繰り返しつぶやきの中に登場する。ただ、ここで注意したいのは、つぶやきにはそうした絶望とともに、また次や先への希望が語られていることもあるということである。

津波は怖かったんだあ。うちは部落の中でも高いところにあったけど、うちの部落は高いとこにあった二軒以外全部流されてね。津波来た時にうちの隣の○○ちゃんはちょっと低かったの。「○○ちゃん」って呼んで○○ちゃんがこっち来ようとしたまま波にのまれて死んじゃったよ。あと高台に上るとこの入口に一四人も死んでてね。睡眠薬飲んでるけど二時間しか効かないんだ。二時間経つと目が覚めるでしょう。その時の様子が一つも欠けずに思い出されてね。辛いんだ。ボランティアさんとか自衛隊とかほんとにいろいろしてもらってありがたい。私はもう八八でしょう。他のところで何かあっても何もできないけど、孫たちには「今度は何かしてあげる方になんなさい」って言ってんだよ。ほんとにありがたいね。幸せ者だよ、私は。（2011/8/24 山元町　八〇代女性）

原発さえなければばって強く思う。お米でも何でも、畑で野菜も作っていたのよ。トマト、とうもろこし、じゃがいも、ピーマン、なす……。作るのが楽しくて、苦じゃないの。夜の森のさくら祭りを毎年楽しみにしていたのよ。桜並木が本当に綺麗で公園でお花見して、ワイワイ、ガヤガヤね。夜は花火。夜の桜も綺麗なのよ。昼間と夜の桜を見に行く仲間が違うのよ。もう土地はダメね。何年かかるか分からない。でも、今後も土地借りて、何か作りたいと考えているの。（2011/4/29 郡山　四〇代女性）

このように絶望的な表現を用いている人が、足湯のわずかな時間を過ごす間に、少し希望を持ったこともまた口にしている。こうしたつぶやきは珍しくない。震災や原発被害によって生活や人生が大きく揺るがされ、もうすべてが「流された」「ダメになった」と口にしながらも、それでも被災者の中には、足湯を受ける中で、「幸せ者だよ、私は」「今後も何か作りたいと考えているの」と口にする人がいるのである。

これは被災者個人の強さであると同時に、足湯という場の持つ意味を暗示しているのではないだろうか。つぶやきは、先に述べたように、被災者と足湯ボランティアとの共同行為として生み出されたものである。ならば、足湯ボランティアとのかかわりの中で、被災者は深い絶望をみせるとともに、そこから立ち上がろうともする主体として立ち現れるのだともいえる。確かに深い絶望がかいま見えるのだが、それと同時に、立ち上がろうとする主体としての被災者もまた、足湯ボランティアは確かに受けとめている。

5 ボランティアの聴き方——被災者の問いかけ

こうした被災者の立ち上がろうとする姿と無関係ではないと思われるのが、足湯ボランティアの、いわば聴き方である。

ＲＯＡＤプロジェクトの足湯ボランティアは、臨床心理士や看護師などのように一定の専門的訓練を施されてきた人たちではない。参加動機もさまざまであり、日常の仕事もさまざま、先述したように年齢も幅広い。短い研修を受けてはいるが、それほど事細かに指導がなされているわけではない。当時のＲＯＡＤプロジェクトの事務局やコーディネイターたちは、ある程度以上の細かい指導にはどちらかというと否定的だった。むしろ、あまり縛りがない状態でボランティアがのびのびと話ができるようにサポートし、足湯を提供する前後にボランティア同士がそれぞれの思いを話し合えるような場をつくることのほうに力が注がれていた。

そうしたボランティアたちは、プロフェッショナルとしての聴き方をするというより、人それぞれに率直な姿勢で話を聴く。つぶやきそのものにはそのことは書かれていないが、つぶやきカードの備考欄には、ボランティアの反応が書かれていることがあり、その反応は、本当に人それぞれで、その人なりの感情的な反応をしていたり、何も言わなかったりしている。先に挙げたように涙ぐむ人もいれば、夫を亡くしたという女性の話を聴きながら「気の毒で何も言えなかった」(2011/4/22陸前高田)という人もいる。家族を失った男性の話を聴きながら「笑い泣きながらのお話で、つい自分も涙がツーっと……」(2011/4/8石巻)という人もいる。

そして、そうしたボランティアの反応に、触発されるのだろうか。被災者はしばしば、会話の流れの中で、ボランティア個人に関心を向ける。たとえば次のつぶやきと備考欄を見てみよう。

(二人とも丸い手で笑いあった)海の近くの家は全部もってかれたんだ。何も残ってないけど、こうしてボランティアの人や周りのみんながよくしてくれるから、なんとかやってる。(お孫さんとご一緒だったので)にぎやかで迷惑かけちゃってるの。三月一一日の日は日赤の駐車場に逃げてるのを、たまたま一回だけ繋がった息子の電話で伝えられたから、三時間歩いて会いに来てくれて。仮設にあたるまで三ヵ月、世話になったの。ココは話し相手もいて、みなさん明るいからいい。「今までがんばって来たのは何だったんだ!?」と悔しい気持ちになることもあるけど、そう考えたって仕方ない。だって着るものも何もかも流されちゃったんだもの。来てくれてありがとうねぇ。どこから来たの? ありがとうね、遠いところを。暖まったよ。ありがとう(何度も)。(2012/1/14石巻　六〇代女性)

備考欄：「全てを失くした」とゆうことを初めて足湯の中で直接聞き、お辛かったですね、大変でしたね、と言いながら思わず涙ぐんでしまった。○○さんも笑顔のまま涙を浮かべていて、二人で何度も握手しました。元気なお孫さんの様子に目を細めていらっしゃり、こちらまで笑顔に。足湯も何度もされているみたいです。

このつぶやきには、被災者が自分の話をした後に、「どこから来たの?」と足湯ボランティアに注意を向けているのが示されている。一通りの話をした後、おそらくはボランティアが涙ぐんでいるのをみて、自分も涙を浮かべ、握手をした後なのだと思われるが、自分の話の後に、目の前にいて自分の話に耳を傾ける人がどのような人なのかという、他者への興味や関心が生まれてきているのである。

このように、つぶやきの中でしばしば、被災者が自分の話をした後に、足湯ボランティアに関心を向け、いわば「あなたは何者なのか」と問いかける場面が出てくる。たとえば次のつぶやきでも、震災のことについて話した後にボランティア自身のことを聞いている。

家の基礎しか残っていない。家がなくなり、お父さんも亡くなり。津波が来た時は裏の建物の四階に逃げたの。遠くから津波が押し寄せてくるのが見えた。真下を見ると車に乗った人が津波にのまれて、うずを巻いていたのが見えたのよ。どこから来たの？　有給をとって?涙は枯れ果てたと思った

けど、まだ涙が出てくるのね。本当にありがたい。(2011/4/25 石巻　六〇代女性)

つぶやきは、被災者とボランティアの会話を逐一記録したものではなく、あくまでもボランティアが後で記憶に頼って記録したものである。そのため時系列が事実通りとは限らず、実際には順番は逆なのかもしれない(実際、つぶやきの冒頭から「どっから来たの？　偉いねえ、人様のためにねえ。」〔2011/4/24 石巻　六〇代女性〕と始まるものもある)。ただ、ボランティアへの言及がなされているつぶやきの多くは、まず自分の話をしてから、最後にボランティアに問いかけたり礼を言ったりするという順序で書き取られている。少なくとも多くのボランティアが記憶にとどめたかたちとしては、被災者が自らの話をした後に、ふとボランティアに関心を向けるというプロセスだったようである。

あるボランティアは、子どもたちから問いかけられている。足湯を受けた人たちで二〇代以下とみられる人たちは全体の一割弱で、その多くは小学校や中学校に通う子どもたちである。子どもたちはあまり震災の話はせず、サッカーやバスケ、柔道など、自分がいま好きなものについての話が多い。そんななかで次のようなつぶやきも書き留められている。

(サッカーしながら会話)うちはこの辺(胸の辺り)まで水に浸かったけど、〇〇の家はもっと大変。こーんなに傾いてた。地震がなければベガルタ仙台と試合が出来たのに。〇〇杯で三位以内に入ったから全国大会に出られたのに、地震があってぜ〜んぶダメになった。練習は今までは日曜にやってたけど、親たちが子どもの送り迎えしなくちゃいけないから、夜七時から（週三回）やる。だけどここの門限が九時だから練習いけない。ここには子ども（一八歳以下）が少ない。

話の途中「何でここに来たの?」と聞かれた。「見たかったから?」と。私は「ん〜心配だったからかな」「ほら、サッカーでも味方がドリブルで抜かれたりしたら、仲間を助けに行くだろ?」と答えた。（2011/4/18 石巻　年齢性別記録なし）

サッカーをしながら、子どもたちの現状や思いについて語られた後に、子ども達の方から、ボランティアに対する問いかけ「なんでここに来たの?」「見たかったから?」が発せられている。ボランティアはそれに対して、サッカーチームにたとえて答えている。この答えを子どもたちがどのように受け止めたのかはわからないが、少なくとも表面的な感謝や配慮の言葉の応酬とは異なる問いかけと、それに対するボランティアなりの応答とがなされていたことが示されている。

先に述べたように、ボランティアは被災者の話をプロフェッショナルとして聴くというよりは、ただ全身で聴き、ときに涙ぐむ。そしてその反応を前にした被災者は、ときにボランティアに問いかける。あなたは何者で、なぜここに来てくれたのかと。深刻な被害と絶望を抱えていながら、目の前の他者に興味や関心を持つ。警戒心や不信とは異なる形で、自分以外の他者が自分を気遣っていることに気づき、あなたは誰でなぜここに来てくれたのかと問いかけるのである。

6　寄り添う他者に気づく――被災者の孤独

このような問いかけがなされ、ボランティアがその人なりに応えたということは、被災者が、自らの苦しみに対して関心を持つ他者がいる、ということに気づいたことを意味している。足湯ボランティアは、原則としては一回限り（数日間は滞在するが）のかかわりである（ただし、なかにはリピーターになったり、被災地に常駐するボランティアになったりした人もいる）。同じ被災を経験したわけでもなければ、特に日常生活を支えてもらえるわけでもない。それでも、そうしたほとんどかかわりのない他者が、自分の苦しみに関心を持ち、なんとかしたいと願い、自らの時間と労力を費やしている。被災者はそのことを目の当たりにするのである。

もちろん、かかわりがない他者が関心を持ち、自らの時間と労力を費やしているというのなら、ボランティア一般がそうである。だが、実際に対面し、話をするまで行かなければ、「そういう人がいる」ということは認識していても、実感は薄いのではないだろうか。特に、たまにしか来ないボランティアの存在は、たとえ目に入っても意識には上りにくい。そうだとすると、遠い関東などの地域でも、被災地や被災者の苦しみを思う人たちがいる、という実感を持つ機会は、実はあまり多くはない。

それに対して足湯の場では、具体的な他者が確かに自分たちを心配して訪れていることに、被災者はしばしば気づかされていく。これは単に「ボランティア」と名乗る人が目の前に立っているという意味ではない。それなら足湯を受けに来た時点で目に入っている。だがそれは単なる「ボランティア」と名乗る人でしかない。それに対して、足湯を受けて心身がほぐされていき、思わず自らの苦しみについても口にした後に、ふとそこに耳を傾けている他者がいることに気づかされるとき、その他者はより立体的で具体的な、まさに自らに寄り添おうとする他者である。

そのため、他の人には言わないことを、「あなた」だけに話す、という場面も、つぶやきデータにはときどき出てくる。

ふうぅ……。なんかねえ、夜も眠れねぇんだわ。話してみるけど……。だれにも、ここの施設の人にも話してねえけどね。おらの娘。五〇日目の孫が津波で亡くしてよ……。本当に誰にも話さねえできたけどよ。あんた誰さん？　〇〇ってゆうのかい。〇〇さんに最初によ。本当よ。最初に話すっけど。娘と孫を亡くしてよ。あれから何にも考えられんのよ。今日はなぜかあなたに話したよ。周りの人もみーんな苦労してっからよ。私も皆には明るく振舞っているのよ。（2011/9/11 石巻　七〇代女性）

ボランティアは「〇〇さん」というようだが、その「〇〇さん」だからこそ、被災者は話したのだという。なぜそうしたのか、本当に初めて話したのかはわからない。だが少なくとも、被災者もボランティアも、その空間においてお互いに「あなた」にだけ話すという関係が生まれたと経験しているのである。

こうしたケースは、つぶやきデータに明記されているものにはとどまらないだろう。といってももちろん、足湯でのかかわりが、本稿で取り上げてきたような、深刻な震災経験についての話と、のっぴきならないような問いかけであるとは限らない。だが、たとえば普通の世間話であったとしても、その会話から、具体的な他者が確かに自分たちの苦しみを思っていることを知ることはあるだろう。あえて世間話をするというコミュニケーションであっても、言葉とは異なる次元で交わされるものはあるからである。先に挙げた子どもたちから問いかけられたボランティアは、サッカーをしながらサッカーにまつわる話をしているのがほとんどだったのだが、そのなかで子どもたちに伝わるものがあったからこそ、先述のような問いかけがなされているのだろう。そして直接に問いかけるまでいかなかった被災者もいたかもしれない。

ここで取り上げたプロセスをすべて踏まなくとも、そのような他者として被災者がボランティアに気づくということはありうる。深刻な話をするかどうかが重要なのではない、どのように出会うかが問題なのである。こうした契機は、つぶやきの一部にはテキスト化されたかたちで残り、ここでクローズ・アップすることができたが、実際の足湯の場ではそういうかたちでは残されなかったものが多々起きていたのだろう。

そして、このことが持つ意味は、決して小さくないのだろうと思う。先に述べたように、被災者は「全部流された」「みんな流された」「もう全部ダメだ」としばしば口にする。「全部」「みんな」という表現の中には、当たり前だった生活や暮らし、思い描いていた未来が失われたという気持ちが表されているのだろうと先述した。いいかえれば、何もかもが変わってしまったなか、ひとり取り残されているという、被災者の孤独を示しているのだともいえるのではないか。人は通常、慣れ親しんだ自然環境や社会環境に取り囲まれ、そのなかで将来や未来を思い描き、今日を生きている。それら自然環境や社会環境が根こそぎ変化させられたと感じるとき、その人が感じる孤独は、いかほどのものだろうか。

もちろん、被災したのはひとりではない。そのことはつぶやきのなかで多くの被災者が繰り返し口にしていることである。だが同時に、つぶやきに繰り返し出てくるのは、同じ被災者たちの間では、多くが分かり合えるとともに、だからこそいえないことが多々あることである。他の被災者には話せない様子だという指摘は備考欄に何度か書かれており、つぶやきのなかにも「被災した話は職場では話せない。こういうボランティアの人には話せるから、こういう場はありがたい。」(2011/10/15 七ヶ浜　四〇代女性)、「話を聞いてもらいたいけど周りの人もみんな大変だし、あんまり話せないんだよね。」(2012/1/15 石巻　年齢不明女性)という声が上がっている。

同じ震災や原発被害を受けたといっても、個々人によって具体的に失ったものは異なる。そして失ったものへの向き合い方も人によって異なる。特に深刻な被害だからこそ、人によって乗り越え方も違ってくるのであり、またお互いの違いを受け入れにくくなることが多い。いくら周囲に同じく被害を被った人たちがいるといっても、やはり個々の被災者はある意味では常に孤独を抱えているのだともいえるのかもしれない。

震災や原発被害から時間が経てば、新たな生活に馴染み、日々の忙しさのなかで孤独が紛れていくこともあるのだと思う。ただ、時間が経てば同時に、被災地でもそれ以外の場でも、震災や原発被害について話す機会は減っただろう。「全部流された」「全部ダメになった」という生々しい思いがそれと同時にすべて消えるのならいいが、そうはいかない人も多いだろうし、そうはいかなくなるときもあるだろう。だとすれば、時間の経過にともなって孤独は減じるという側面と、むしろ増えてしまうという側面と、双方があるのではないだろうか。

このような被災者の抱える孤独の深さを考えれば、わずかなときであっても、被災者を思う人がいることを実感として感じる機会があることには、やはり大きな意味があるといえるだろう。それで孤独が癒されるとはいえないだろうし、明日からも孤独と苦闘の日々が続いていくのかもしれない。それでも、真剣にその人の苦しみを思う人がいることに気づいたとき、被災者が得るものは、決して小さくないだろう。

阪神・淡路大震災後の仮設住宅で「孤独死」が多発したとき、ボランティアたちが発見していったことは、いま振り返れば、孤独とは何かということでもあった（三井 2008）。孤独とは、単に人が訪れないということではない。会いたいと思う人が訪れないということを指す。ただ誰でもいいから人がそばに行けばいいということではなく、訪ねて行った人が、個々の被災者が受け入れたい、会いたいと思える人になってこそ初めて、その人の孤独を少しやわらげることができる。いいかえれば、ある人の孤独に届く支援やケアになるためには、その人に受け入れてもらえなくてはならない。足湯でボランティアが寄り添おうとする他者として立ち現れることは、そのような意味で被災者の孤独に、（ほんの少しかもしれないが）届くことだったのだと思う。そのことが持つ意味は、軽視されてはならないだろう。

震災がつなぐネットワークを作ったひとりである村井雅清さんが、二〇一二年の福祉社会学会のシンポジウムで登壇した際に、足湯ボランティアを「寄り添う」ボランティアとして紹介した（村井 2013）。フロアの中にはそれが理解できなかった人も少なくなかったようだった。当時の私にはなぜ理解できないのかがわからなかったのだが、いま思えば、たとえば被災地に常駐するボランティアなら「寄り添う」という表現が似合うが、いっときしかそばにいない足湯ボランティアがなぜ「寄り添う」となるのかがわからない、と思われたのだろう。それは、被災者とボランティアの関係を、静態的に捉えすぎた見方である。

被災者にとってボランティアが他者としてそばにいるということは、単に身体的・物理的にそばにいることだけを指しているわけではない（身体的・物理的にそばにいたとしても他者としてそばにいるとは感じないことも少なくない）。何かを提供したり事態を変えたりしてくれることだけを指すのでもない（もちろんそれは重要だろうが）。「寄り添う」とは、そのような身体的・物理的状況や、モノやサービスの提供だけで測られるものではないだろう。

足湯という場では、被災者にとってボランティアが、自らの苦しみに心寄せる他者として浮かび上がってくる瞬間があった。最初からそうだというよりも、足湯を受けて身体が温まり、ボランティアの姿勢から自分が大切にされていると感じ取り、そこで自分の思いを吐露し、それに対するボランティアの受け止め方を見ているなかから、ボランティアが自分の苦しみに確かに思いを馳せている他者として浮かび上がってきたのである。これは、単に物理的にそばにいるかどうかということとはまた次元の異なる、相手が他者として浮かび上がり、確かにそばにいようとしてくれていると感じる瞬間である。そして、被災者が抱えている深い孤独を思ったとき、その瞬間には確かに「寄り添う」という言葉こそがふさわしいのではないか。

7　そこに自分を思う他者がいる

この章では、足湯ボランティアの書きとったつぶやきの分析を通して、足湯ボランティアによる被災者ケアがどのようになされるのかについて描こうとしてきた。この章が強調したのは、足湯がもたらす効果や、話を聴くというカウンセリング効果というより、そこに自分を思う他者がいることに被災者が気づくということの意味だった。

このことは何も、足湯ボランティア派遣が持つそれ以外の効能や意味を否定するものではない。いいかえれば、何も本稿が描いてきたように被災者とボランティアが出会うことがいつでも必要だということではない。足湯が与える効能だけでも十分に意味はある。足湯があまり気持ちよくなかったとしても、手を擦るだけでも十分かもしれない。ただおしゃべりするだけでもいいかもしれないし、それ以前に、足湯があるという理由で避難所のなかを移動したり、仮設住宅の自分の家から出てきたりするというだけでも十二分に重要だろう。足湯ボランティア派遣の意味や意義は常に多様に存在し、ひとつの形だけで捉える必要はない。

ただそれでも、ここでは、被災者が足湯を介して自らの苦しみを吐露し、ボランティアが率直に聴くことによって、そこに自分の苦しみを思う他者がいることに気づくというプロセスを強調してきた。それは、被災者ケアがどうしても「何かができた」ことによって語られがちなのに対して、そうではない側面にも光を当てたかったからである。

「何ができる（た）」かという問いの立て方は、被災者が助けられる側でボランティアが助ける側だという構図を前提にしている。そのような構図のなかでの支援が重要でないわけではない。ただ、それとは少し異なる次元でなされるものがある。ボランティアが被災者にとって、自らを気遣い寄り添おうとする他者として立ち現れたとき、被災者は自分が助けられる側でボランティアが助ける側という構図から一瞬抜け出て、このボランティアは何者でなぜ来たのかという問いかけを発する。

その意味では、本章で取り上げたような出会いは、この構図を超えたものである。だが同時に、この構図を実質的に成り立たせてもいるのだろう——そのような他者の支援やケアだからこそ、被災者の深い孤独にも届くのかもしれないのだから。

ボランティアは自発的に活動する。故人・草地賢一さんは「いわれなくてもやる、いわれてもしない」という名言を残した。ただ、自発的に活動する個人にできることは、決して大きくはない。物流や安全管理などに関しては、国や県などの行政、あるいは大企業などの方がはるかにできることが多い。だが、一人ひとりの「人」にしかできないことがある。それが、孤独にさいなまれる人に、束の間だけでも寄り添おうとすること、あなたのことを気遣っている他者がここにいるということを伝えることである。これだけは、物流システムをいくら整えても、心地よい住処を提供しても、街を再建しても、それだけでは届かないものである。そして、震災から時間が経ったからといって、重要度が減るわけではないものでもある。

被災者ケアを考えるとき、「何ができるか」だけで語るのではなく、そこで何が起きたか、どのように被災者とボランティアが出会ったかという視点を持つことも必要である。そこにはわかりやすい形でのケアや支援は見えないかもしれない。だが、被災者の被災ということの意味を考えるなら、わかりやすい形のケアや支援だけが重要なのではないだろう。そのことを足湯ボランティア派遣の記録は私たちに教えてくれているのである。

■注

1 阪神・淡路大震災を機に、一九九七年に組織された、お互いに違いを認め合いつつ、災害時に力を合わせて支援活動を行う全国的なネットワーク。参加団体は二〇二一年四月現在で四二団体（http://blog.canpan.info/shintsuna/）。

2 「つぶやきカード」に記されているのは、つぶやき以外には、日付、足湯提供場所、見た目の性別、見た目の年齢、ボランティアの氏名、ボランティアによる気づいた点などを書き込む備考欄である。被災者の個人情報は実質的にほとんど含まれていない。

3 イメージしやすいよう、いくつか例を挙げておこう。「息子の嫁になってもらえないかしら?」（2011/4/11 郡山　六〇代女性）、「人生は階段のようなものだ。男も心で選ばないとだめだ」（2011/5/21 郡山　年齢不明男性）、「人生の勉強をしていきなさい」（2011/8/30 山元町　七〇代女性）など。被災者の思いも、足湯ボランティアとの出会い方も、本当にさまざまである。

4 足湯ボランティアの歴史と広がりについては、似田貝・村井編（2015）が詳しい。また、その他に足湯ボランティアによる被災者ケアの内実を考えようとするものとして、似田貝（2015）、三井（2015）。

5 足湯ボランティアはマッサージの専門教育を受けていたわけではないので、厳密にいえば「マッサージ」をしていたわけではない。被災者は日常用語として「マッサージ」という言葉を用いたのだろう。

支援の現場を訪ねて⑦

最後のひとりまで

被災地NGO協働センター

被災地NGO協働センターは、一九九五年一月一七日に起きた阪神・淡路大震災を契機にして生まれた、災害支援の団体である。

前身となるのは、「阪神・淡路大震災地元NGO救援連絡会議」の分科会である「仮設支援連絡会」である。阪神・淡路大震災地元NGO救援連絡会議は、一九九五年一月一九日、さまざまなボランティア団体がお互いに連絡調整するために立ち上げられたものである。五月になって、被災者の多くが避難所から仮設住宅へと移り、支援も緊急支援から中・長期的な生活支援への転換が求められるようになった。そうしたなか、七つ目の分科会として、仮設支援連絡会が誕生した。五月頃というと、地元の産業等も徐々に戻ってきたこともあって、多くのボランティア団体が撤退していった時期でもある。けれども、仮設に暮らす人たちが置かれた状況はまだまだ過酷なものだった。仮設支援連絡会は、それを少しでも改善しようと活動を継続していった。被災者の働く場をつくるなど、さまざまな事業を始める必要が出てくるのにともない、一九九八年に仮設支援連絡会はネットワーク組織からセンター組織へと体制を変えた。それが現在の「被災地NGO協働センター」である。

こうした経緯のなかにすでに、被災地NGO協働センターの特色が示されていると思う。

第一に、被災地の全体の状況から判断するだけでなく、取り残されがちな被災者の置かれた状況にひとつひとつ対応しようとしてきたことが挙げられる。センター代表(二〇一二年現在)の村井雅清さんは、よく「たった一人のために」「最後の一人まで」という(村井さんの思想については、村井〔2012〕も参照してほしい)。

阪神・淡路大震災でも、そして東日本大震災にもいえることだが、被災者の多くが避難所から仮設住宅へと移るとき、支援活動は大きな転換点を迎えた。それまでの物資や人手がとにかく必要な段階から、確かに物資や人手も相変わらず必要ではあるのだが、それを誰にいかにして届けるのか、より繊細で個別的な配慮が必要になる。非日常としての支援活動ではなく、半ば日常が戻ってくるなかで、さまざまな社会的格差が噴出するさなかに、誰に照準し、その人の思いにどれだけ寄り添おうとするかが問われる。この点を考えてきたからこそ、仮設支援連絡会は活動を続けてきたのだし、続けることができたのでもある。

事業化もそのなかでの取り組みである。仕事を失い、もとの生活に戻れず、毎日のリズムをつかめずにいた仮設住民のなかには、アルコールに依存していったり、ストレスと不安から身体を壊していったりした人たちもいた。その人たちに「仕事」をつくりたい。それが、まけないぞう事業や竹炭づくり事業（兵庫県の竹を集めて炭をつくった）といった事業につながった。特に、まけないぞう事業は、その後の被災地でも継続的に用いられている手法であり、全国からタオルを集め、そのタオルを使って被災者が集まってぞうをつくり、それを全国に販売する事業である。ひとつには、仕事づくりであり、被災者が集う場をつくるものでもあるが、もうひとつには、全国と被災者をつなげる事業でもある。タオルがあつまれば、針と糸さえあればどこでもできるので、東日本大震災でも活用されている。

第二に、ひとつの団体ですべてを担うという姿勢ではなく、さまざまな団体とネットワークをつくりながら、被災者への支援活動にかかわろうという姿勢である。被災地NGO協働センターは、他の団体との連絡会から生まれており、ネットワークを作っていくことの重要性に敏感である。東日本大震災でもさまざまな側面から支援活動を展開しており、大きな役割を果たしていると私は思うが、それを数値で捉えようとするとなかなか難しい。

たとえば、被災地NGO協働センターが大切にしてきた手法のひとつに、足湯ボランティアという、被災地等において足湯を提供することで、ボランティアと被災者の出会う機会をつくる手法がある。これは東日本大震災の際にも、ROADプロジェクトの一環として広く行われた。このROADプロジェクトの事務局を担っていたのは、震災がつなぐ全国ネットワークであり、これは神戸の震災の後に、多くの災害支援団体が作り上げたネットワークである。その他にも、村井さんは、遠野まごころネットなど、いくつかのネットワーク立ち上げにも深くかかわっていた。

だが、これらのプロジェクトやネットワークに、大々的に被災地ＮＧＯ恊働センターの名前が載っているわけではない。内実を見れば、被災地ＮＧＯ恊働センターのスタッフもメンバーとしてかかわっており、重要な役割を果たしているのがわかるのだが。このように、自分たちだけで何かを展開しようというより、そのつど手を取り合うことのできる多種多様な団体や機関とつながり、必要な活動を拡げていこうとするのが、このセンターの基本的な姿勢のひとつである。

足湯の様子

第三に、それと密接にかかわっていることなのだが、被災地ＮＧＯ恊働センターは、ボランティアを妙に選別しようとせず、とにかく多様な人たちの集まりであることを大切にする。村井さんがよく使っている言葉が、「バラバラで、なお一緒！」なのだが、これは、ボランティアにさまざまな人がいることがいかに大切かを訴える言葉である。もちろん、最低限のモラルは必要だろう。だが、それさえあれば、たとえば「意識が高い」人たちの集まりであったり、「立派な」人たちの集まりであったりする必要はない。むしろ、ボランティアにもいろんな人がいたほうがいい。なぜなら、被災者にも、いろんな人がいるのだから。

村井さんがよく話してくれたのは、阪神・淡路大震災のときに集まってきたボランティアたちの姿である。阪神・淡路大震災の時点ではのちの災害ボランティアセンターなどのしくみはなかったので、ボランティアたちは街中をぶらぶらと歩いて、何か自分たちにできることはないかと探すしかなかった。神戸の開放的な土壌もあって、住民とボランティアは何かと話し込み、そこから思わぬニーズが見つかることもあった。

そして全国から集まってきた若いボランティアたちの中には、いろんな人がいた。たとえば、ほとんどのミーティングに遅刻してしまう男性。東京からわざわざやってきたのに、五日間近い滞在でほとんど何もしなかった女性。一見すると、だらしがなくてダメなボランティアである。だが、その男性がミーティングに遅刻するのは、たまたま知り合った被災したお年寄りのところに通って、何かと必要なことをやっていたからだった。その女性は、村井さんが「何をしたらいいのかわからなかったのならごめんね」と声をかけたところ、「こんなに誰からも命令されなかったのは初めて」と笑い、その後もずっと神戸にボランティアとして通い続けた。誰からも嫌われていた仮設住民が、競馬好きのボランティアとかかわることから、実は競馬好きだったことがわかり、そこからその人と周囲との関係が育まれていったこともある。

だが、この四半世紀の間に、日本社会の中では、ボランティアという人たちを一元的に管理し、同質の人間にしようとする動きが多くみられた。たとえば、阪神・淡路大震災のあと、なぜか流布したのが、「被災地は大量のボランティアが押し寄せたために混乱した」という言説である。東日本大震災においても同様の言説がもう一

寺子屋の様子

度激しい勢いで流布した。確かに原発の問題など、ボランティアが行く上で考慮しなくてはならない現実的な問題はあったろうが、そうではなく、「行くことが被災地の迷惑になる」という言い方が広く見られた。

村井さんは、被災地は本当に混乱したのか、と問い続けてきた。混乱したのは、ボランティアをコーディネイトしようとした社協などの側ではないか。むしろ、なぜそんなにもボランティアを管理・統制しなくてはならないのか。そう問うのである。

もうひとつ、ボランティアを管理する方向性を感じさせた端的な例としては、災害ボランティアセンターというしくみが挙げられる。阪神・淡路大震災でのボランティアの活躍を踏まえて、その後は災害ボランティアセンターを立ち上げるしくみが出来上がった。被災者とボランティアをつなぐ役割を果たすものとして、よく被災地の社会福祉協議会のなかに立ちあげられる。だが、このようなセンターに一元化してしまうと、被災者の声はなかなかボランティアには届かなくなる。わざわざセンターに連絡を入れて、わかりやすい形での依頼ができるのは、その人の困りごとのごく一部にすぎないからである。実際の困りごとというのは、もっと頼みにくかったり、自分でもどうしていいかわからなかったり、こんなこと言っても無駄だろうと思って黙ってしまっていたりするものである。依頼という形になる以前の段階にかかわらなければ、なかなかボランティアは力を発揮できない。そして、ボランティアが大量に押し寄せてきたとき、センターだけがコーディネイトを担っていれば、特に被災地の社会福祉協議会が担っている場合などは、あっというまにキャパオーバーになってしまう。

そのため、実際に新潟中越地震などでも、本来は必要なはずのボランティアを、コーディネイトできないからという理由で断るケースが出ている。東日本大震災でも、どうしてもがれき処理がボランティアに依頼されることの中心になりがちだった。がれき処理が重要ではないということではない、ただ、それ以外のことが見えにくくなりがちだったことは否定できないだろう。それは本末転倒ではないかというのである。

ここには独特の組織や集団、ネットワークの捉え方がある。先に挙げた三つの特色は、どれも相互に結び付いている。「最後の一人まで」「たった一人のために」と考えるからこそ、他の集団や組織とのネットワークが必要になるし、そこで一体化して大きな組織づくりへと転換してしまわないのは、まさに「最後の一人まで」「たった一人のために」を目指すなら、「バラバラで、なお一緒！」であることが大切だからである。いろいろな考え方や背景を持つ人がいたほうが、さまざまな考え方や背景を持つ被災者に寄り添うことが可能になる。ボランティアが一律のご立派な人たちであってしまっては、結局は被災者一人ひとりに支援が届かなくなる。一時期村井さんが使っていた言葉を用いるなら、ボランティアは「不良」でいいのだ。「意識が高い」「立派な」人たちだけではできないこともある。

足湯の様子

こうした被災地NGO恊働センターの姿勢は、阪神・淡路大震災以降ずっと貫かれており、一方では提言・ネットワーク事業や寺子屋事業などの活動を継続すると同時に、他方では連携しているCODE海外災害援助市民センターや震災がつなぐ全国ネットワークとともに、国内外で災害が起きるたびに、支援活動を展開してきた。海外では台湾・イラン・トルコ・四川・ハイチなど四〇ヶ所以上で、国内でも水害や地震など災害が起きるたびに、現地にスタッフが赴き、そこに住む人たちに寄り添って、その人たち自身が自らの生活を再建していくのを手伝う。東日本大震災でも、初期段階から支援活動を展開しており、おそらくこれからも地道に丁寧に被災地とかかわっていくことだろう。

被災地NGO恊働センターが主となって行っている活動には、常に物語がある。まけないぞう事業は、単にタオルを集めて被災者が「ぞう」を作るというだけではなく、タオルを託した人たち、まけないぞうを買った人たちからのメッセージが送られてくる。東日本大震災が起きた直後に展開された野菜サポーター事業は、宮崎県の新燃岳噴火災害によって被害を受けた農家の野菜を買い付け、東北の被災地で炊き出しに使ってもらうというもので、被災地と被災地をつなげるものである。モノや労働力にも大きな意味があるが、それだけではなく、それを介した人と人とのつながりに重きを置いているのである。

私は一九九七年に初めて村井さんのお話を伺い、その後もほぼ毎年のように神戸に伺ってきていた。何度もなんとすごい人たちだろうと思い、思想として学ぶものがたくさんあると思ってきた。

だが、二〇一一年に東日本大震災が起きたとき、私はそのすごさの一端しかわかっていなかったのだと思った。自分でも何かしたい、できないかと思い、うろうろとして、よくわかったのが、被災者に寄り添うということの難しさ、いろいろな人とつながっていくことの難しさだった。寄り添いたいと思っては、自分の身勝手さを痛感する。つながろうとしては失敗する。その連続だった。

まけないぞう作り

つい最近に村井さんから、被災者に働く場をつくることが大切だ、そのための基金が必要だという話を伺った。主張しても誰も聞いてくれないが、言い続けることが大切だという。言い続けていたら、その話を聞いて共感した〝銀座のママ〟(女医)が、応援団になってくれた。言い続ければ、こうやってつながるんだよという。

型にはまらないこうした話に呆然とすると同時に、つながっていくとは、被災者が必要とするものに応えようとするとは、こういうことなのだと思った。

だったら、メゲてる場合じゃないなと思った。できることに限りがあるのは当たり前のことだが、その中で探すのは続けたっていいはずだ。そうやって周囲に活力を与えるのも、被災地NGO協働センターが成し遂げてきたことのひとつなのかもしれない。

（『支援 vol.2』〔2012〕所収に加筆修正）

〈後日談〉

被災地NGO協働センターの代表は、二〇一五年に、村井雅清さんから頼政良太さんへと代替わりしている。頼政さんは、二〇〇七年に神戸大学に入学すると同時に災害ボランティアにかかわってきた人で、東日本大震災のときにスタッフとなり、ROAD事務局を担ったひとりである。その他には、阪神・淡路大震災のときから活動している増島智子さん（まけないぞう事業の多くは増島さんが担っている）、総務部を担う細川裕子さんがいる。

二〇一六年の熊本地震では、西原村を中心に支援活動を展開したが、その際に災害ボランティアセンターを委託されている。そこで被災地NGO協働センターが選んだのは、避難所のなかに災害ボランティアセンターの出張所を作り、スタッフが常駐することだった。災害ボランティアセンターというしくみそのものは踏襲しつつ、それをもともと阪神・淡路大震災でボランティアたちがやっていたような行動様式に似合うように、作り替えたのだともいえる。しくみを単に批判するのではなく、内側から作り替えていく試みに、この人たちのしたたかさを感じたものだった。

その後も、各地で豪雨や水害の被害が生じると、限られたスタッフのなかでのことではあるが、被災地に個別に入り、支援活動を展開してきている。二〇二〇年にコロナ禍のなかで起きた九州水害に際しては、被災者たち自身がお互いにボランティアとして助け合っている姿に感銘を受けた村井さんは、改めて阪神・淡路大震災のときの原点に立ち戻らされる思いだったという。コロナ禍でもできることはある。ボランティアについての妙な固定観念にとらわれることから自由になれば。

最後に、少し個人的なことも書いておきたい。私は、災害のニュースを見ると、いつもどうしていいかわからなくなる。そういう私からすると、被災地ＮＧＯ協働センターはいつも希望を与えてくれる存在である。

おそらく、私と同じように、うろうろして途方に暮れている人は、全国にいるのだと思う。被災地ＮＧＯ協働センターの活動がすごいのは、いつもその向こうにいる私のような人たちを意識していて、その人たちの思いと被災地をつなごうとしてくれることである。この人たちから希望をもらっているのは、被災者だけではないのだ。

被災地ＮＧＯ協働センター
〒652-0801
兵庫県神戸市兵庫区中道通
2-1-10
TEL：078-574-0701
FAX：078-574-0702
E-mail：info @ ngo-kyodo.org
http://ngo-kyodo.org/

サービスとしてではなく

法政大学多摩キャンパス・旧ボランティアセンター／館ヶ丘団地ふらっと相談室・ふらっとカフェ

「学生中心」のボランティアセンター

法政大学多摩キャンパスに初めてできたボランティアセンターは、コーディネイターの石野由香里さんのもと、学生の主体性を大切にした、学生中心のセンターを作ろうとしてきた。

「学生中心」という姿勢は、いかにも聞こえがいいが、実際はどうなのか。そう思う人もいるだろう。実際、私も最初の頃はそう思っていた。ボランティアセンターができたのは二〇〇八年四月だったが、翌年四月、サバティカルから帰ってきたばかりだった私も挨拶に伺った。そのときは、正直にいうと、「学生中心」と聴いた時点で、私がここにある程度以上かかわることはないな、と思った。

何しろサバティカルの間に、たこの木クラブや自立ステーションつばさ、その他のさまざまな障害者団体・支援団体とかかわり、その歴史の重みや実践の面白さにどっぷり浸かっていた直後である。学生を主体にしている限り、私がサバティカルで出会ったような世界には、とうてい出会えないだろうと思った。

しかし、それから数年が経って、二〇一三年の夏、ひょんなことから石野さんとゆっくり話す機会を得た。そうすると、やけに話が合うのである。

石野さんは、約五年半をかけて、本当にじっくりと、「学生主体」を単なるうたい文句ではなく、真に内実のあるものにしようとしてきた。これは口でいうのは簡単なのだが、実際にやるのはそうそう容易なことではない。

まず、法政大学にはボランティアサークルが複数あり、ボランティア精神に富んだ、流行りの表現を使うなら「意識の高い」、活動的な学生は、そちらを選ぶことが多い。それらのサークルの多くは、上部組織があったりして、そこでやるべき「仕事」が用意されている。まさにコーディネイトがなされている段階から参加することができるのである。だからバリバリと社会貢献ができる。私のゼミにも複数のステキな学生が、これらのサークルで活躍している。

そうしたこともあってか、多摩キャンパスのボランティアセンターにやってくるのは、もう少し不活発に見えるような学生である。「意識が高い」というより、もう少し手前で考えこんでしまうような学生たち、「誰かやってくれないか」と言われてすぐに手を挙げられないような学生たち。そうした学生は、ボランティアに行く前に、「これは偽善なのだろうか」などと考えてしまう。

そんな暇があったらとっとと外に出ていけばいいのだが、そう言えるのはすでに広い世界に出会って感動したことのある人間だけである。まだ出ていく前、あるいは出たばかりの人間には、世界の広さに途方に暮れてしまい、たじろいでしまうのは、実は自然なことでもある。

石野さんは、そうした学生たちを無理に急かすようなことはしなかった。そうではなく、学生たちが三々五々たむろできる場をつくろうとしてきた。いまのボランティアセンターはエッグドームの事務室のような部屋にあるのだが、二〇一三年春学期までは、総合棟という多摩キャンパスの中心にある建物で、渡り廊下から覗ける二階の、かなり広いガラス張りの部屋にあった。事務室は奥にあり、隔てるのは机だけである。だから学生たちは、広いスペースの方で、友人同士で話したり、ときにはひとりでいたり、それぞれに過ごす。

その中でちょっとした相談ごとがあるときに、机の向

学生の会議

こうにいる石野さんや他の職員を呼ぶ。学生の発想は、それはそれでいいのだけれども、実際に実現していく上で、考えておかなくてはならない要素が考えられていないことは多い。たとえば他の学生に声をかけるにしても（私も何度か授業時間を割くことに協力したが）、何をどう説明すれば魅力を感じてもらえるか、そのポイントが見えていないこともある。あるいは受け入れ先との連絡調整についても、何をどうすれば失礼にあたらないのかなどは、実際にコーディネートにかかわっている石野さんたちでなければわからないところもある。

基本的にはこちらから指示を出すことはせず、いくつかの仕掛けをする、このちょっとした質問・相談をこまめに繰り返すことで、石野さんは時間をかけて徐々に学生たちの主体性なるものを引き出していった。

二〇一三年の夏にお会いしたとき、その過程での石野さんの工夫や、学生たちとのやり取りの話を聴いて、私にはやけに染み入るようだった。二〇〇九年四月にはよくわからなかったのだが、いまになってみると、よくわかるのである。

学生と外の世界を出会わせるということ

おそらくそれは、私自身がサバティカル後の数年間で重ねた経験ゆえだったのだと思う。私も、その数年間、ささやかなものでしかなかったが、学生たちと障害者団体や東日本大震災での被災地支援を担う団体とをつなげようと努力してきた。

二年間にわたって、冬学期の授業一コマは、半分近くを障害当事者の講演会にあてたりもした。多少の前知識は与えるにしても、いままで障害当事者とかかわる機会のなかった学生たちにとっては、かなりキツイ経験だったろうと思う。何を言っているのかがよくわからないし、自分が否定されているような気持ちにもなっただろう。でもそこで諦めてもらってはこちらもやる意味がない。ある種の恐怖感（それは障害当事者のことが恐いというより、自分自身の狭さを知ることの恐怖だと思うけれども）にたじろぐ学生たちに、ただ押しつけても伝わるわけがない。その恐怖感をひとつひとつ解きほぐしながら、それでも次へとつながる道筋をつける。それがいかに難しいか。

また、東日本大震災が起きたことも大きかった。私も何かしなくてはとひりひりする思いに駆られ、機会があったら学生に声をかけたりもしたが、その中で何度も絶望的な思いを抱いた。でも他方で、時間をかけて待っていれば、学生の方からアイデアが出てくることもあった。そのときの驚きは、絶望が強かっただけに、よく覚えている。学生にはそれぞれの思いと時機があるのであり、私がそれをわかっていなかっただけなのだ。

そんな経験を重ねていたから、石野さんの言いたいことがやけによくわかるような気がしたのだろうと思う。

学生は、労働力ではない。確かに大学生はボランティア要員として期待される部分があり、実際にそれなりの機能を果たしている。だけれども、大学教員あるいは職員として学生に接する私たちは、学生を労働力とみなすことはできない。一人ひとりは、迷いや葛藤を抱えた、まだ若い人たちである。その人なりのスピードやタイミング、思いがある。それを無視して話を進めることは困難だし、おそらくすべきでもない。

かといって、学生が大学の外に飛び出すのを止めようとは思わないし、できることならそのための道筋ももう少しつけたいとは思う。だって、いまの若い人たちの世界の狭さと、その中でのサバイバルの過酷さは、ときどき想像を絶するものがある。一歩外に出れば全然違う世界があるんだよと、どうしても扉まで引きずって連れていきたくもなる。

けれども、引きずってはダメなのだ。引きずるかのようにして学生を連れだしたこともあるのだけれど、そのときは全くダメだった。学生の側に開かれるだけの土壌がなければ、どんなにステキな世界に触れても、得るものは少ない。

引きずるのではなく、でも誘い続ける。それも、学生が自分を開きながら行けるように。

そのためには、教員や職員と学生の個人的なつながりだけでもダメで、学生同士がお互いに刺激し合うことが大きな原動力になることが多い。もっと平たくいうなら、学生の競争心や対抗心みたいなものは、学生が外に飛び出すいいきっかけになる。ただ、逆にいえば、実にしばしば、学生は他の学生の目線を気にして外に出ない／自分を外に開かない。だから、学生が仲が良ければいいというものでもない。学生同士の関係のなかに、ときどき、ある種の風通しの良さというか、スパイスのようなものが入る必要がある。

そして、こまめに相談できる機会がなければ、なかなか物事は進まない。見ていると、石野さんは挨拶がてら少し多めに話をすることが多いようで、本当に細かいことから（「相談」以前の何かから）話を聴き、具体的なやり方を考えている。そのやり取りを見ていると、「相談」は「相談」以前の何かがなければ成立しないのだと思えてくる。いつものやり取り、挨拶のプラスアルファ、そんなところから「相談」は始まる。最初から「相談」然として待っていても、誰もよほどのことがない限り「相談」には来ない。以前のボランティアセンターの机や椅子の配置には「相談」以前を可能にする機能があり、石野さんはそれをフルに活用していたのだろうと思う。

エッグドームでのイベント

石野さんがボランティアセンターで果たしていた役割は、ひとつには外に開くチャンネルでもあったわけだけれども、同時に学生同士の関係に入る何かでもあったのだろうと思う。この二つの役割を同時に満たすもの（あるいは人）がなければ、学生が自分として外に出かけられる素地をつくるのは難しい。

だが、素地さえできれば、次の展開が生まれる。

ふらっと相談室とのコラボレーション

多摩キャンパスのボランティアセンターがつながっているところは複数あるのだけれども、そのひとつに多摩キャンパスから歩いて行ける距離にある、館ヶ丘団地が挙げられる。

館ヶ丘団地は、高尾山の麓にある団地である。高尾駅からバスで一〇分程度。二八四七戸の大規模団地で、東京ドームが六つ入る大きさだそうだ。先日私もバスで伺ったのだが、「館ヶ丘団地」行きのバスなので、終点で降りればいいかと思っていたら、団地内に複数のバス停があり、終点よりいくつも手前の「館中学前」で降りると、そこに館ヶ丘団地の商店街がある。

その入り口に、八王子市シルバーふらっと相談室館ヶ丘（ふらっとカフェと併設）がある。館ヶ丘団地は、入居が始まったのが一九七五年、そして現在（二〇一三年当時）では、四四・二二％が六五歳以上の高齢者であり、単身高齢者の割合は二七・八％と、八王子市内でもトップである。東京都のシルバー交番設置事業を八王子保健生協が受託し、シルバーふらっと相談室とふらっとカフェを設置した。

商店街入り口にあるふらっと相談室に入ってみると、ガラス張りで外から中が見える設計で、入口近くに相談室の職員たちの机が並んだ事務室があり、声をかけやすい配置になっている。カフェはその左奥にあり、カウンターやテーブルが並んでいる。事務室の奥には小部屋があり、普段はドアが開いている。私が伺った午前一一時頃は、大雨だったにもかかわらず、一〇人以上の人がいただろうか。非常に賑やかだった。午後には少し減って、静かにお茶を楽しむ人たちが中心となっていた。

ふらっと相談室が始まったのは二〇一一年、まだ始まって二年ちょっとなのだが、それでもこれだけの場づくりにつながっているのは、自治会の柿崎さんが自分たちの問題として捉え、ともに考えていることも大きい。それはスタッフの今泉靖徳さんたちとも共有されている認識で、ふらっと相談室そのものが館ヶ丘団地を支えるのではなく（この広大な団地を前にすると、そんなことがいかに不可能かがよくわかる）、お年寄りがお互いに支え合う関係を生みだすために、ふらっと相談室に何ができるか、という問いが立てられている。

実際に学生が担っているのは、通常であれば、ひとつには、自転車タクシーの運転手である。自転車タクシーは、足腰の弱っている高齢者が広い団地内を歩くのが大変なことから、自治会が運営を始めた。団地内は自動車の通行が禁止されているために、自転車の前に座るところを設けて、そこに人を乗せ、運転手が自転車をこぐことで移動する。ふらっと相談室の前にいつも止まっていて、呼ばれれば団地の家に迎えにも行く。

私も乗せてもらったのだけど、これがすごく楽しい。乗るのも楽しかったが（すみません、私は遊園地などの乗り物とかかなり好きなんです）、乗せるのもかなり楽しい。乗っているとついついお喋りしたくなってしまう。「最近どうですか？」。たぶんそんなところから会話が始まって、次の展開につながるのだろうと思う。

もうひとつには、ふらっとカフェの店員である。カフェのキッチンスペースは部屋の奥にあり、店員のひとりは地域住民のボランティアや非常勤の職員（地域包括支援センターと兼務）である。基本的にはカフェの注文を受けて、コーヒー等を入れるわけだが、もちろん来るお客さんとの会話の場にもなっている。

変ないい方だが、学生への期待は、非常にはっきりしている。根幹にかかわるような、労力としての期待は、本当に少ない。来てくれないと困るというときはイベント時などに確かにあるのだけれども、単なる労働力としての期待はあまりなされていない。そうではなく、いわばプラスアルファとしての力を求めているようなところがある。

それを言葉にすると、高齢者の多い団地に大学生という若い世代が入ることによる効果ということになるのだろう。もっと若い子どもたちにとっても、お兄ちゃんお姉ちゃん世代とかかわるいい機会にもなる。ただ、こうやって言葉にしてしまうと、なんだか一面的になってしまう。これは、なんというか、後付けだ。

おそらく、誰が来てもいいような場にしたいのだと思う。いくら多様な人たちを入れようとしても、喫茶店に来る客はある程度固定してしまうのが常である。放っておけば、住民のなかのある人たちは来られないという状況が簡単に生まれてしまうだろう。そこで風通しをよくし続けるためには、本当にいろんな人たちが来られるような場づくりをすることが必要になる。学生はそのためのひとつのパーツになりうる。何も大学生という肩書きが重要なのではない。外から来る風であることが大事なのだと思う。

今泉さんは、石野さんに対して、「このような学生を

自転車タクシー

送り込んでほしい」といった条件づけはいっさいしないという。実際、私も自分の知り合いの学生で悩みを抱える人の話が出たら、職員たちから「ぜひその人もここに誘って」と言われてしまった。本当にどんな学生でもいいと思っているようである。

スタッフのひとりの息子さんは知的障害を持つそうだが、彼も出入りしていて、親であるスタッフは、ここならこの子も暮らしていけるという実感を得たという。そうだろうなあ、と思う。そういう風通しの良さがここにはある。風通しの良さは、自然に備わるものであると同時に、作りだすものでもある。学生ボランティアを入れるということは、風通しの良さを実際に作りだすための仕掛けのひとつなのだろう。

思ってもみなかった展開へ

こうしたふらっと相談室とのつながりから、石野さんによれば、思ってもみなかった展開が生まれたという。ふらっと相談室は、二〇一一年夏に熱中症対策事業を行なった。アンケート形式によって住民への聴き取り調査をすると同時に、団地各所での給水所を運営した。参加したボランティアは計七四名、なかには法政大学多摩キャンパス・ボランティアセンターから紹介された学生ボランティアも含まれていた。

暑いなか、学生たちは汗をかきながら頑張っている。その姿を、住民たちは見ていたようだ。学生たちはその姿をアピールするつもりはなく、単にいわれたからやっていた、という程度だったかもしれない。それでも、人は見ている。

一年後、同じ補助金が取れるわけではないという状況のなかで、相談室の今泉さんは、自治会に対して、どうしようかと相談したそうである。そうしたら、自治会のなかから、だったら自分たちでやろうという声があがった。そして、あんなに頑張る学生たちに、お昼ごはんを出してやろうということになった。そのため、二〇一二年度の熱中症予防事業は、「館ヶ丘団地おむすび計画」として大幅にリニューアルされることになる。

お米は住民からの寄付だった。元主婦だった人たちは、さらに必要なものに気づくようで、梅干しや海苔も大量に集まったそうである。毎日おむすびでも可哀そうだということで、カレーの日や、いなり寿司の日も設けられた。

そんな「おむすび計画」に参加した学生スタッフの一人が、受験を間近に控えた中学三年生のために学習支援活動「ふら塾」を始めたそうである。当初は子どもたちの塾であり、住民たちは遠巻きにしていたようなのだが、固定した時間に開かれることで、徐々にお年寄りが顔を覗かせるようになる。いつのまにか、住民たちが集まる場のひとつになっていったらしい。これもまた、学生スタッフはそこまで考えていたわけではないのだろうと思う。だが実際に塾で教えている姿が、見られている。そして見ていた人たちが、単に遠巻きに眺めるだけでなく、徐々に見守る立場へと変わっていく。

すごくデキる立派な学生たちだったら、こうなっただろうか、と思う。もちろん時間や約束を全く守らないようないい加減さであれば嫌がられただろう。けれども、ちょっと頼りないところもあるような（失礼）、おずおずと、でも声をかけられると嬉しそうに笑う、あの学生たちだから、できたことなんじゃないのかと思うのだ。

サービスではなく地域

そして、どうして私はこうしたことにこんなに心惹かれてしまうのだろう。

多摩キャンパスのボランティアセンターは、このままの形で維持されはしないことがすでに決定している。石野さんも二〇一三年度の終わりとともに退職する予定である。

でも私はこうしたことがあったという事実に、やけに心惹かれてしまう。結果としては目に見えにくい。たとえば被災地に何カ月以内で何人を送り込みました、というような数字には出てこない。あれをしました、これをしました、という結果も見えない。だから、評価されにくいだろうとは思う。石野さんも通常の評価基準を当てはめられることに苦痛を感じることはあっただろうと思う。

だけど、地域づくりや場づくりについての、何より重要な示唆がここには含まれているのではないだろうか。病院や施設でのケアや支援とは発想が根底から異なるのだ。きちんとサービスを提供し、きちんと結果を出す。必要な人員は必ず確保し、質の高い人材を提供する。そういうサービスとしての支援やケアのモデルは、地域ではどうにもおさまりが悪い。いつでもダメだというわけではないのだけれども、なんだか似合わない感じがしてならないのだ。

サービスのモデルは、提供者を選ぶ。たとえば「意識の高い」学生こそが好まれるのかもしれない。だけど、地域の中でやろうとしたら、提供者を選ぶことは、たぶん地域の潜勢力のようなものを削いでしまう。

なぜなら、地域のなかでは、サービスが行なわれるのではないからだ。提供者と受け手は明確に制度的に区別されているわけではない。だからこその地域づくりでもある。たとえば広大な館ヶ丘団地を、ふらっと相談室の数人のスタッフだけで支えられるはずがない。それよりもお互いが支えあう関係が育めたらいい。というより、お互いが支えあうような関係があってこそ、人は他人の支援やケアを受け入れられるようになるのかもしれない。少なくともふらっと相談室は意識的にそのことを求めているし、それが地域のなかで支援活動をするということなのだと思う。

ボランティアセンターという、大学の内部でも同じことが起きているのだと思う。大学もまた、ひとつの地域である。ボランティアセンターがサービスを行なう場所であっても構わないのだが、石野さんはそうではない場——おそらく学生が自分自身になっていく場——をつくろうとしたのだと思う。単なるサービスの受け手（＝外部に対してはボランティアという提供者）になるのではなく、そのどちらでもありうるような曖昧な存在に学生を置き続けた。だから学生は地域に出たときにも、そのどちらでもない存在になりえたのだろうと思う。

地域ってそんなものだよな。大学だってそんなものだし、学生だって大学という地域の住民の一人なのだ。そういう目線でつながっていけたらいい。私はこの二つの場から、その希望を見出したような気がした。

（『支援 vol.4』〔2014〕所収に加筆修正）

〈追記〉

現在もボランティアセンターそのものは残っているが、運営方法は大きく変わったようである。石野さんが担当していた頃の総合棟の場所には、二〇一三年四月一日にできた多摩地域交流センターが入っている。地域と学生がかかわるもうひとつの窓口となって、いくつかの地域との継続的な関係を維持している。

〈後日談〉

石野さんはその後も別の大学で学生とかかわり続け、現在（二〇二一年）は明星大学で特任准教授として勤めている。二〇二一年六月に、早稲田大学出版部から、博論をもとにした『他者の発見——演劇教育から人類学、ボランティアと地域活性論への架け橋』という単著を出版された。

今泉さんは、数年前にふらっと相談室室長の任は後任に譲り、現在は八王子保健生活協同組合の事務局で組織担当という肩書のもと、八王子市第１層生活支援コーディネーターという八王子市から業務委託されている仕事を担っている。こちらもやはり地域にかかわる仕事だそうである。久しぶりに連絡を取ったところ、「地域とかかわる仕事は沼ですねえ」とのことだった。そうおっしゃっている笑顔が目に浮かぶようである。

八王子シルバーふらっと相談室
館ヶ丘（ふらっとカフェ）

〒193-0944
八王子市館町 1097
2 街区 5-101
TEL：042-665-3800
FAX：042-665-3801
E-mail：tate-soudanshitsu@hachisei.or.jp
http://www.hachisei.or.jp/tate-soudanshitsu.html

関係のただなかで

シャロームいしのまき

「障がいでまちおこし」

シャロームいしのまきは、浦河べてるの家の活動に学びつつ、精神障害の当事者とその家族および支援者たちが、石巻地域に根差して精神保健活動を展開している団体である。最初は二〇一〇年五月にわずか二つの家族が集まってミーティングを開くところから始まった。まだ歴史は長くはない。

最初にここの存在を知ったときに聞いたフレーズは、「障がいでまちおこし」だった。背景には、二〇一一年三月一一日に起きた東日本大震災がある。

石巻市は、この震災によって甚大な被害を受けた。シャロームいしのまきのメンバーや家族も、その多くが被災している。石巻市は、海産物加工業が盛んなところだったのだが、これらの工場の多くが被災し、製造を停止せざるを得なかった。

営業再開までの道のりは険しかったようである。水産加工団地のかさ上げが終わるまで工事が開始できないのに補助金は機器類から始まるなど、補助金の制度は実情に合わず、しかも「後払い」なので、最初は全額自腹を切らなくてはならない。それだけの資金をどこから準備するのか。そうこうしているうちに、時間が経ってしまった。

数年が経ち、現在は約七割の工場がなんとか営業を再開している（あと三割は再開しないまま）。ただ、今度は販路が失われていた。時間がかかっているうちに、大手スーパーは仕入れ先を別に確保してしまっていたのである。これから石巻の中心産業だった海産物加工業がどうなるのか。いま石巻地域は岐路に立っているという。

そこで試みられているのが、作るだけでなく、販路まで自らで切り拓く、六次産業化である。一次産業×二次産業×三次産業までを一手で行うことをもって六次産業化というが、原料を取り、加工し、販売までする形を、新たに作り出そうとしている。それも、石巻地域内では海産物加工品は売れないので（住民はみんな自分たちで採ったり作ったりしている人たちだから）、全国を視野に入れた展開が必要になってきている。

こうしたなか、シャロームいしのまきは、海産物加工業に加わり、下請けとしての作業を引き受けるとともに、販路拡大のための努力を自ら始めた。スタッフの多くは精神障害の当事者と家族である。普通に考えれば「助けてもらう側」である。だが、シャロームいしのまきは、自分たちこそが震災からの復興の一翼を担うのだという。浦河べてるの家も、浦河という地域のまちおこしの一翼を担った。この地域でもそれは可能なはずだという。

それが、「障がいでまちおこし」という掛け声となった。この考えが生まれたのは二〇一二年頃のようだが、それから徐々に、石巻の魚市場の行事である「大漁まつり」に参加、教会を通じての販売活動など、機会を重ねていく。二〇一七年八月一一日には「障がいで町興しシンポジウム」が開かれ、多くの人たちが集まった。

ネット販売も開始している。この文章の最後に、シャロームいしのまきのホームページのアドレスを掲載しているが、そこにアクセスしてもらえば、商品案内（すべて石巻地域）のページが出てくる。主に、海苔やわかめなどの海藻類、サバやサンマなどの缶詰、精神障害当事者と家族が作っているクッキーなどである。他にも明太

袋詰めの作業

子やクジラベーコン、三陸丼の具などもある（二〇二一年現在、セット販売ならネットでの注文も可能である）。

こうして実際に販売を始めてから、徐々に他の企業からも参加したいという申し出が集まっているようで、今後も商品は増えていくだろう。現に、震災復興に、精神障害の当事者や家族が、ひと役買っているのである。

親もまた、生き直す

では、シャロームいしのまきは、どうしてこのように震災復興にひと役買うようになったのだろうか。

代表である大林健太郎さんは、精神障害の息子さんをもつ親の一人である。大林さんがべてるの家を知ったのは、一五〜六年前のことである。息子さんのことで悩んでいたら、日本キリスト教団の教会でべてるの家の存在を知らされたという。ちょうど仙台で向谷地生良さんがセミナーをやっていると聞いて訪ね、終わってから向谷地さんのところに質問に行ったのだという。向谷地さんは、息子のことについて相談する大林さんに、その思いを受け止めた上で、「息子さんはそれだけつらいししんどいんだよ」と語ったという。気づけば何時間も経っていたそうだ。大林さんはそれ以来、向谷地さんを心から信頼しているという。

ここに示されているのは、向谷地さんのすごさだけではないのだと私は思う。この話を聴いて、まず思ったのは、それまでの大林さんがどれだけ孤独なかで苦しんでいたかということだった。あとから考えれば、周囲に人がいなかったわけではないのだと思うが、そのことに思いを至らせる余力もないほど、追い込まれていたのだと思う。

それから何年もかけて大林さんはべてるの家に学び、また息子さんとの向き合い方も考え直した。仕事をしながら酒も飲み、釣りもする生活だったのを改め、息子さんと過ごす時間を増やした。あそこに行きたいと言われれば連れていき、こちらに行きたいと言われれば連れていく（なお、その場にいた息子さんによると、「最近はそうでもない」とのことだった）。社会で一般的にルールとされることなど、大事ではないと思うようになり、風呂に入りたくなければ入らなくてもいい、食事中のマナーなど適当でいい、そう考えるようになったそうである。

そして、二〇一〇年の五月から、石巻で「べてるの風」と名乗るミーティングを開くようになる。最初は二家族、それぞれ三人ずつ、計六人だけだった。お互いに「何がしんどいか」を話すだけだったのだが、家族のなかのことでもあり、怒号が飛び交うことも稀ではなかったという。それでも、家族が二つそろうことによって、閉じられた家族関係のなかでの話し合いではなくなることが大事だったそうである。別の家族がすぐそばで同じように苦しみながら話し合う過程を目の当たりにすることで、そして別の家族の目の前で自分たちの間に起きていることを話し合うことで、少しずつ少しずつ、親子の関係が変化していったのだという。二〇一〇年八月には、もっと多くの家族が集まり、公民館でミーティングが行われるようになった。

そして、二〇一一年三月の震災である。当時のメンバー二一人のうち、八割が被災した。家が全壊した人もいれば、半壊した人もいる。避難所に避難した人もいたが、避難所でトラブルになったことから実質的に追い出されてしまい、別の地域へ避難し、そこで入院して快方へ向かい、さらに仮設住宅に移転したが、入院中のカルテが受け継がれなかったために薬を替えられてしまい、もう一度病状が悪化したという人もいる。それぞれが大変ななかで、なんとか生活を建てなおしてきた。

大林さん自身も、震災のときに以前勤めていた司法書士事務所を解雇されている。といっても、もともと知り合いだった公認会計士の会計事務所にすぐに再就職が決まったそうだが、震災とそこからの復興の過程で、顧客だった企業の数々がいかに危機的な状況に置かれているかを目の当たりにした。

そうしたなか、二〇一六年に「地域活動支援センターべてるの風」を立ち上げるときから、「復興の役に立とう」を合言葉にするようになった。石巻の小規模作業所で障害者が担っている作業といえば、缶の分別だったり、泥のついた缶の清掃だったりする。もっとプライドの持てる仕事はないものかと、大林さんは考えたそうである。

いまシャロームいしのまきでメンバーたちが取り組んでいる作業は、主に昆布を結んだりわかめのごみ処理をしたりといった、海産物加工業の「下請け」ではある。だが同時に販路拡大にも寄与することで、まさに地域の震災復興にかかわっている。単なる「下請け」にはとどまらない、意味と意義を持っているのだ。それは確かにやりがいを生むという。メンバーたちの技術も上がり、以前より売り上げが上がってきているそうである。

そして、現在シャロームいしのまきがかかわっている海産物加工業の企業の数々は、大林さんがこれまでの仕事でかかわってきた企業の数々でもある。「下請け」作業を出しているのは、大林さんの配偶者とその親族が経営している企業である。大林さんたち一家のこれまでが、ここに来てすべてつながった。息子さんの人生、それに寄り添おうとして生き直した大林さん夫婦の人生、そして生き直す前の人生、これらがつながったところに、「復興の役に立とう」というテーマはある。「障がいで町興し」は、何もこの一家に限った話ではないのだが、これが具体的で現実的なテーマとなりえたのは、生き直そうとした親と子の人生の交差点でもあったからなのである。

大林さん

親子での参加

さてここでいったん震災復興から離れて、シャロームいしのまきが、精神障害の当事者と家族への支援という点では何をしてきているのかを考えてみたい。

シャロームいしのまきの具体的な活動といえば、とにかくミーティングである。浦河べてるの家でも「三度の飯よりミーティング」という合言葉があるが、「べてるの風」を名乗るだけあり、ミーティングが活動の中心であり、根幹である。

そして、これはおそらく浦河べてるの家に学んだというより、シャロームいしのまきの特色なのだと思うが、家族での参加が多い。ほとんど原則になっているといってもいいくらいである。親と子と双方が統合失調症であるというケースも少なくないのだが、そうでない場合でも親子がともに参加していることが多い。

最初はなぜなのだろうと思い、もしかしたら石巻での精神保健活動があまりに不足していたこともあるのだろうかと思っていた。たとえば精神障害の人の親の会はあるのだが、政治的な動きが多すぎると聞くし、いわゆる障害者運動が盛んという地域でもない。保健師も夕方五時になれば帰ってしまい、土日に対応する支援組織や機関はほとんどないらしい。だから不足しているがゆえに、親と子を別々にケアし支援するしくみを作る余裕がなく、まとめてやらざるを得ないのだろうか。

だが、もう少し大林さんの話を聴いてみると、そういう問題ではないことが見えてきた。もっと積極的な意味づけがなされているのである。

大林さんは、親と子がともにミーティングに参加することは重要だという。他の親子の姿を、親子一緒にみることが大事だというのである。他の親子のことだと、たとえば言葉の行き違いでトラブルが多いのだということなど、自分たちではわからないものも見えてくる。本当に些細なことが問題になるそうで、たとえば「朝にこういったのにやらなかった」「こないだもこういった」など、生活上の小さな行き違いがトラブルになるというプロセスがよく見えるのだそうだ。そのことは、自分たち親子の関係を考え直す上でも大切な手がかりになるという。

これは私の推測なのだけれども、おそらく他の親子の前で自分たちの話をすることそのものも重要なのではないか。家族というのは不思議なもので、なかで生じていることをお互いに話し合おうとしても、すぐに感情的になってしまったり、感情を変に抑え込んでしまったりする。他の親子の前で話すことは、親子の間で凝り固まったものをほどいていく最初のステップとしての意味も持っていたのではないだろうか。

そして、ミーティングがそういう場になるためには、きっと家族と家族の間に、一人ひとりの間に、信頼と承認の関係が築かれていることが大切なのだろう。大林さんの話す例には、具体的な家族が、それぞれの個人名とともに出てくる。個人であり、家族という組み合わせでもある存在として、そのままに捉えられているのがよくわかる。大林さんは呼び出しがあると（起きていれば）

何時でも出ていくらしい。震災の過程も皆でともに助け合って乗り越えている。ミーティングはミーティングの場だけで閉じているものではない。その外側の関係もあってこそ、重要な意味を持つのだろう。

ただ、一般論としては、煮詰まってしまった親子関係は、「引き離す」ところから始めようとする発想が多いと思う。私がそのことをどう思うかと質問したところ、大林さんは、「親子を引き離せってすぐいうけどね、引き離しちゃいけないんだと思うんだよ」という。この発言の背景には、「引き離せ」とアドバイスしてきた人たちが、実際には口であれこれいうだけで、自分は勤務時間の終わる夕方五時には帰ってしまうなど、あまりきちんとかかわってこなかったということもあるようだ。だがそれだけではない、自分自身の経験に根差した思いがあるのだと思う。

おそらく、大林さんが試みているのは、親子という関係をただ切るのではなく、そのままにしたままで、だがそのまま放置するのではなく、第三者がかかわることで、関係のただなかにおいて少しずつ変えていくような、そうした試みなのではないか。

精神障害だけに限られることではないが、社会から排除されがちな状況や状態に陥った家族メンバーがいたとき、多くの家族がさまざまなトラブルを経験する。もっともしんどいのはもちろん当の本人であり、その人こそがいわゆる「当事者」なのだが、家族もまた別の意味で「当事者」にならざるを得ない。少なくともいまの日本社会で、家族が本人から本当の意味で切り離されて別の生活と人生を当たり前のように送ることは、かなり困難である。その前提を考えたとき、「引き離す」べきだという主張は、何をしていることになるか。本当に「引き離した」後、どちらも支援し続けているのならまだしも、多くの場合は、結局、家族にはなかなかまともな支援がなされないし、それでいて家族は大きな決定やいざというとき用に必ず引き止められている。そんなやり方で、本人と家族がともに生き直す機会が与えられているといえるのだろうか。本人も家族も、一緒に暮らしてきたなかで抱えてきた思いを、ただそれぞれに処理することだけを求められ、ともに考える機会が奪われてしまっているのかもしれない。

こう書くと、家族が必ず一緒にいなくてはならない、障害者の親はずっとその子から離れてはいけない、という主張にも見えるかもしれない。大林さんの語り口は、ちょっとそう聞こえるところがないわけではない。「親が本気になって子どもに寄り添わなければ、回復なんてないんですよ」と何度も言うからだ。人は自分の経験からしか語れない。親として生き直した大林さんには、「これは大切なことだよ」というのが一番の実感なのだろう。

私には、大林さんの表現をそのままトレースすることはできないし、すべきではないと思う。多くの親たちを追い詰めているのは社会の側だ。だったら、社会の側が親に生き直せというのはおかしい。まず、追い込むのをやめるべきだと私は思う。そのために、切り離せる環境を目指すことは必要だろう。それに、「引き離す以外にはこれ以上どうにもならない」と思う関係を目の当たりにしたことは、何度かある。だから、私がここで述べているのは、家族が必ず一緒にいなくてはならないということではない（そして大林さんもよく聴けばそうはいっていない）。

そうではなく、親と子がそのまま関係を続けるなかで、

べてるの風の前で

ともに生き直し、関係を編みなおす方法を探すこともまた、ひとつの道なのではないかといいたいのである。大林さんは、親子のそれぞれが、自分でやりたいことや生き方を見つけられることが「自立」だという。ただ切り離して「孤立」させるのではなく、関係のただなかで自分の道を見つけていくような、そんなやり方を模索しているのではないか。

ただなかでの支援

私が出会う学生には、親との関係で悩む人も少なからずいた。これまでそうした学生たちに、「『親にとって、子どもが幸せになることに勝る喜びはないはずだ』と宣言する権利が子どもにはある」「親を切り捨てたいなら切り捨ててもいいんだ」と繰り返しいってきた。学生たちがあまりにも重く家庭内責任を担ってしまっており、あえてそういう言い方をせざるを得ないと思えたときが、何度もあった。親と離れることで自分自身の人生を生き始めることができたように見える人もいる（たとえそれが「病気」が出るという形であったにしても）。

いまも、同じ状況に置かれたら、同じことをいうかもしれないとは思っている。それでも、そうした言葉を口にしながら、いつも心のどこかで引っかかっていた。

なぜなら、他方で、それでも親とかかわり続ける人も確かにいたからである。私からすれば「虐待」に思えることを繰り返してきた親に介護が必要になったとき、二人で暮らすことを決意し実行した人もいる。以前は「親を捨てたい」と言っていたのに、いまは親のサポートをしながら、「むしろ親をカワイイと思う」という人もいる。外からみれば「イバラの道」に見えるのだが、それでもその人にとってはそれこそが自分の進む道だったのかもしれない。親と距離を置けといっても、親と生きてきた時間そのものがなかったことにできるわけではない。そこで、むしろ親と対話したいという願いや思いが生まれてきても、不思議ではない。このときどう思っていたの、なぜこういうことをするの。本当は、聴きたいことがたくさんあるのかもしれない。

もし、聴けるのなら。あるいは、対話を支え実現してくれるようなサポートがあるのなら。私が先に挙げたような言葉をかけていたのは、私がその対話を支えるだけのサポートができないことの裏返しではなかったか。

シャロームいしのまきの話を聴いていて、そんなことを思った。もちろん、シャロームいしのまきでいう「親子」と、私が学生たちから話を聴いているときに出てくる「親子」は、いわば関係が逆になるのだが、「親子」をただ「切り離す」だけでは解決しないと感じる人は、実はそれなりの数、いるのかもしれない。

修復的正義 restorative justice という言葉がある。これは一九七〇年代から徐々に始まった動きで、従来の応報的な刑罰や裁判制度が被害者をしばしば排除してきた状況に対して、被害者と加害者など紛争当事者の対話を重視して紛争解決を考えようとするアプローチを指す（Zehr 1995=2003 他）。そのひとつに、主に加害者と加害者家族の問題や家族内問題について、第三者を交えて対話の機会を持つという、ＦＧＣ（family group conference）がある。これは、単に司法や犯罪に関することだけでなく、従来なされてきたソーシャルワーカーなどによる強制分離的な介入とは異なるアプローチとして、近年児童福祉や教育などでも注目されているという（Zehr 1995=2008; Beck, Kropf & Leonard ed., 2010=2012; 山辺 2010）。

私には、大林さんがなそうとしていることは、ＦＧＣに近いように思えた。家族関係を「引き離し」、個々の成員をそれぞれにケアしようとするのではなく、関係のただなかで対話の機会をつくることによって支援していこうとする姿勢に見える。実は、いま司法や福祉で新たに注目されているアプローチにとても近いのかもしれない。

ただ、ＦＧＣは、第三者（ソーシャルワーカーなど）を交えての対話であるのに対して、大林さんは複数の親子での対話を試みる。これはおそらく大きな違いなのだろうと思うのだが、まだその中身まではよくわからない。ただ少なくとも、大林さんたちはソーシャルワーカーらを呼ぶよりは、複数の親子がともに話すことから始めたのだから、そこにはさまざまな意味があったのではないかと思う。

関係のただなかで、対話を続ける。これは、大変なことだ。切り離してそれぞれの問題に取り組んだ方が、支援する側はいっそ楽なのではないかとすら思う。苦労も多いだろうし、トラブルも多いだろう。もともと苦労とトラブルが多いからこそ問題になっているのに、その根を断つのではなく、その根を見つめながら対話しようというのだから。

それでもそうし続けるのが、大林さんの姿勢であり、シャロームいしのまきの実践なのではないかと思う。いいかえれば、たくさんの苦労とトラブルを、それとして生き続けようとしている。それでも何ひとつ諦めず、対話し続けようとしているのだ。それも、地域のただなかで。

「引き離す」言説がそれなりに力を持ち、親子の関係にすべてを閉じ込めるべきではないという考え方がそれなりに人口に膾炙したいまだからこそ、シャロームいしのまきのような取り組みには、注目すべきものがある。「引き離す」だけではダメなときがあるのは確かだと思うし、そのときに何をどうすればいいのか、そのヒントがシャロームいしのまきの実践に隠されているのではないだろうか。

最後に、難しいこととは別に、ぜひ商品をどうぞ。ここで買える鯖缶は、一般的な鯖缶のイメージを刷新してくれるし、カレイの煮つけはちょっとないおいしさである。幻聴さんクッキーは大振りな見かけにそぐわず味は複雑でなかなかいい。

そしてやはり、海藻類である。目を離したすきに、我が家にいる二歳児が大きな海苔をもりもりと何枚も食べてしまった（その日のうんちは真っ黒）。二歳児もまっしぐらの美味しさだったようである。スーパーの商品とはちょっと水準が違うので、ぜひ試してみてほしい。

（『支援 vol.8』〔2018〕所収に加筆修正）

〈後日談〉

その後もシャロームいしのまきは地元商品を売り続けている。評判になったのか、参入したいといってくる企業も増えたようで、年に何度か送ってくれるカタログは少しずつ充実していっている。ミーティングも増やしたようで、二〇一八年には就労継続支援B型事業所としてもスタートしている。

「障がいで町興しシンポジウム」は、二〇一八年、二〇一九年も開催された。私は二〇一八年に参加させていただいたのだが、会場は市場のすぐそば、フロアには当事者やその家族に見える人たちもいるが、それだけではなく地元企業の人と見える人もいた。大林さんによれば、地元で精神障害の人に対する偏見の目は根強いという。それを思うと、シャロームいしのまきの小さな一歩は、本質的にはとても大きなもののように思う。

そのとき登壇していた地元企業の方が、「障害者とか福祉とかいう前に、とにかく売っていかなくちゃならないから一緒にやろうと思った」「それでいいんじゃないのか」というようなことを言っていたのが印象に残っている。字面だけみると、とても功利的に見えるかもしれない。けれども聞いていた私には、どんな人権感覚の鋭い人の発言よりも、確かな言葉に思えた。慈善でも思いやりでもなく、自分自身のこととして、手を取り合おうといっているように聞こえたのだ。

家族のただなかだけではない、地域社会のただなかで、シャロームいしのまきは立ち続けているのだと思う。

なお、最近は、商品を買うと、一緒にカードが入っていることが多い。メンバーが書いているらしく、手書きのなかなか味のあるカードで、石巻への思いが綴られている。これ、すんごくステキなので、多くの人に届くといいなと思っている。

シャロームいしのまき
〒986-0877
宮城県石巻市錦町 5-5
携帯：080-2800-4090
FAX：0225-22-4802
E-mail：shalom5963@yahoo.co.jp
http://shalomishinomaki.bitter.jp/index.html

第4章

専門職と「ともに生きる」立場と

上田敏と障害者運動の対比からみえる異なるケア提供者像

1 上田敏をちゃんと読もう！

上田敏（うえだ・さとし）といえば、日本におけるリハビリテーション医学の大家であり、医療や福祉について少しでも学んだ人であれば、名前くらいは知っている人が多いだろう。著作も多く、一般向けの本もたくさん出ている。

にもかかわらず、案外と読んでいない人が多いようだ。かくいう私も、断片的に文章を読むことはあっても、一冊まともに読んだことはなかった。二〇一六年六月二九日に一橋大学の猪飼周平が開いている研究会[1]に登壇すると聞き、それならと思って伺い、同時に少し著作を読んだ。少し読み始めたら止まらなくなってもっと読んだ。そして自分を恥じた。なぜもっと早くから読まなかったのだろうか。

私がそれなりに馴染んできた障害学や社会モデルの議論では、リハビリテーションに対する批判が多く、そこで上田の名前が挙がることは珍しくなかった。[2] だが、それでよかったのだろうか。確かに、リハビリテーション医学の担い手と自称する現場の医師や理学療法士のなかに、批判したくなるような人たちが少なからずいるのだろうと思う。だが、上田はそれとは違う主張をしてきている。そして、上田の批判者たちが、上田を批判することで示そうとしているもの、大切にすべきだと主張しているものは、まさに上田自身が大切だと主張してきたもののように私には思える。上田の議論を引き継ぐ形で展開されてもよかったのかもしれない。

自分への反省を込めていうのだが、私たちはもっと上田敏をちゃんと読み、的外れな上田批判は止めた方がいい。社会モデル的な要素も含めつつ、上田はリハビリテーション医学を打ち立ててきたのであり、そこから学べるものも多々あるのだから。

ただ、それでは社会モデルや障害学が上田の議論に包摂されるのかといえば（上田自身は、自らを医学モデルと社会モデルの双方を弁証法的に統合した「統合モデル」だと称している〔上田 2013: 303-304〕）、そうではないと私は思う。社会モデルや障害学には、上田の議論では捉えきれていない要素が入っている。だがそのことを、社会モデル論者や障害学はきちんと言ってきただろうか。障害は社会にあるという主張だけでは、社会モデルの大切な論点を見失うのではないか。
それでは以下で、各論点について、もう少し細かく述べていくことにしよう。

2 上田のいうリハビリテーション医学

ではまず、上田のいうリハビリテーション医学の簡単な説明から始めたい。といっても、上田自身による優れた説明はいくつも出ているので、ここではむしろ、特に誤解されがちな点（というより私が誤解していた点）に注目して述べていくことにしたい。

第一に、リハビリテーション医学は、落ちてしまった心身機能を復活させることでは必ずしもないという点である。どうしても、リハビリテーションといえばその人の身体を訓練することだと思われがちである。それも、痛いばかりでほとんど効果のないような訓練をさせられたり、出口が見えないような繰り返しをさせられたり、というイメージは根強くある。

だが、上田がずっと主張しているリハビリテーション医学は、それとは異なるものである。無用な痛みを伴い、効果のないことを繰り返すのではなく、その人が望む社会生活のありようのために、「活動」の範囲を広げることなのである。

ここで、ＩＣＦ（国際生活機能分類、2001）モデルを確認しよう。ここでは、「心身機能」と「活

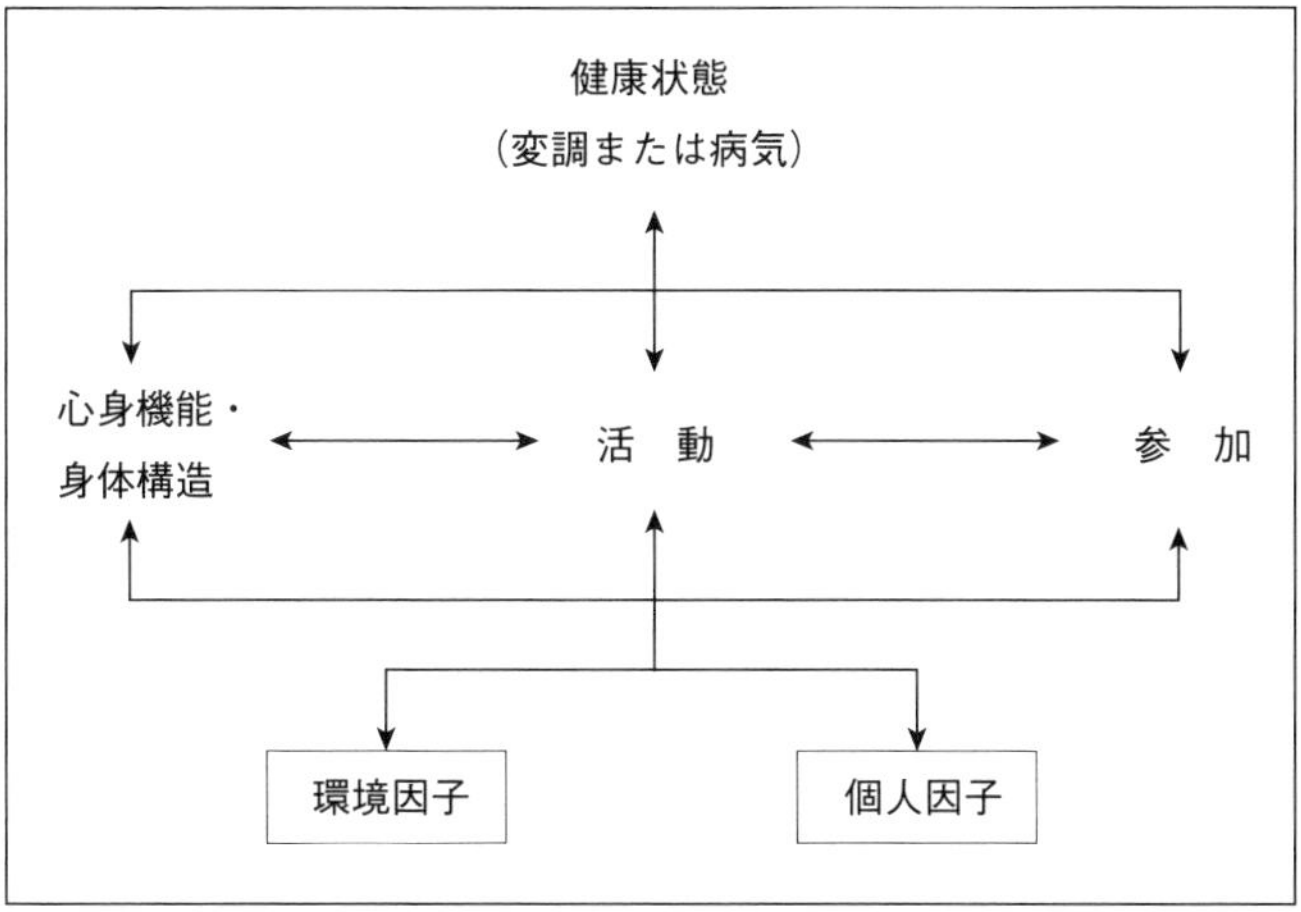

2004年「国際生活機能分類－国際障害分類改訂版－」（日本語版）の
厚生労働省ホームページ掲載について
（平成14年8月5日　社会・援護局障害保健福祉部企画課）より
http://www.mhlw.go.jp/houdou/2002/08/h0805-1.html

動」、「参加」が区別されている。

「参加」と「心身機能」の違いは多くの人がイメージできるだろう。だが、「心身機能」と「活動」の違いはなかなかわからないのではないか（かくいう私もよくわからなかった）。この違いにこそ上田のリハビリテーション医学の面白さと、まさに専門的技能expertiseと呼ぶべきものとが凝縮されている。

たとえば、上田が挙げる高校の物理教員（四八歳）の例では、右側の手足が当初は完全に麻痺、九か月後には歩く方はかなりしっかりしてきたが、利き手である右手がなかなか回復しなかったのだという。黒板に字が書けるかどうかは、教員として復職できるかどうかにもかかわるため、本人にとっても重要なことだった。発病後一年して東大病院リハビリテーション部の上田のもとを訪れたが、リハビリテーション医学の観点から、右手が字を書けるほどに回復することは絶対にありえないということがはっきりしたそうである。

だが、だったら左手で字を書くという方法もある。この人の場合、三か月も練習すれば、立派に役に立つ字が書けるようになったという。さらには、（後述するように）上田の努力もあり復職し、定年まで一一年間を勤め上げ、その後も時間講師として働いたそうである。それでも、右手は前と同じ重い麻痺のままだった（上田 1987→2001: 36-39）。つまり、「心身機能」は改善されずとも「活動」を広げることは可能であり、それによって「参加」も大きく変えられるのである。

その他にも、両手でなければまな板と包丁は使えないように思えるが、ゴムの吸着版や二本の釘を打ったまな板などの簡単な補助具で炊事は可能だという（上田 1987→2001: 46）。手に力が入らなくてキーボードがたたけないように見えても、ちょっとした道具（指サックなど）を使うことによってかなりやりやすくすることも可能らしい（池ノ上 2009: 146）。車いすも、歩行という「活動」を補助する重要な補助具である（上田 1983: 80）。このようなちょっとした工夫や補助具を導入することによって、「活動」を、ひいては「参加」を拡大していくことが、リハビリテーション医学の専門的技能なのである。

第二に、「参加」の位置づけについてである。リハビリテーション医学には、訓練してその人の「心身機能」（あるいは「活動」）が拡大しなければ社会的な活動に参加できない、という一方向的な図式がある、と批判されることが多い。「心身機能」や「活動」の回復があってはじめて「参加」があるという、いわば「段階論」とでも呼ぶべき認識が前提になっている、というのである。

現に、医師や理学療法士、あるいは福祉の専門家にそうした態度を示す人は少なくないようである。ある知的障害を持つ人から、以前受けた「就労支援」として、まず体力をつけるために毎日ジョギングをさせられた、という話を聞いたことがある。もちろん就労には体力が必要だろうし、ジョギングはそのための手段として悪くないとは思う。ただ少なくとも本人は、どのような仕事に従事するのか、そこで具体的に何をしなくてはならないのか、という話はいっさい把握できていなかった。ジョギングができるようになってからはじめて、どのような仕事に就けるかという検討が始まる、と認識されていたようである。だから、本人からすればジョギングは、まだ就職ができていない人への懲罰のようなものとして意識されていた。ここに典型的に示されているように、「心身機能」や「活動」が回復しなければ「参加」はない、とされれば、「参加」はうまくやれた人への「ご褒美」のようなもので、訓練はうまくできない人への「懲罰」になりかねない。

しかし、上田は、そのような発想からもっとも遠い医師のひとりである。上田にとっては常に「参加」が最優先で意識されているからである（上田 1992: 210）。この場合の「参加」は、職業に従事するということも含むが、家事を担うこと、趣味の会に出ること、自分なりの趣味を続けることなど、実に多様に考えられている。それらをいかにして実現するかということと、「心身機能」や「活動」へのアプローチとは、常に同時並行である（上田 1992: 207-209）。医学的な観点から「心身機能」や「活動」へのアセスメントをしつつ、同時に「参加」のレベルでの目標を具体的に探り、どの「参加」が望ましいか、患者自身に選んでもらうのが上田のやり方である。「心身機能」や「活動」を探り、これ以上ADLの向上が見られないと確認できたところで「参加」に対応するアプローチを始めるような「段階論」（実はこれは上田が用いている表現である）は、上田が強く批判するところなのである。[3]

いかにまず「参加」ありきで上田が発想するかは、著作のなかに出てくる事例を見るとわかりやすい。たとえばある女性が、別の病院を自己退院してしまい、しかもその罪悪感で苦しんでいたという。話を聴いていくうちに、夫が離れていってしまうのではないかという強い不安があることに上田は気がついた。そこで、数日間かけて片手で包丁とまな板を使う方法だけ教えるから、あとは早く関西にいる夫の元へ行き、そちらでリハビリテーションに通いなさいと勧めている（上田 1987→2001: 39-47）。また、学校とのかかわりでいうなら、上田のところを訪れた子どもたちの多くが、病気になる前から（あるいは悪化する前から）通っていた学校に通いたいという希望を強く持っていたこともあり、なるべくそのまま通わせるようにしている[4]（上田 1992: 283-288; 上田 1983: 252-253）。部屋の掃除がまったくできない状態になっている高次脳機能障害の女性に対して、母親は「いまは就労よりも身の回りのことができるようにならなくては」というのだが、本人は「働きたい」という思いが強かった。そのため上田は、部屋の掃除は後回しでいいから就労を、と手助けし、結果的に「働ける」という自信をつけた本人が身の回りのことにも力を注げるようになったという。[5]

第三に、障害を持つ本人への向き合い方についてである。専門家というと、患者＝障害者の話をろくに聴こうとせず、一方的に治療や療法を押し付けるというイメージがあるが、上田はおそらく、そうした古い専門家たちとは異なっていたのだろうと私は思う。上田が自著で挙げている事例では、上田がいかに精力的かつ丁寧に患者の話を聴いてきたかが示されている。その上で、患者のいまの思いや心情を上田はとても大切にする。たとえば先述した高校の物理教師の例では、本人は右手が治ることを切望していたため、いきなり左手の訓練を始めたのではなく、両方の訓練を行っている（上田 1987 → 2001: 38）。

そのことが象徴的に表れているのが、上田の「障害受容」に関する議論である。これは特に批判が多い議論のひとつなのだが（南雲 1998; 南雲 2002; 田島 2009）、批判の多くは上田の議論そのものというより、その概念がリハビリテーション領域に浸透していったありようの方に向けられている。「障害受容」が価値の転換とともに「段階的」になされるかのようにイメージされ、それによって個々の障害者たちに対する人格的判断がなされてしまうことへの批判が主だからである（南雲 1998: 75-85）。

だが、上田の用いる「障害受容」という概念は、あくまでも結果である（上田・三井 2020: 50-51）。上田によれば、リハビリテーション医学の目標は「参加」のありようであり、本人が望むような「参加」が実現したとき、結果として「障害受容」が起きることがあるという。目標ではないので、患者がやらなくてはならないものでもなんでもない。[6]

それでも「障害受容」に上田が注目する理由は、もしある程度「参加」が可能になっているように見えるのに、「障害受容」につながっていないように見えるなら、「参加」のありように問題が残っているからかもしれない、という点にある。つまり、「障害受容」に注目することで、「参加」のありようについて、医療者にはまだ見えていない問題があることに気づけるというのである。

上田の挙げる例では、ある中学校教員（すでに復職していた）に、「活動」を拡大するためのさまざまな手法を提供しようとしても、頑強に拒否されていたことがあるという。チームの一員であるソーシャルワーカーが本人と面接を繰り返すうちに見えてきたのが、校長や教頭が変わったことで、元気だった頃のその教員の姿を知る人がいなくなっており、誰もがはれものに触るような態度で接し、「一人前に扱われていない」と感じる状況があるということだった。本人はその不満を感じつつ、「実際一人前じゃないのだから仕方がない」とも思って不満を口に出せずにいた。そこからチームで話し合い、結果的には上田の意見書を携えたソーシャルワーカーが学校を訪ねて本人とともに校長と面接し、本人の口から真の希望を伝えてもらったという。医療者からすれば復職していたのだから大成功に見えるのだが、実際にはそうとは限らないことがわかり、状況を変えるためのアプローチを探ることが可能になったのである（上田 1987→2001: 131-139）。

ここからすると、上田の「障害受容」論は、「障害を受容できない」人を見つけて非難するための道具ではない。むしろその逆である。本人の思い、その人から見た世界を理解するための手がかりとして、「障害受容」という概念が用いられているのである。

3　上田と社会モデルの共通性

このように、上田のリハビリテーション医学の発想をみてくると、社会モデルとの共通性を多々有していることがわかる。

社会モデルは、一九九〇年代からイギリスなどの障害学が主に提唱してきた考え方で、それまで個人に属するとされてきた障害を、社会によって与えられたものとして捉えかえすモデルである。よく使われる例でいうなら、車いすユーザーが移動に困難を感じるのは、その人が車いすでないと移動できないからというより、街に車いすで移動する人にとって使い勝手が悪いバリアがあふれているからである。ただ、単純にバリアフリーを求めるというにはとどまらない。たとえば社会モデルの立場に立つなら、ろうの人が「聴覚障害者」として不便を抱えるのは、聴者中心社会のなかで手話通訳が保障されていないからである。発達障害や知的障害が「障害」としてクローズ・アップされるのは、現代社会のサービス産業化が進み、ある種の知的能力やコミュニケーション力が重視されるようになったからである。このようにある状態が「障害」として経験されるのは、社会構造のためであると捉え、その改善を求めるのが社会モデルだった。資本主義社会そのものを含めた根底的なところから社会のありようを問い直す議論である（Oliver 1990=2006; 星加 2013: 23）。

日本で社会モデルという呼称が用いられるようになったのは、イギリス障害学の議論が入ってきた一九九〇年代以降のことだが（障害学会の設立は二〇〇三年）、それ以前にすでにこのような考え方は生まれていた。そもそも障害学自体が、一九七〇年代から世界各地で始まった障害者運動のなかから育まれた考え方である。日本でも、一九七〇年代以降に生まれた障害者解放運動（特に障害をもつ本人たちが中心となったもので、青い芝の会などの影響を強く受けたもの）では、「障害は関係にある」といった表現がよく用いられていたようである。

社会モデルが自らを「社会モデル」と名乗ったのは、「医学モデル」との対比からである。そして「医学モデル」として批判の対象とされたもののひとつは、当時のリハビリテーション医学だった。確かに、当時の英米の状況ではそうだったのかもしれない。上田が述べるところによると、アメリカのリハビリテーション医学は一九六〇年代当時でかなり進んでおり、ＡＤＬ（日常生活動作）を向上させる技術は発展していた。それが、ＡＤＬ偏重の空気を生んでいたところはあるという。

だが上田は、ＡＤＬだけを重視するという姿勢は当初から持っていなかった。上田が早い時期から、リハビリテーションを「全人間的復権」と翻訳していたことに明らかなように、上田が重視したのはあくまでも人間としての復権であり、「参加」である。その人の本来ありえた人生や生活を取り戻すための試みがリハビリテーションであり、ＡＤＬだけに特化したものではなかった。

上田はそのためには「社会」への働きかけも辞さなかった。たとえば先に挙げた高校の物理教師の例では、上田は、本人が「まだ治ってもいないのに」と渋るのを励まし、また仕事上の具体的な問題をよく話し合って解決策を事細かに検討したうえで、「復職可能」という診断書を県教育委員会に持っていってもらっている。ところが教育委員会は復職を認めなかった。上田は三か月後に再度教育委員会に診断書を持っていってもらったが、それでも認められず、教育委員会から直接に連絡があったこともあって、電話で長々と交渉し、結果的に半年の仮復職が認められたという（上田 1987→2001: 118-123）。他にも、たとえば重い疾患を患う子どもについて、学校や教育委員会が、障害を持つからという理由で入学に際して問題にしてきたときにも（小学校でも中学校でも問題にされたようである）、そのつど意見書を出すことで、入学を許可させるよう働きかけている（上田 1992: 226-227）。医学の専門的な論文だけでなく、多くの一般書を書いてきたのも、広い意味での「社会」への働きかけである。

それに何より、先に述べたように、上田にとって「参加」は、心身機能や活動が改善された後にご褒美のように渡されるものではない。徹頭徹尾、「参加」こそがリハビリテーションの目標として設定されうるものであり、その目標をいかにして患者と共有できるかが重要な鍵となる。患者は、たとえば学生であれば学校に戻りたいと思うことが多く、まだ定年まで遠ければ仕事に戻りたいと思うことが多い。だとしたら具体的にどのような形と水準でそれらの希望がかなえられるか、知識と技術の限りを尽くして探るのがリハビリテーション医学なのである。

だとしたら、上田に社会モデルの視点が欠けていると批判するのはいささか筋違いだろう。たとえ多くの理学療法士や医師に社会モデルの視点が欠けているという現状があったとしても、その代表格として上田に言及するのは無理がある。

先にも述べた通り、上田は、自らの立場を医学モデルと社会モデルを弁証法的に統合した「統合モデル」だと述べている。ここには、上田自身が自分に社会モデルによく似た視点が含まれていることに自覚的だったことが示されている。「統合」という表現には、医学モデル的な要素を手放すつもりがなかったことも示されている。といっても、医師や医学者が医学モデルを手放さないこと自体は当然だろう。いかに社会構造の与える影響に鋭敏な医師であっても、よってたつ医学的知識や観点を放棄するなら、医業はできないはずである。その意味では、上田は医師として可能な限り、社会モデル的発想に近づいていたというべきだろう。[7]

4 専門職としての倫理

しかし、「統合モデル」という上田の議論の仕方に、問題がないわけではないと私は思う。ここには、上田と私の社会モデルに関する理解の違いがかかわっている。

上田は、社会モデルについて、ICF序論に基づき「障害を個人に属するものではなく、社会環境（制度的・意識的・物的）によって作られるものだと考え、対応は社会環境を変える政治行動（差別禁止法制定など）が中心だとしている」立場とまとめている（上田 2013: 304）。要は、障害が何に起因すると捉え、同時に何によって問題の解消を目指すべきだと捉えているかによって、社会モデルを理解している。だから、上田にとっては医学モデルと社会モデルとは、確かに「相容れない」ものであり、「同一平面上で妥協的・折衷的に一緒にはできない」ものではあるが、「より高い水準で弁証法的に統一する」[8]ことができるものだった（上田 2013: 304）。

だが私には、社会モデルが、障害の原因と問題解消の道だけによって定義されるものだとはどうしても思えない。確かに、社会モデルについて一般的にみられる説明はICF序論のようなものであるし、多くの社会モデル論者たちもその方向で議論を深めてきた。[9]だが、そこにこそ誤解があるのではないか。社会モデルが、あるいは障害当事者の運動の中で「障害は関係にある」と言われたことが持っていた実感は、単に障害の原因と問題解消への道というレベルにとどまるものではなかったのではないか。

そのことを理解するための補助線として、まず上田敏が徹底した専門職（プロフェッショナル）だったということを確認しておきたい。

上田は、本人による自己決定を大切にするのは当然だとしつつも、意思決定能力については担保が必要だ、と述べている（上田 1983: 32-35）。この点は障害者運動から本人の意思を否定しているとして批判されそうなところだが、上田の意図するところは、いささか異なる。上田がこのように述べているのは、たとえば「重度知的障害のある人には意思決定能力がない」というような話ではない[10]。上田が問題にするのは次の二点である。

第一に、脳卒中や大きな事故などで身体に大きな損傷を受けたり、さまざまな状況から自分の可能性を知らされていなかったりすると、本人はなかなか冷静に自らの状況を踏まえた判断ができないということである。たとえば、優れた介護職であっても自分の家族の介護は難しいし、弁護士自身が紛争に巻き込まれたときは、紛争解決のための努力を他の弁護士に依頼することが多い。恒久的能力について議論しているのではなく、その人が置かれた状況や状態について考慮する必要があるといっているのである。

第二に、患者には専門的知識がないということも含まれている。事故などで心身機能を著しく損傷された人の場合、まず望むのが「元通りの身体」であることが多いという。だがそれは医学的に見て不可能であるという場合もある。それでも活動の幅は広げられるし、それによってさまざまな参加（ひょっとすると「元通りの参加」も）が可能になることもある。こうした可能性を見出す作業は、専門的知識がない患者に勝手にやれといっていいことではない。専門的知識を持つ側が責任をもって一定の判断をしていく必要があるというのである。

ここにみられるのは、上田が専門職 professional としての責任を強く意識していることである。患者の置かれている状況と自らの状況との違いをよく認識し、そこで自らがなさなくてはならないことは何か、強く意識しているのである。

慌てて付け加えておくが、ここでいう専門職とは、いわゆる「専門職支配 professional dominance」(Freidson〔1970=1992〕)のような、自分の持つ知識体系とそれに基づいた決定や判断だけが正しいと信じ込むような専門職像とは少々異なる。[11]

まず、本来的にリハビリテーション医学は患者の主体性なしには成立しない。医師が勝手に治療を行えばなんとかなる、というわけにはいかないからである(上田 2001: 176-177)。だから医学のなかでもリハビリテーション医学は、もっとも「専門職支配」とは距離を置かざるを得ない領域の一つである。

そして上田は、患者の意思を積極的に重視し、「専門職支配」とは異なる専門職像を追求してきた。上田はインフォームド・コンセントの議論を早くから導入した上で、インフォームド・コオペレーションという表現を用いている。単に医師の提案に基づいて患者が決定するというより、医師と患者の協働作業が続けられていく過程として、医師—患者関係をとらえているからである(上田 2001: 170-174)。上田からすれば、障害者は「リハビリテーション(全人間的復権)の『中心プレイヤー』(専門家・家族・一般社会の支援を受けつつ、自己の「復権」を実現する存在)」なのである(上田 2016: iv)。

このように、上田の思い描く専門職像は、患者の主体性を重視した、新たな専門職の姿である。その上で、上田は専門職としての「甘え」には厳しい。先に挙げた「自己決定能力」に関する議論も、いわば専門職の「甘え」を禁じ、本当の意味で患者の意思を尊重するとはどのようなことかを考えたものである。

冒頭で述べた猪飼の研究会でも、上田は専門職の「甘え」に厳しい態度をかいま見せた。フロアから出た質問には「理学療法士が、その患者の足が元通りにはならないのは知りつつも、その人が顔を出すことを患者が喜んでいるからという理由で通っている」という話が含まれていた。上田は質問に答える前に、そのエピソードに触れ、「それは専門職としての堕落だと思う」とコメントした。

おそらく、上田は、通うことそのものを否定しているのではない。そうではなく、「元通りにならないと知りつつも患者が喜んでいるから」という表現のなかに、理学療法士という専門職としてなすべきことをしていない怠慢さを見出しているのだと思う。足が元通りにならなくとも、「活動」を広げることは可能である。何からその人の「活動」は広がるのか、その人はどのような「参加」を求めていて、そのためにどのような「活動」が可能になればいいのか。これらのことを検討せずして、「患者が喜んでいるから通う」などといっていていいのか。おそらくそう言いたいのである。確かに、本当に専門職と自称するなら、「あなたの暮らしをどこからどうすればよくなるのか、まだつかめていなくて申し訳ない、もう少し通わせてほしい」とでもいうべきなのだろう。

このように、上田は徹底して専門職（それも私からすれば理念型に近いような）である。専門職である以上、自らの立ち位置を意識し、そこで最善を尽くさなくてはならない。それが上田のスタンスだった。患者の意思を大切にし、社会に働きかけたとしても、その根底の姿勢はあくまでも専門職だったのである。[12]

そしてここにこそ、社会モデルとのズレがあるのだと私は思う。

5 社会モデルの潜勢力――「ともに生きる」

社会モデルや障害者運動が「障害は関係にある」「障害は社会に存する」という表現で生み出したのは、本当に字義通り、障害をどう定義するか、あるいは生活上の困難をどう軽減するかという問題だけだったのだろうか。

まず踏まえておきたいのは、障害者運動にかかわった人たち(本人であれ非障害者であれ)にとって、日々の課題となるのは、上田のリハビリテーション医学のように、何かを変えられるような契機というより、日常の介助・介護だったという点である。重度障害者たちは、介助なしに生活をまわしていくことはできない。そのため、非障害者とされる人たちは介助をしなければならなかったし、障害者は介助者を使いこなさなくてはならなかった。

そして介助は、単なる手助け/人助けとは少し異なるものとして意味づけられていた。初期の身体障害者を中心とした運動のなかで、介助を長年担ってきた人が、「以前は介助やってるときに、自分は社会を変えてるんだって実感があった」といっていたことがある。ここには、介助や介護が、手助け／人助けとは異なる意味づけがなされていたことが示されている。

この違いは何か。しばしば、「障害者本人が主体となる」ということとして理解され、繰り返しそう表現されてきた。たとえば自己決定の重視という言い方もそのひとつである。それまでの介助や介護が、介護する側の都合や意思でなされていたのに対して、あくまでも利用する本人の意思と指示に基づいてなされるのだ、といわれた。

ただ、本人の意思が重視され本人が主体となるという点は、上田のリハビリテーション医学とも共通している。先述したように、上田もまた、患者の意思を大切にした。そのため、本人主体や自己決定という論点だけでは、この違いは理解できない。

違いは、介助者にせよ医師にせよ、障害者と向き合う側の自己定義、あるいは障害者と周囲の人間との関係性にある。「介助やってるときに、自分は社会を変えてるんだっていう実感があった」という表現には、具体的な介助・介護は確かに障害者本人の意思に基づいてなされているのだが、介助者はそれを障害者本人のためにだけやっているのではなく、もう少し別の意味も見出していることが示されている。

「障害」をもたらしているのが社会であるなら、その社会によって「障害」されているのは、本当は「障害者」だけではない。実際、障害者運動にかかわった人たちのなかには、現状の社会のありように強い不満や違和感を抱いていた人たちが多く含まれている。「社会を変える」というとき、その変える主体は、障害者だけではなかったはずであり、変わることによって「障害」を減じられるのも障害者だけではなかったはずである。このとき、障害者とその周囲の人たちは、ある意味では同志であり、仲間である。同じ「社会」に「障害」され、ともにその「社会を変え」ようとする存在として。

このことは、障害者解放運動のなかで、「ともに生きる」という言葉が、場所を変え、形を変えて、さまざまに用いられてきたこととかかわっている。障害者と介助者は、助けられる人と助ける人ではない。「ともに生きる」仲間であり、同志なのだ。

といっても、もちろん実際には、この社会で「障害者」とみなされる人とそうでない人との間には大きな断絶がある。そのことは繰り返し障害者運動の中でテーマ化されている（山下 2008）。そもそも障害者解放運動は一枚岩ではなく、内部で対立も多いし、障害者と非障害者の間の断絶は、いわば運動の前提である。ただ、テーマ化されているということ自体に、障害者と非-障害者の間に一定の共通性が見出されうるという前提がおかれていることが示されている。そうでなければ、断絶は問題にならないはずだからである。比喩的にいうなら、「同床異夢」ではある。だが、専門職は原則としてクライアントと「同じ床」にはつかないのに対して、介助者や障害者解放運動にかかわる非障害者たちは、同じ床に居続けようとしたのである。

こうした関係は、専門職とクライアントの関係とは大きく異なる。たとえ上田のように、専門職とクライアントがともに同じ目標に向けて協働するという関係を大切にしたとしても、話は同じである。そこでいう「同じ目標」は、基本的には患者にとっての目標だからである。医師にとっても目標ではあるが、それはあくまでも「医師としての目標」であって、個人としての目標ではない。それに対して、社会モデルで障害者と介助者がともに「社会を変えよう」とするとき、そこで共有されているのは「介助者としての目標」にとどまるものではない。この社会に生きる一員として、つまりは「ともに生きる」ために障害者と介助者が同じ地点に立って描く目標である。

このように、社会モデルには、単にアプローチの対象が社会であるというにとどまらない、障害者とその周囲にいる人たちとの関係性を大きく変えるような意味があったのではないか。あまり社会モデル論者たちはこうしたことを主題として取り上げないが[13]、実は「社会を変える」という目標設定から導き出せることでもあるように思う。

「社会を変える」という目標は、残念ながら往々にしてそう簡単には実現しない。障害者運動は地道な努力の結果、現在の重度訪問介護制度やバリアフリー化、情報保障、障害者差別解消法の施行などを実現するようになったが、こうした変化や改善は本当に遅々たる歩みである。

これは、専門職の視点からすれば、迂遠で遠回りなやり方にみえるだろう。たとえば上田は、リハビリテーション医学では「目標志向的アプローチ」が重要だと述べていた。これは、どのような「参加」を目指すかというイメージを共有し、実際にそれを実現していくものである。上田は実現不可能なイメージを安易に抱かせることには禁欲的である。そして、医師がかかわった上で患者があるイメージを選ぶとき、そこに向けて医師も理学療法士らもチームとなって取り組むことを重視している（上田 1992: 200-232）。そうした上田にとってみると、いつ実現するかわからないような目標を立てることは、専門職としての「甘え」にみえるだろう。

だが、「社会を変える」という目標は、なかなか実現しないからといって、意味を失うタイプの目標ではないのだ——専門職ではなく、「ともに生きる」という姿勢を前提とするなら。長い道のりだからこそ、ともに歩む仲間を必要とする。仲間がいれば、長い道のりは、たとえ最後まで行きつかなかったとしても、歩むこと自体に意味がある。「ともに生きる」ことは、試みの結果や効果が思ったようにはともなわなくても、それ自体がかけがえのないものとなりうる。

むしろ、目標がそう簡単に実現しないことには積極的な意味があるとすらいえるかもしれない。だからこそ、長い道のりをともに歩むことができ、そこから「ともに生きる」ことに近づけるかもしれないのだから。

6　専門職であることと、「ともに生きる」との緊張関係

このような、専門職であることと、「ともに生きる」こととの間には、実はかなりの緊張関係が生じうる。もちろん、共通する部分もあるだろう。特に、上田流の新たな専門職であれば、本人との間に基本的な人間としての信頼関係を築くことが前提になっているし、医療提供の過程でも本人

の意思決定を重視し、必要とあれば社会制度への働きかけも辞さないのであり、「ともに生きる」のと重なる部分もたくさんある。だが、それでもやはり両者は異なる。いや、異ならなければならないのだと思う。少なくとも、それぞれの姿勢を突き詰めようとするなら、その担い手たる主体の行動様式や判断の仕方がかなり異なるものとなるため、お互いに相手の行動様式や判断の仕方がとても採用しえないものと見えてくることが、少なからず出てくる。

専門職は、「ともに生きる」と安易に口にしてはならない。なぜなら、専門職は患者に対して、どうしても専門的技能の点において、そして現状の社会保障制度のしくみゆえにも、優位に立つからである。何をサービスとして提供すべきかを最終的に判断できるとされるのはやはり専門職である。その優位性を踏まえずして「ともに生きる同志でございます」という顔をするのは、もちろん必要な局面もあるのだろうが、やはり「甘え」になりやすい。

いってみれば、教師が生徒と「友人」になるようなものである。もちろん、教師と生徒が友人になることはあるのだと思う（少なくないとすらいえるかもしれない）。だが、教師が安易に「友人」面をするのであれば、話は別である。少なくとも私は安易に「友人」面をする教員は基本的に信用しない。そういう教員は往々にして、自分が「友人」面をやめたくなったときには一方的にやめてみせる。

だから、これはまさに倫理の問題なのだ。専門職が、一時的にあるいは基本姿勢としては同志「的」になりうるが、同志そのものにはなりえない、という立場をわきまえることは、専門職として必要な倫理である。人間としては対等であっても、専門職とクライアントとしては、決して対等にはなりえないことを踏まえなくてはならない。「ともに生きる」などといった関係に、自らを安易に落とし込んではならないのである。

もちろん、「ともに生きる」立場の人たちが、障害者と非障害者が対等になりえるなどという安易な考えに陥っているわけではない。むしろ、対等になりえないという現状を見つめつつ、それを決して温存させてはならないという決意が、「ともに生きる」という言葉に表れている。だから根本から全く相反するというわけではないのだが、それでもその姿勢や決意を突き詰めたときには、やはりお互いに相容れない姿に見えるときも出てくるのである。

もうひとつ、例を挙げよう、「ともに生きる」ことを目指す立場（本人であれ、周囲の人たちであれ）からすれば、専門職は自らのかかわりをあまりに限定的に考えていると見えるだろう。「ともに生きる」と考えるのであれば、その時間はまさに数十年単位の、死ぬまでの時間である。それに対して、専門職はあまりに短い期間しかかかわろうとしない。

だが、専門職からすれば、短期的に介入して相手の状況を改善することこそが、自らに課すべき課題である。たとえば上田のリハビリテーション医学でいえば、「参加」をいちはやく可能にしていくことが重要であり、そのためにはなるべく早く状況を改善できた方がいいということになる。「参加」できない状況が長引けば長引くほど、その人の人生に与えられる悪影響は大きくなるからである。

そして、ある程度相手の状況を改善できたなら、その後はむやみやたらとかかわるべきではないとみなされるだろう。特に医師などのマイナスのプロフェッション[14]は、人の不幸にかかわることで生業を成り立たせているわけであり、あまり長く患者にかかわらなくて済むなら、それに越したことはない。患者の不幸が短く終わったということを意味するのだから（もちろん、患者の不幸が終わっていないのにかかわりを止めてしまうのであれば、それは非難されるだろうが）。

このようなかかわる時間のスパンの違いは、「ともに生きる」立場と専門職の基本的な姿勢をさらに異なるものとしている。ひとつには、支援の効果をみる視点が変わる。長い人生には浮き沈みがある。当初は良いことだと思った支援が裏目に出るかもしれない。あるいは良いことであるのは変わらないにしても、それにともなって別のことが生じることもある。たとえば、自分の口で喋れることは一般に良いことだとみなされるだろうが、喋れるようになったことで、喋れなかった間に身に着けていた処世術が使えなくなったり、うまく避けていた物事に直面せざるを得なくなったりする。良いことが起きたらそれに合わせて生活全体を再編しなくてはならなくなることは少なくない。長くかかわり続けるということは、このような変化の結果がどう転んでいくのかをつぶさに見ることになる。そうなると、どのような支援が良いかといったことについての評価や判断も、多義的で複層的になる。専門職のように明確に判断を下すことは、むしろ非現実的に見えてくる。

もうひとつには、かかわる側の感情をどこまで出すかということも変わってくる。短いスパンなら、かかわる側も、自分の醜いところや欠点、不足したところは相手に晒さなくていいし、晒さない方がいい。専門職はクライアントに不機嫌な顔など見せるべきではないとみなされており、多くの専門職は自身の感情をコントロールするしくみを作り上げている。[15]だが、「ともに生きる」と立てるのであれば、その長いスパンのなかで、自分の醜いところや欠点、不足したところを相手に晒さざるを得ない。それらを隠そうとするなら、「ともに生きる」ことから外れていくことになりかねない。むしろお互いに負の感情も含めてぶつかり合い、ダメなところを見せ合うことでこそ、「ともに生きる」ことにつながるともいえるだろう。

専門職からすれば、「ともに生きる」ことを目指す人たちのかかわり方や議論の仕方は、迂遠でわかりにくいと思えるかもしれないし、過度に自身の感情を出しすぎだと思うかもしれない。「ともに生きる」ことを目指す人たちからすれば、専門職はあまりにも、何が正しく何が良いことかについて迷いがなさすぎるし、自分の醜さを見つめなさすぎるだろう。

このように、両者の姿勢は、実はかなり緊張関係になりうる。だとすると、上田のいう「統合」はそう簡単にできるものではない。

医学モデルや社会モデルの「モデル」という言葉を、単に問題の原因を何に帰するか／解決をどこに求めるかというレベルだけでなく、それにともなう障害者とのかかわり方というレベルも含めて用いるなら、医学モデルは専門職の姿勢を当然視しており、社会モデルは「ともに生きる」を前提としている、と整理できるだろう。前者のレベルでの「統合」はありうるだろうが、後者のレベルでの「統合」は、案外と難しいはずである。

先述した通り、上田は、問題の原因や解決を社会に求める捉え方はある程度共有しており、そのレベルでなら社会モデルを受け入れている。だが、上田は専門職という姿勢は堅持し続けるだろう。社会に問題の原因や解決を求めるという視点を上田が取り入れるのも、専門職として障害という問題に向き合うがゆえのことだからである。そして、専門職としての姿勢を突き詰めるなら、「ともに生きる」という立場はそう簡単に受け入れられるものではない。だからこのレベル（障害者とのかかわり方）においては、上田はおそらく社会モデルと相容れないところを持ち続けるだろう。それは上田が社会的な問題に対して鈍感だということではなく、姿勢が異なるからである。

7　リハビリテーション論と障害学の対話に向けて

といっても、（上田の用いた表現だが）「弁証法的」というなら、いろいろ「統合」がありうる。上田の発想だけでは「統合」はできないと私は思うが、それを超えた「弁証法的な統合」はありうるとは思う。それは、複数の主体が複数のモデルを実践し、同時に支え合うような場の構想になるだろう（そうなると「統合」という言葉の語感とは少しズレるかもしれないが）。

そして実は、そのような場の構想は、上田の議論に含まれている。上田は、リハビリテーションにはいくつもの領域があると述べ、当初は医学・教育・職業としており（上田 1983: 229-282）、特に近年ではそこに地域や介護も入れて構想している（2016/6/29 地域社会研究会レジュメ）。上田のいうリハビリテーションは多領域に及ぶものであり、上田自身が実践してきたリハビリテーション医学はその一部に過ぎないというのである。

ならば、次のようにも考えられるだろう。医学と教育、あるいは職業、まして地域や介護など、領域によって、働く論理や関係性が異なるのは当たり前のことである。医学については上田の考えるようなリハビリテーション医学でいいのかもしれない。だが、障害をもって生きる個人にとっては、人生において医学だけが重要なわけではない。介護や地域、あるいは教育や職業が占める時間と領域の方が大きいかもしれない。そこで働く論理や関係性は、また異なるものであり、そのひとつとして「社会モデル」が提起してきたような「ともに生きる」仲間や同志のような関係というのも、考えられるのではないか。

ただ、「医学や教育、職業、地域、介護など、領域が違うから関係性が異なる」といいきっていいのか、私にはまだためらいが残る。専門職の倫理を保持すべき領域と、「ともに生きる」関係であるべき領域というのが、明確に区分できるとも思えないからである。いいかえるなら、「介護や介助だから『ともに生きる』でなければならない」といえるかというと、そう単純ではないだろう。

それでも少なくともいえるだろうことは、ひとりの人が生きていく上で、専門職としてかかわる人も必要だろうが、「ともに生きる」人も必要だろう、ということである。ある人が生きていく過程には、多様なかかわりがあるのが当たり前だろうし、それが取り戻されてこその「全人間的復権」である。私たちは、「ともに生きる」人を必要とするし、専門職として必要な支援をしてくれる人も必要としている。それらがあってこそ、私たちは「人間」として「復権」するのだろう。

いい専門職であろうとする人たちが、いい専門職として活躍することは、それとして必要だし、重要なことのはずである。だが、いい専門職だけで生活や世界が回るわけではない。「ともに生きる」人たちも生み出していかなくてはならない。そしてそれは、リハビリテーションを総合的に成立させていくためには、実はかなり肝要なポイントになりうる。私たちはこのことを、リハビリテーションの議論に持ち込まなくてはならないのではないだろうか。


冒頭で述べたように、これまで障害学は、上田敏の議論を真正面から取り上げてきたとはいえないと私は思う。批判的な言辞はたくさんあるのだが、生産的な対話がなされてきたとはいいがたい。おそらく、こうしたことが起きる背景には、障害学や社会モデル、あるいはそれに近い立場をとる人たちにとって、医学モデル批判があまりにも議論の前提となってしまっていたことがあるのだろう。障害者運動は、医師のマジョリティと闘わなくてはならなかったし、それはかなり強硬な敵だった。そしてリハビリテーション医学の医療者にも、問題のあるふるまいをする人は少なくなかったのだろう。だから、まとめて医学モデルと呼び、批判し続けるのが当たり前になってしまっていたのかもしれない。

しかし、時代は明らかに変化してきている。今日の医療者は、少なくとも一九七〇年代の医療者と同じ教育を受けてはいない。中身がどうかは大いに問題を残すにしても、病院中心の医療や入所施設が中心の福祉から、地域で暮らし続けることを前提にした包括的なケアシステムが必要だといわれるようにはなった。まだまだ不十分だし、問題が多々残っているにしても、いやだからこそ、医療者を医学モデルだと批判しているだけでいい時代ではない。そうではなく、では医療者には何ができて何ができないのか、その前提になっているのは何なのか、対話していくことが必要な時代に入っているのではないか。

この章で試みたかったのは、その対話の糸口をつくることである。そしてそれとともに、これからの時代を支えるケア提供者像をもっと豊かなものにしていき、それぞれがそれぞれの形で育成され、評価され、活躍する場を作っていく手がかりとしていけたらと思う（二つのケア提供者像の対比やそれぞれの性格については、三井（2018）でより詳しく述べている）。

■注

1　この研究会は一度では終わらず、二〇一六年九月七日にその続きが行われた。また、猪飼周平が準備している地域包括ケアに関する本の企画として、上田敏へのインタビューに参加させていただいた（実施は二〇一七年二月一日および二月一三日）。インタビューの内容は、二〇二〇年に『「生きるを支える」リハビリテーション』として出版されている（上田・三井 2020）。こうした場での議論が本稿の背景にある。時間を割いてくださった上田、機会を作ってくれた猪飼と日本看護協会出版会の青野昌幸さん、インタビュー構成者の鈴木裕子さんに心から御礼申し上げる。

2 なお、本稿では障害学などの立場からの上田批判のうち、上田の障害論や支援論あるいは実践そのものにはかかわらない論点については触れていない。たとえば多田富雄による批判は、リハビリテーション医療に制限が加えられたときに、上田が強く反論しなかったことに向けられている（多田 2007: 18-19; 立岩 2017: 270-287）。また杉野昭博は、上田ら「良心的専門家」は、一定水準のサービスを制度的に保障するシステムについては「とたんに口が重くな」ると述べ、しかし利用者が求めるのはまさにその制度的保障なのだと指摘している（杉野 2007: 99）。これらの批判や指摘は、ユーザー目線と提供者目線の違いを示していると捉えることもできるのだが、少なくとも批判の的となっているのは、政治的・政策的課題である。そのため、上田その人や立論に対する批判というよりは、上田がリハビリテーションの代表的論者だったためになされる批判といっていいだろう。

3 「このような『段階論』は意外に多くの医師・セラピストの考え方の中にくい込んでいると見なければならない。私はこれを以前から批判してきた。これは機能障害の治療を最も重要と考えて他のものを軽視する『治療主義』であり、その限界があきらかになるまでは『治療』しか考えず、限界にぶつかって初めて、やむなく他のアプローチに移るもので、リハビリテーションの姿はとっているものの、古い治療医学の考え方にほかならず、先にも批判した『障害の治療医学』、それもほとんど機能障害だけの治療医学である。」（上田 1992: 206）

4 ただし、「すべての障害児を普通学級に」という姿勢はとっていない。一定の個別的な指導が必要なケースもあり、それなくして普通学級に置かれても「お客様」になってしまうだけになりかねないというのが理由である（上田 1983: 251）。上田が重視していたのは、あくまでも実質的「参加」だったことが示されている。

5　二〇一六年一〇月三〇日（日）朝日新聞厚生文化事業団による「高次脳機能障害を生きる～当事者と家族～」（於：浜離宮朝日ホール）での上田の基調講演より。この事例については上田（2013: 257-258）でも触れられている。

6　むしろ、「障害受容」について上田がリハビリテーション部の勉強会でテーマとして取り上げた当初、症例の見直しから見えてきたのは次のようなことだったという。「ある症例が長期にわたる抑鬱から短期間のうちに劇的な立直りを示したことから、障害の受容のめざましい成功例だと担当者たちが考えていたにもかかわらず、角度を変えて見直してみると、実は抑鬱期にある患者に自立を『強要』し、それが十分達成されないことにたいして、批難がましい感情をもつことによって一歩誤ればひじょうに危険な瀬戸際まで患者を追いつめていた可能性があったこと、そしてもしわれわれにもうすこし深い洞察力と患者の苦しみにたいする共感力とがあれば抑鬱の期間をはるかに短く切り上げて、数か月も早く受容に到達させえていたかもしれないということの認識（と反省）に到達しえたことはわれわれにとって一つの啓示といってもよいものであった」（上田 1983: 206）。ここからすると、南雲が批判したような「障害受容」の捉え方は、上田にとっても批判の対象であり、そうした捉え方がいかに一方的で誤ったものかということが、上田の「障害受容」論の入り口になっているといえよう。

7　立岩は、上田が「両方が大切である」といいつつ、議論を進めるうちになぜか一方だけ（主に医学的な対応）を重視する話になっていると指摘する（立岩 2010）。さらに、そのどちらがどのように重視されるのかということには、社会的・政治的なさまざまな力が働くのであり、「両方が大切である」といえば終わるわけではないと述べる（立岩 2011）。それは確かにその通りなのだが、上田が後述するように専門職として強く自己定義していたことを考えると、上田の議論の中でリハビリテーション医学が結局中心になるのは、避けがたいところもあるだろう。専門職は自らの専門外についての発言には慎重になりがちである。少なくとも専門知を有すると自負できる領域についての発言と同じように、他の領域に対して発言できるとは考えないのが、専門職の倫理的態度である。これは謙虚であるべきだとか、そういう話ではない。知というものに対する誠意の問題である。

8 上田自身の説明によると、「弁証法」とは、「二つのもののうち、正しい要素は生かし、誤った要素は除き、さらに両者にない新しい要素を加え、全体を組織する」ことである（上田 2013: 304）。なお、さらにいえば、「医学モデル」「社会モデル」がマイナス面にしか注目していないのに対して、ＩＣＦや自身の立場はプラス面を主にすることで視点を一八〇度変えているのだという。

9 二一世紀に入ってから、日本でも徐々に、社会モデルの考え方をただ輸入・適用するのではなく、社会モデルそのものを主題として深めていく議論が発表されているが、その多くが、障害が社会に起因するということの意味やそのプロセスについて議論を精緻化するという方向にある（星加 2007）（川越・星加・川島 2013）（榊原 2016）。

10 上田は、「自己決定権は基本的人権の一つであり、そのもっとも中核的なものであるから、重度心身障害児であろうと、重度の知恵おくれ児であろうと、痴呆老人であろうと誰からもそれを奪うことは許されない」と述べた上で、「リハビリテーション（全人間的復権）の対象者には、ここにあげたような重度の、自己決定権にすら制約のある障害者も当然含まれる」「むしろこれらの人々こそ、最大限の『人間らしく生きる権利の制限・喪失』状態にあり、もっともリハビリテーションを必要としているとさえ言わなければならないのである」（上田 1983: 34-35）と述べている。

11 障害者運動は、専門職を批判的に捉えてきたわけだが、その内実について障害学は、どちらかというと、E・フリードソンのいう「専門職支配」に即したような専門職への批判としてまとめてきてしまったように思われる。たとえば堀智久は、「障害者解放運動の理念や思想」が、専門職に対して患者（＝障害者）が協力的でなくてはならないとされることに対して批判しただけでなく、病気や障害が否定されるべきことだと捉えられてきたことに対して痛烈に批判したのだと述べる（堀 2014: 36-47）。だが、もしそれだけなのだとしたら、たとえば上田のように、「専門職支配」のような専門職像から抜け出そうとした人たちのことは捉えきれない。上田は、本文でも述べたように、医師に患者が従うべきだとは捉えていないし、註8で触れたように、機能障害それ自体を単にマイナスで捉えるような視点は持っていない。

12 なお、付言しておくと、そもそも専門職がどの程度まで社会に働きかけるべきか、というのは、実はかなり難しい問題である。専門職への批判として、社会に十分働きかけないという批判は多くあるのだが、社会に働きかければいいというものではない。たとえばある種の産婦人科医が「あるべき女性の一生」について語り、それに基づいた社会の制度やしくみの構築を訴えたら、どうだろうか。私は二〇代後半のとき、ある産婦人科医に「女性は医学的にみても早くに子どもを作った方がいいから、勉強はそこそこにして結婚しなさい」と説教され、閉口したことがある。専門職が安易に社会に働きかけることは、本来はそう簡単に推奨されることではないはずだと私は思う。そして上田は、その点に対するためらいは常に持っていたようである。確かに先述したように、夫に見捨てられるという不安に駆られていた女性に、東京で訓練するのではなく関西に住む夫のもとへ戻ることを勧めているのだが、この事例については当初「急ぎすぎではなかったか」という反省も抱いていたそうである（上田 1987→2001: 47）。とことん、専門職なのである。

13 ただし、障害者運動史についての研究では、このことは繰り返しテーマ化されている（ごく一部を挙げるにとどめるが、山下 2008; 渡邉 2011; 深田 2013 など）。

14 石村善助の概念で、医師や弁護士が、他人の不幸をいわば「飯の種」にしていることを指摘したものである（石村 1969）。それに対して教師や保育士は、他人が成長していくプロセスを「飯の種」にしているという意味で「プラスのプロフェッション」と分類された（なお、ここでいうプラス／マイナスは、たとえば疾患や障害が人生において常にマイナスを意味する、ということまで意味しているわけではない）。同じプロフェッションでも性格が異なることを示す区分である。たとえば教師なら、卒業生から連絡が来ることは普通にあるだろうし、望ましい事例として語られるだろう。それに対して、たとえば尊属殺法定刑違憲事件の弁護士だった大貫正一さんは、罪に問われた女性が執行猶予になったのち、毎年はがきを送ってきていたのに対して、事件を思い出すことになるから送らなくていいと伝えたといわれる。

15 たとえば医療者が身に着ける「白衣」は、それを身に着けることで気持ちを切り替える重要なツールになっていることが多い。だが一般には、「白衣」は「ともに生きる」ことを阻害するものとみなされるだろう。

支援の現場を訪ねて⑩

モノは使いよう！

むつき庵

「おむつ」といっても本当に幅広い

高齢者介護にかかわる人たちなら、知らない人はいないのではないかと思っていたが、どうやらそうでもないらしい。障害者介助にかかわる人だと、知らない人も案外いそう。だったらぜひ紹介したいのが、むつき庵である。そしてむつき庵は、たぶん新しい時代の新しい専門職のありように近いところがある。

むつき庵の前身は高齢生活研究所である。創設した浜田きよ子さんは、もともとフリースクールなどをやっていたのだが、お母様を看取る過程で、もっと介護の現場に工夫がありうるのではないかという思いを抱いたそうである。まずは福祉用具について学び、中でも排泄に注目して学んでいった。そして介護に関する無料相談を受け始めたそうだが、オムツや尿もれパッドについて相談を受けていても、現物がないと、お互いに話が行き違ってしまう。そこで、市販されているおむつ類や尿瓶、ポータブルトイレなどの現物を揃えた「むつき庵」を開設した。

「むつき庵」に入ってみると、なかなか壮観である。四〇〇種類以上のおむつ（紙もあれば布もあり、テープ止めタイプもあれば、パンツタイプや尿もれパッドもある）、おむつカバー、失禁パンツ、ポータブルトイレ、尿とり

大量に並ぶおむつ

器などが並ぶ。入口にはかわいいぬいぐるみが並んでいるのだが、これも消臭機能を持つ優れモノたちである。

これらを見ただけで、「おむつ」と一言で片づけることの暴力性を痛感する。一言で「おむつ」といっても、本当に、本当に、幅広いのだ。

モノをどう使うのか

「むつき庵」は、営利を目的とした場ではない。そのため、なかなか一般では購入できないものを除いては、基本的に販売はしない（そもそも在庫を置けないとのことである）。収入を求めなくてもいいように、あえて株式会社という形を採用したそうで、四つの会社と浜田さんが協働で出資する形になっている。NPO法人は、非営利といえば聞こえはいいが、自分たちで収入を得なくてはならないが、こうした形をとることで、収入を求めずともよい体制にしたそうである。

「むつき庵」が目指すのは、人が人をケアしていくために、モノが確かに有効な役割を果たせるときがあるとの認識の上で、いつどのようにモノを活用できるのかを、相談に訪れる人たちと一緒に考えることである。また病気を見逃さないことも重要だという。

歳を重ねれば、どうしてもいつかは「下の世話」を他人にゆだねなくてはならなくなる。そのときに原因を探り、その人の暮らしに合ったモノをうまく使えば、格段にいろいろなことが可能になってくることがある。どういうときに、どう使えるのか。それを工夫するのである。決して「おむつを勧める」場所ではない。使わなくてもいいことも含めて、何がどう起きているのか、どのような方法がありうるか、一緒に考えることを目指している。

たとえば、尿もれがあるとき、多くの人たちが外出を控えるようになる。たとえ外出していても、「粗相」があれば、せっかく楽しみにしていた会も早々と帰ってしまうかもしれない。だが、ある程度消臭もしてくれる尿もれパッドや失禁パンツがあれば、外出も怖くなくなるだろう。何より治療や薬で解消できることもある。あるいは、どうしても夜寝ている間に尿が出てしまうのであれば、夜だけ尿取りパッドを使うこともいいかもしれない。それでぐっすり眠れるのなら、必ずしも悪くはない。字義通り、直裁にＱＯＬ（生活の質）にかかわってくるのである。

おむつやパッドを付けてもうまくいかなかったという経験を持つ人は多いだろう。ただ、それはモノの選び方の問題かもしれない。体格によって合うおむつも違うし、尿の量によっても違う。また、紙がいい人もいれば、布が楽な人もいる。パンツ型がいい人もいれば、寝たきりの人などテープ型の方がいい人もいるだろう。

私は生理が始まったばかりの頃、いつも「失敗」を重ねていて、本当になんて面倒なものだろうと思っていたし、自分のそそっかしさがイヤだった。だがいまから振り返ると、親の生理用品を使っていたことも一因である。私の母は私より二〇センチは背が低い。同じものを使っていたのでは、うまくいかないのは当たり前である。

何も、実際にモノを使うことだけが重要なわけではない。尿もれがあると、多くの人は「恥ずかしい」と感じるし、「みっともない」と肩を落とす。本人だけでなく、周囲もそうだろう。だが、「そういうときにはこういうモノだってあるのだ」と思えば、それだけで大きく違ってくる。恥じて隠すより、使いこなせばいい。そんな発想だって生まれうる。それがあれば、本人も周囲も、「失敗しない」ことばかり考えなくても済むようになる。それだけでも、生活の幅は大きく広がりうる。実際、私は身近な人のことで、その効果を痛感したことがある。

私が「むつき庵」をとてもステキだと思う理由のひとつは、このようなモノの捉え方にある。どうしても教条主義的に「おむつはいけない」「〇〇はいけない」と私たちは思いがちである。そういう捉え方がいつでも悪いわけではなく、歯止めとして一定の効果は持つときはあるだろう。だが、モノには罪はないし(いや本当に思うのだが、おむつに罪はないですよね)、モノは使いようである。使い方を間違えるからおかしなことになるのであって、いい使い方を考えればいいだけだ。「むつき庵」に行くと、そんな当たり前のことを、力強く思い出させられる。これは、何もおむつに限らず、その他のさまざまなことに応用できることでもある。

排泄って面白い!

そして、排泄に関する相談は、より根本的なところでケアを見直す契機になることもあるという。浜田さんの話を伺っていると、排泄って、本当に面白いのだ!

まず、排泄は、生活において決定的に重要なものである。美味しく食べれば出るのだし、きちんと出れば食べられる。きちんと出す過程は、実はかなりのリハビリの過程ともなりうる。ここを整理するだけで出来ることもたくさんある。

以前、障害者介助の現場で働く人たちと飲んでいたときに、「所詮『生きる』なんてのは、食べて出して寝るだけかもね」という話になったことを思い出す。もちろん、「生きる」過程はそれだけではない。見栄だって意地だって大事である。それでもときどき原点に立ち戻ることは、発想を格段に豊かにしてくれると思う。

そして何より、排泄って、本当にその人固有のもので、つまりは神秘なのである。本当に個人によって異なる。浜田さんが話してくれた男性の例は、超絶面白かった。ある前立腺肥大症の治療を受けているトラックの運転手さんが少しの尿もれに悩んで、むつき庵に相談に来たという。そこで対応したスタッフは男性用の軽失禁パッドや薄いパンツ型紙おむつを紹介したそうである。ところが、一週間後にやってきて、あれでは使い勝手が悪いと言われたそうである。どうしてだろうと聞いてみたら、「横からできない」という。つまり彼はトランクスの横から出して用を足すそうで、そのためにはパンツ型紙おむつでは出せないし、尿パッドを貼るにもトランクスでは落ちそうで困ったそうである。

横から？　頭が一瞬真っ白になったが、よく考えたら、私は自分の夫がどのように用を足しているのかも知らない。浜田さんによると（一〇〇〇人近いアンケートを取ってみたそうである）、トランクスのパンツを履いている人の三割くらいは横から出すのだそうだ。さらにはゴムの上から出す人もいる。実は窓を使う人が大半というわけではない。そして、お互いにあまりそのことをよく知らない。そりゃそうだ、たとえトイレで横に立っても、そうそうじろじろとは眺めないだろう。

女性同士では違いがあまりないように思えるかもしれないが、時代や文化ってのはそう生易しいものではない。ある認知症の女性が、洗面台で小便をするので困ったそうだが、これまた聞いた私は頭が白くなる。ど、どうやってやるんだろう。でも聞いてみれば、お尻を突き出せば実は可能であり、どうも昔の女性はそれが一般的だったそうである（確かに、野っぱらでしゃがんだら危険かもしれないですよね）。ここから、その人の生きてきた歴史が見えてくる。どんな働き方をしてきたのだろう、野っぱらで用を足しながら何を考えていたのだろう。排泄とは、かくも個別的で神秘なのである。ね、もう、楽しくて面白くて仕方がないでしょ？

そういえば、以前知的障害の人のガイドヘルプをしている人と話していて、和式便器でなければ大きい方の用が足せない人の話が出たことがあった（第2章でも触れています）。バリアフリーというとすぐに、洋式便器が必要だということにされてしまい、洋式便器が増えているが、実際には和式でなければできない人もいる。先に挙げたガイドヘルパーによれば、和式便器でなければ大きい方の用が足せない人は、もよおしたときにそばに和式便器のトイレがないと、「その辺」で用を足してしまうそうである。これって、その人が悪いのか、世の中のバリアフリー観が悪いのか。

ケアや支援はその人ごとの工夫

逆に言えば、排泄のことを考えると、本当にケアや支援がその人ごとの工夫でもあることを痛感させられる。ケアや支援は、人の生活に入り込む。そして生活は、本当にそれぞれだ。理念で繰り返しいわれてもなかなかわかるものではないのが苦しいところだが、確かに家事ひとつとっても、本当にそれぞれである。そして人は案外と、他の人の生活を知らない。自分の生活にはプロだが、他の人の生活については、白紙から学び始まるしかないのだと思う。

浜田さんをはじめ、「むつき庵」の人たちが、それで

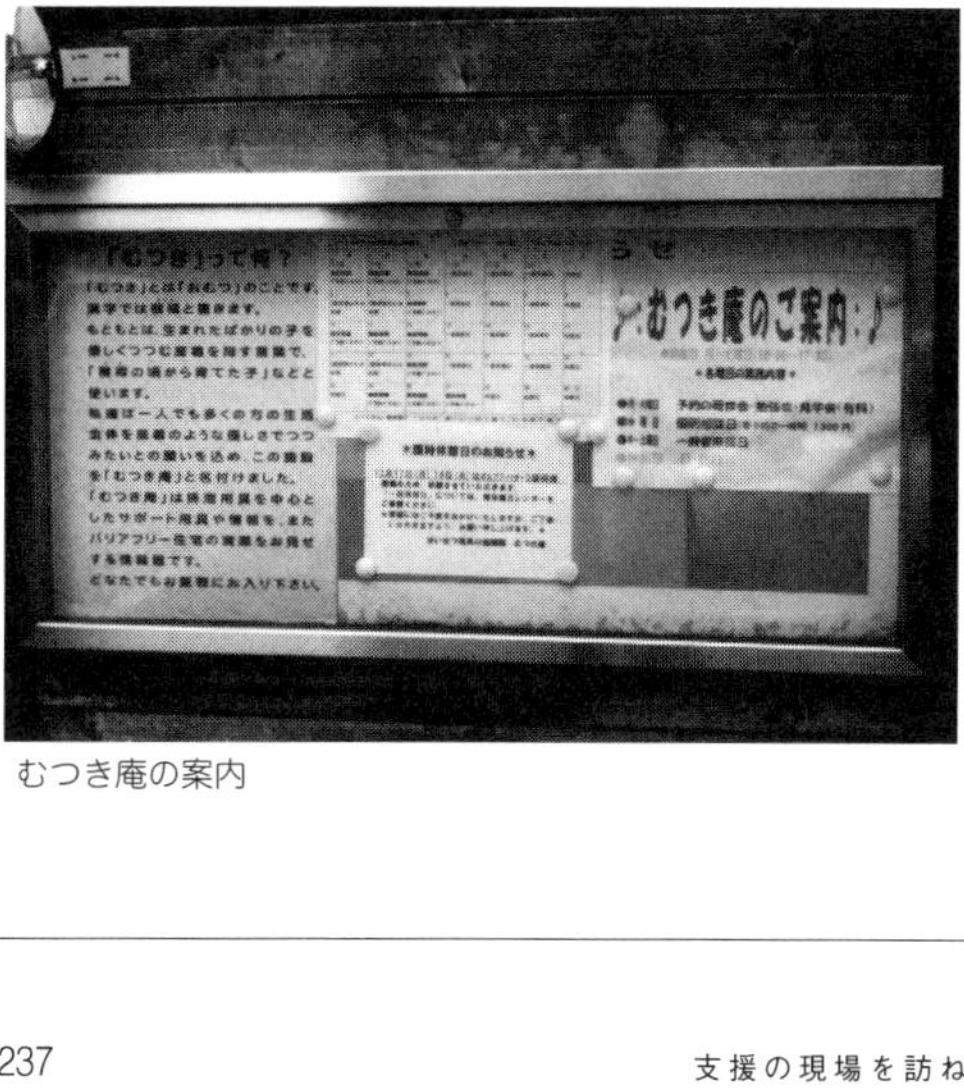

むつき庵の案内

むつき庵

も個々の生活にこだわり続けられたのは、ずっと無料相談を受け続けてきたからなのだと思う。浜田さんは、「相談の第一は関係を切らないこと」という。まずはとにかく聴くところから始めるということが、リアルに伝わってくる一言だった。

なお、「むつき庵」は京都の町屋と言われる地域にひっそりとある。お隣のお肉屋さんの揚げたてコロッケは最高である（すみません、関係ない話ですね）。遠方であればなかなか行けない。そのため、いまは全国各地に「ミニむつき庵」がある。おむつフィッター研修を受けるなどして、「むつき庵」の考えを引き継ぐ人たちが、各地でおむつ他を揃えて相談を受けている。

「むつき庵」の発想の柔軟さから、多くを学べるように思うし、実際学んでいきたい。だって、人は本当にそれぞれで、その人の歴史を持って、その人なりに生きていくのだ。そこにかかわるのがケアや支援なのだとすれば、形や型に縛られたり、モノに使われたりするのはもったいない。むしろ使いこなす側に回っちゃいたいものである。まあ、なかなか簡単なことではないのだけれども。でも、こうして続ける人たちがいると、心底励まされる。変な話だが、すごく元気をもらってしまった。

（『支援 vol.3』〔2013〕所収に加筆修正）

〈後日談〉

コロナ禍の始まった頃、ひょんなことから浜田さんとメールでやり取りする時期があった。もともと障害者運動にもかかわっていたという浜田さん、いろいろ伺っていると、いわゆる「福祉」畑の人というより、明らかに「運動」系の人である（…偏見に満ちた分類でごめんなさい）。世間的なイメージはそうでもないのだろうけど。

それを踏まえると、むつき庵の姿勢は、実はいろいろな意味を持っていたのだと見えてくる。たとえばこうしたモノとの付き合い方やおむつフィッター養成のしくみは、従来型の「専門職支配」に対するアンチテーゼで、別様の専門職の姿（国家に認められたわけではないが）を示しているとも見える。また、おむつを使うことが是か非かという大上段に構えた議論をしない姿勢は、生活を見ようとしなかった時代の「社会運動」へのアンチテーゼでもある。そして、利用者の権利を声高に主張せず、使う人／使わせる人（＝介護者）、その周囲の人たちまで視野に入れた姿勢も、暮らしや関係に基づいて考える発想で、従来型の正義や倫理の語り口とは異なるアプローチであり、なんというか、ケア倫理のエッセンスも感じる。これ、かなり多方向に同時に向けられた社会運動なのだなと、改めて思った。浜田さんがどこまで意識しているのかは別だけれど…でもたぶん結構意識してやっておられるのではないかな。

むつき庵を訪ねることは難しいという方には、ぜひ浜田さんたちの出している本をどうぞ。たくさんあるのだけれども、最近出たものですぐ入手できそうなものとしては、浜田きよ子編『在宅＆病棟でできる！　おむつと排泄の看護ケア――むつき庵の「おむつフィッター」が伝授！』メディカ出版（2020）、浜田きよ子著『おむつトラブル一一〇番――高齢者のＱＯＬを高めて介護者の悩みも解決！』メディカ出版（2015）など。どちらも図や写真が豊富で、素人の私にもわかりやすい。そして、むつき庵を始めた頃の思いなどに触れたい方は、浜田きよ子著『介護をこえて』ＮＨＫ出版（2004）がおすすめ。

むつき庵
〒602-8123
京都市上京区下立売通
黒門西入橋西二町目 648
TEL：075-803-1122
http://mutsukian.com/

支援の現場を訪ねて⑪

一人ひとりの弱い人たちが

要を支える会

これって何ですか

堀川要さんは、一九九七年生まれで現在二〇歳（二〇一七年当時）。低酸素性脳症による脳性麻痺とてんかんのため、生まれた直後から療育を開始している。学齢期になると都立城北特別支援学校に通い、のちに光明特別支援学校に転学、二〇一六年に卒業してからは東京の足立区梅田で自立生活を始めた。

二四時間「ＮＰＯ法人トータルサポートたいとう」から重度訪問介護としてヘルパーを派遣、平日の日中は電車でトータルサポートたいとうに通って日中活動、日曜は歩いて一五分程度のカトリック梅田教会に車いすで通っている。日中の時間をもっとも多く過ごしているのは、組織でみればトータルサポートたいとうだが、いまの生活の礎をつくったのは「要を支える会」（略称ＫＳＴ）という小さな会に集う人たちであり、いまも要さんの生活支援にはこの会が欠かせない。

この会のメンバーは、カトリック梅田教会に通う人たちで、いわゆる障害者運動にかかわる人や福祉の「専門家」然とした人はあまりおらず、なんというか、「普通の」人たちである。

重症心身障害といわれる人が介助付きの一人暮らしをしているケースはまだまだ多くはないようだ。だのに、なんだか「普通に」それが実現してしまっているようにすら見える――これって何ですか。

というわけで、訪ねてみました、ＫＳＴ。

梅田教会と足立区と「シルビア」

カトリック梅田教会は東武スカイツリーライン梅島駅から歩いて数分のところにある。初回は子連れで行ったのだけど、子どもが梅田教会手前の公園にある丸い輪になぜかロックオン、「しゅっしゅっぽっぽっ」と機関車の真似をして延々と回るのでなかなか教会にたどり着けず。やっとの思いで着き、ミサを聴こうとして気づいたけど、いまの日本の教会って、すんごいグローバルなのだ。ベトナム系、フィリピン系、韓国系、その他いろんな人たちが子連れで来ておられ、子連れ専用の部屋もある。良かった良かった子どもが騒いでも大丈夫ね……と思ったら、子どもが断固入らぬと主張する。仕方ないので外で聴く。

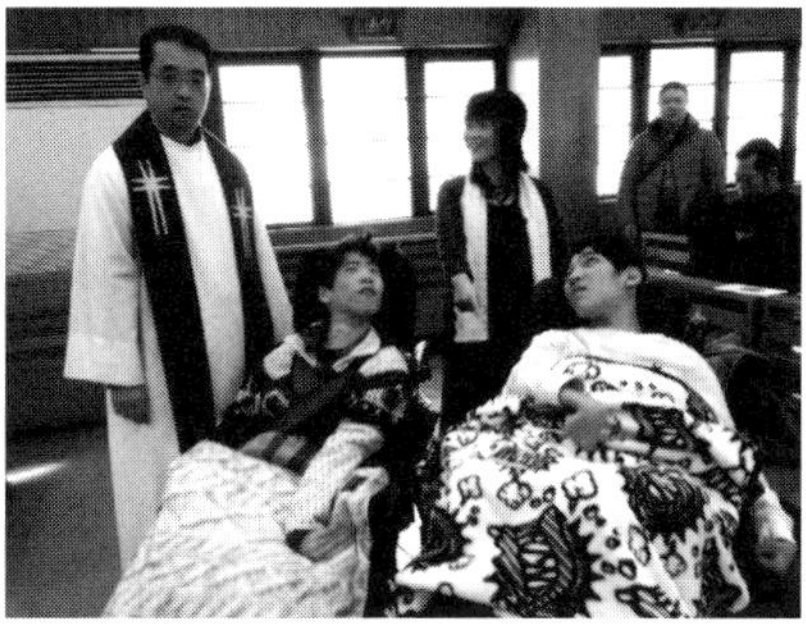
梅田教会のミサで

なんか不思議なミサである。映画とかで見る神父さんって、もっと偉げでいかにも宙に浮いた「説教」な話をしてなかったっけ……この荒川博行神父の話は、やけに熱いというか、具体的だし、一人ひとりに「話しかけている」感がすごい。なんかイメージしていたカトリック教会と違うんですけど……。

なんて思っているうちにミサが終わり、どやどやと人が出てきた。要さんらしき人を捕まえてご挨拶するが不審そうな眼で見られ（当たり前か）、子どもも不審そうな顔で「帰る」と言い出し、なんとかお菓子で釣りながら待っていると、あちこちで立ち話、お茶会、相談事。ああ、ここはいろんな人たちのたまり場なのだ、と思った。関係の結節点になっているように見えたのだ。あとで聴くと、カトリック教会ならどこでも、というよりは、やはりこの梅田教会の特色らしい。

その後、要さんとヘルパー井上大路さんからいろいろと話を聴く（といっても要さんは発話が難しいので、話すのはもっぱら井上さんである）。井上さんはトータルサポートたいとうのヘルパーなのだが、実はトータルサポートたいとうに所属する前にまず、教会で荒川神父とKST代表の改田明子さんにリクルートされたらしい。もともとカレーうどん屋で働いていた井上さんが、お姉さんの子どもの相手をするために偶然教会に来ていたところを捕まり、「どうだ、ヘルパーやらないか」といわれたそうである。だからといって引き受けるというのもすごいと思うのだが、まあでも、荒川神父と改田さんが誘うところを実際に想像してみると、なんとなく、それもわからなくない気がしてくる。

この井上さんが週四日の日中の介助を担っており、夜も一〇時まで介助に入っている（二〇一七年当時）。そのため要さんは、暮らしのさまざまな面を井上さんと過ごしている（全部で介助者は一〇人ほど）。といっても最近は、井上さんも他の当事者の介助に入ったり、他の介助者が要さんの介助に入ったりという機会が増えているそうである。

それから要さんと井上さんと一緒に、駅前の「シルビア」という喫茶店へ移動した。ところで、ここはすごい。梅島駅に行く用事がある人は、ぜひ寄るべきである。「足立区に文化を」と亡きオーナーが頑張ったという店内は、シャンデリアに虎のタペストリー、そして赤い絨毯と、理屈を超えている。ハンバーグもおいしくて、子どもは完食だった。

あとから改田さんと荒川神父が来てくれて少しお話を伺った。ただし、眠くなってきた子どもが床に寝転がるわ、あっち行きたいこっち見たいと騒ぐわで、話の半分もまともに聞けなかった。しまいには井上ヘルパーが子どもをあやす係を買って出てくれた。その感じはいいなあと思った。もしかしたら、要さんのヘルパーとして仕事中なのに不謹慎だ、という向きもあるだろうか。だけどそこには介助し慣れた荒川神父や改田さんもいる。ヘルパーが四六時中張り付いているだけでは、ヘルパーが当人と他の人がかかわる上での「壁」になってしまうこともある。そうではない、場としての介助が普通にあるのだと感じた一場面だった。

お昼ごはんのあとは、改田さんと一緒に要さんのご自宅に伺った。教会から歩いて一五分ほどのところにある一軒家で、土間がどかんとあり（キッチンになっている）、上がったところに畳の部屋、風呂も改造されていて快適そうである。一階は要さんの寝るところ、二階は洗濯物干しや物置がわりのスペースとなっている。玄関に昇降機を付けることも検討したそうだが、機械は壊れたときが大変ということから（後述する北海道旅行での経験らしい）、いまのような形になったらしい。

カレーとバジルとＴＨＥ ＷＨＯ

それから三週間後、「要を支える会」のミーティングがあるというので、もう一度伺った。台風のさなかだったので子どもは夫に託し、一人で参加してきた。

　要さんのお母さん堀川史江さんと弟さん二人も来ていた。弟さんたちは会議には参加せず、ハロウィンの準備に取り組んでいたもよう。

　そしてなぜか、会議の前に始まったのが、カレー作りである。もとカレーうどん屋だった井上ヘルパーが下ごしらえした材料を持ち出して、でかい業務用コンロでおもむろにカレーを作る。なんでこんな業務用コンロがあるのか。そしてなぜか、荒川神父は大量のバジルの枝を持ち込み、葉をむしっている。バジルペーストを作るらしい。教会って、カレー作ってバジルペースト作る場所だったのか……私もまだまだ世間を知らぬ。

　皆でカレーを食べてからミーティングの開始である。遅れてトータルサポートたいとうの副代表の宮尾正基さんも登場した。本当にどうでもいい話なのだが、合羽を脱いだ下に着ていたのがＴＨＥ ＷＨＯのＴシャツだったことは、カレーやバジルと同じくらい印象的だった。あとで聞いたところによると、ロックミュージシャンらしい。

　ミーティングでは、日常の生活をどうまわしていくか、お金のことはどう整理するか、皆で行く旅行（北海道にも二回、長野にも一回、そして今度はエルサレムへ行く計画があるのだとか）をどうするか、以前本人が使ってとてもうれしそうにしていた歩行器をどうやって入手するか、そんないろんな話がなされた。それを聴いていると、トータルサポートたいとうが単なるサービス提供者としてかかわっているのではなく、またＫＳＴも変な口出しだけしようとしているのではないことがよくわかる。トータルサポートたいとうのイベントに

北海道へ

KSTメンバーが参加したり協力したり、区との交渉や制度利用の工夫について一緒に取り組んだりしている。さらには、なかなか進まない手続きに際してKSTが他の手を同時に進めるなどの話にもなっていた。お互いに頭を寄せ合って考え、協力しながら、二人三脚で進めようとしているのである。

「助けてくれ」と声をあげる

「要を支える会」がスタートしたのは、二〇一一年三月のことである。二〇〇六年に要さんのお父さんが亡くなり、その葬儀がカトリック梅田教会で行われた。それと同時に、要さん一家は受洗、梅田教会に通うようになる。そうしたなか、当時要さんは城北特別支援学校等の寄宿舎や短期入所を利用して暮らしていたのだが、二〇〇七年に都が寄宿舎廃止計画を発表した。要さんのお母さんは要さんの弟二人も抱えており、とても家で生活することはできない。そこから、教会の有志で障がい者福祉の勉強会が始まったのだそうである。

寄宿舎廃止に対して反対運動を保護者が呼びかけているとき、要さんのお母さんは他の保護者から「あなたのところは入れたからいいけど、私のところは入れなかったのだから、協力はできない」といわれたそうである。荒川神父はその話をしながら、「保護者たちで手を取り合うことができないしくみになっているんですよ」という。障害を持つ子どもの親は、境遇が似ているのだから、助け合う方にも向かいうるが、現状のしくみは、そうでない方向に向かわせるところがあるのだろう。どれだけの孤独のなかに多くの人が置かれているかと思うと、言葉を失う。

逆にいえば、それがわかっていたからこそ、教会の有志が立ち上がったのだろう。広く支援を求めるための基盤として、会が発足した。代表である改田さんによれば、荒川神父が「とにかく何か始めよう」といったそうである。そして、呼びかけた。いろんな人に対して呼びかけ、「助けてくれ」と声をあげれば、きっと誰か、何か、現れる。

この姿勢は、「要を支える会」の基本姿勢なのだと私は思う。一人ひとりは、弱い。だから、「助けてくれ」と声をあげる。何も来ないかもしれない、それでも声をあげつづける。だって、必要なことだから。その姿勢が、いまの要さんの生活につながっていったのだと思う。

一人暮らしのほうへ

寄宿舎の廃止自体は止められなかったが、都教委との交渉によって、寄宿舎のある光明特別支援学校（世田谷区）に転学が認められた。ただ、足立区から世田谷区に通うことになる。これはなかなか無理がある。そこで送迎について支援を呼びかけたところ、カトリック高円寺教会の吉池神父が答えてくれ、そこから杉並移送サービスや「世田谷チーム要」というボランティアチームが送迎支援をするようになった。

これで、卒業まではなんとかなる。だが、その先はどうなるのか。「要を支える会」のメンバーは卒業後について考えるようになる。そのためにいくつかの施設や個人宅を見学したという。そのひとつとして、代表改田さんと研究会で知り合いだった私に連絡があり、多摩市のたこの木クラブを見学したこともある（私が「要を支える会」を知ったのはこのとき）。

この会の人たちが面白いのは、その見学先が、失礼な言い方だったら申し訳ないのだが、なんというか、「むちゃくちゃ」なことである。入所施設だろうが、自立生活運動やっているところだろうが、なんでも見に行っている。あまり余計な前提がないのだろう。とりあえず、「入所施設はなんだか違うのではないか」という話はあったそうなのだが、だからといって最初から全否定ではない。最終的に一人暮らしという形態を選ぶのだが、その前にグループホームについても検討している。それも、グループホームがいいか悪いかという話の前に、入れそうなところがない、だったら自分たちでいちから作ろうか、でもそれは無理だろうか、というように、発想がやけに自由なのである。さらには、日本だけ見ていると視野が狭くなる、とのことから、教会のコネクションを使って、最初にドイツとベルギーとイタリアにも視察に行っている。

そのベルギーでの経験は大きかったという。あるベルギーの女性が、海外で生まれた子どもと養子縁組したところ、その子どもに重い障害があるとあとからわかったそうである。その女性はそのまま子どもを引き取り、一定の年齢になったら子どもはグループホームで暮らしている。「母親が障害児の世話を一生し続けなければならないということはない」とその女性は語ったのだそうである。「障害を持つ人であろうがなんだろうが、その人と出会って一緒に暮らしていきたい人はたくさんいる。だから任せればいいのです」。そう言い切られたことは、大きかったという。

それとは少し別のこととして、國學院大學の柴田保之さん（柴田 2015 他）によって要さんの言葉に出会い、要さん自身が一人暮らしを望んでいるようだとわかってきた。こうして、少しずつ、一人暮らしという像が見えてきたそうである。

具体的にどうするのか

だが、一人暮らしとなると、まず家が見つからない。「いい大家さん紹介して」と全国に呼びかけていたところ、なんと足元の梅田教会で、クリスマスイブに見つかった。いま暮らしている二階建ての一軒家がそれで、築四〇年超えの賃貸物件である。大家である崔さんの家を貸す方針は「外国人と障がい者を差別しないこと」。実は堀川家が家族ぐるみで付き合っていた、美味しい焼肉屋「クリークパンチャン」のマスターだったそうである。

では、改造はどうするか。これまた梅田教会信徒の大工である高木孝さんにお声がかかる。といっても、単に大工仕事を請け負っただけではない。要さんの学生生活最後の旅行である北海道旅行に同行し、要さんの入浴介助もしている。そういう人が、家の改造を引き受けているのだ。改造にあたっては、専門家である高木さんはもちろん、「要を支える会」のメンバーがひとつひとつ皆で検討したらしい。代表改田さんは、「楽しかったですよ」と顔をほころばせる。

そして、介助者はどうするか。「福祉に厳しい」という足立区で、二四時間介助は受けられないだろうから、監視カメラを取り付けるか、非常用のベルを考えるか、あるいは災害時のためにシェルターを作る必要があるのではないかなど、いろいろ頭を悩ませていたらしい。

そこへ、足立区で暮らしていた障害の当事者であり信徒である片山功一さんが、「カトリック障害者のためにミサをあげてほしい」と荒川神父のもとをふらっと訪れ、片山さんが働くＮＰＯ団体を紹介してくれた。それがトータルサポートたいとうとの出会いである。

トータルサポートたいとうはそれまでは主に身体障害の人たちへの介助が中心だったようなのだが、そのノウハウを活かしながら、要さんの自立生活の支援に入ることとなった。「そのハードルは高くなかったですか」と聴くと、副理事長の宮尾さんは、案外とあっさりと、「お母さんもやりやすい人だし、身体障害もあるから制度もいろいろ使えたし」と答える。ただ、ニュースレターに書かれた文章からすると、いろいろな思いがあったようで、「我々支援者は、もうこれからは受動的ではダメ。もっと能動的にならなくてはいけない。参画しなくてはいけない。共に創らなくてはいけない。そして、その意識が芽生え形成され始めたとき、当事者に本気で関わっているという意味で我々支援者も当事者に成るのだと思います。それが新しく真の意味での〝当事者主体〟となるでしょう」とある。

そして、実際にヘルパーを担う人をどうやって探すかというときに、井上さんが姉の子どものシッターとして教会を訪れたのである。

このように、呼びかけ続けているうちに、次々と出会いが生まれていった。書いていても思うが、よくできた映画か小説のあらすじのようである。「要を支える会」のメンバーは「人間業じゃない大きな力に導かれた」と表現するが、確かにそうとしか言いようがないところがある。

ただそれも、やはり呼びかけが最初にあったからだ。一人ひとりは弱い人たちが、声をあげたからなのだ。それも、「堀川家のため」や、「こうすべき」といった強い「べき」論に導かれたというより、「要さんは卒業してからどうやって暮らしていくのか」「どうしたらサポートできるのか」という、もっと率直で生活に根差したなかから出てきた声だったからなのだと思う。

教会コミュニティ……とかいう前に

ここまで述べてきたことは、「要を支える会」と要さんのいまの生活とが、梅田教会を取り巻くコミュニティによって支えられている、といいかえてもいいだろう。信仰もあるだろうが、何より教会を介した人々のつながりが、要さんのいまを作ってきた。

ただ、見ていると、どっちが先かはわからないよなと感じる。たとえば家の改造について皆で考えたのは楽しかったと改田さんが笑うとき、あるいは要さんがカトリック障害者連絡協議会に参加するのをサポートするということで何人ものメンバーで北海道に行っている写真を見るとき、要さんがいたからこそ、このコミュニティは強まったのだとも感じる。要さんを支えた人たちだけど、要さんがいたからこそつながった人たちでもあるのだ。

荒川神父がこの会やコミュニティの仕掛人であることは確かなのだと思う。普通なら配置転換のあるはずが、なぜかもう長く梅田教会にいるそうで、堀川家をはじめとした幾人かのメンバーがこの教会にかかわり始めた頃と、荒川神父が来た頃は重なっている。

だが、「要を支える会」のミーティングを見ていて思ったのは、この会は明らかに、荒川神父が引っ張る会ではない、ということである。別の側面からいえば、要さんのお母さんは確かにいるのだが、お母さんが引っ張る会でもない。もちろん二人とも重要人物ではあるのだが、それは単に、荒川神父には教会のコネクションがあり、要さんのお母さんは要さんが生まれてから今日までかかわってきたという意味で、要さんがかかわる整形外科医などのコネクションがあるからである。それらのコネクションを使って、要さんの支援に貢献しているだけなのである。

では誰が中心なのか？　実はそれは最後までよくわからなかった。むしろ私は途中から「中心」を探す気持ちを失っていた。それより、この人たち一人ひとりにライフヒストリーの聴き取りがしたいわ……と思っていた。そのくらい、それぞれの人たちがいて、それで出来上がっている何かだったのだ。なんというか、それぞれの人がそれぞれの生きてきた軌跡を持ち寄って、できることをしている——そんなふうに見えた。

行く前は、「これは何ですか」と思っていた。こんなことあるのか、と。ニュースレターを見ても、なぜか次々にことが起きていくさまに、「なかなかこんなこと普通には起きないだろうな」と思っていた。

実際に行ってみて、確かに、ここだからこそ起きたことだ、とは思った。梅田教会という場なくしては起きなかったろうし、それぞれの人が生きてきた軌跡の持ち寄りで生まれたことであって、一人が欠けても違う展開になっていただろうと思うからである。

だが同時に、本当はどこでも生じうることなのだという感を強くした。ここには英雄や特別なリーダーがいるわけではない（とても「キャラが立った」人たちだとは思うけれども）。ただそれぞれが暮らしに根差した率直な発想を出してきたこと、そして一人ひとりは弱いながらも「声をあげる」という姿勢を一貫させてきたことが、今日につながっている。だとしたら、本当はここだけでなく、どこでもありうることなのだと思う。

もちろん、形は違うだろうけれども。そこにいる人たち一人ひとりの生きてきた軌跡によって、形は違ってくるのだから。

（『支援 vol.8』〔2018〕所収に加筆修正）

長野へ

〈後日談〉

その後、KSTはいろいろありながらも、要さんと一緒にイスラエルに行くわ、ローマ教皇が来日したときにも会いに行くわで、相変わらずいろいろ想像を超えている。

二〇一九年秋に久しぶりに参加したのだが、直前に台風の大きな被害があったときで、安全管理をどうするか、なかなかヘルパーたちだけでは回らなこと（屋根の修理は誰が頼むのか、など）をどうするか、多くの案件が議論されていた。そしてやっぱり、中心はよくわからなかった。

二〇二〇年末に届いた「要を支える会ニュースレター」No.18では、かかわってきた人たちが十年を振り返っている。それを読んでいるとつくづく、コミュニティが先にあったというより、要さんの存在が育てたコミュニティなのだと思う。一人ひとりの人が、それぞれは弱い存在なので、ともに手を取ってやれることをやってきたら、コミュニティができてしまっていたともいえる。外から見ると、わりとビックリなことを実現してきてしまっているのだけれども。

最後に、コロナ禍のことも。コロナ禍は、介護や介助のさまざまな現場で大きく問題になったが、要さんの周辺でもそうだった。要さんは、重症化のリスクが高い。だから、感染リスクを下げるためにありとあらゆることをしたいしすべきだと考える人、そこまでしなくていいのではと考える人、さまざまにいたようである。また、要を支える会は、既存の福祉現場の論理とはかなり異なるところで動いている会でもあるが、その独自性がコロナ禍でさらに際立ち、戸惑う人もいたようである。

ただ、要さんのお母さんは、コロナ禍で要を支える会がいかに重要かということを再認識したと語ってくれた。暮らしや行動を広げるという意味だけでなく、命を支えるという根底においても、要を支える会が果たしている役割は大きいという。

そして、なんと、シルビアは閉店してしまったそうである。コロナ禍のせいかどうかはわからないが、気づいたら建物ごとなくなっていたとのことだった。残念、もう一度行きたかった！

要を支える会
（Kaname Supporting Team）

〒123-0851
東京都足立区梅田 7-19-22
カトリック梅田教会内
TEL：03-3880-4718（代）
FAX：03-3880-2021（代）
E-mail: kanamekst@gmail.com

仕事でなく生業として

トータルサポートたいとう

若い人たちをどう支えるか

トータルサポートたいとうの宮尾正基さんと初めてお会いしたのは、要を支える会（ＫＳＴ）でのことだった。具体的な言葉は忘れてしまったのだが、そこで宮尾さんがふと口にした、まだ年若い介助者たちをどう支え、どう育てるか、というような話がやけに強く印象に残った。

年若い介助者たちがどう仕事を続けられるかというのは、どこでも聞く、いま本当に深刻な課題である。必ずしも、トータルサポートたいとうに答えがあると思ったわけではないが、真剣に考えている人、それも私とあまり年齢の変わらない人の話は、ぜひ聞いてみたい。

ＫＳＴを訪ねてから二年後、伺ってみることにした。

竜泉というまちと、鶴岡さんと

トータルサポートたいとうの事務所は、日比谷線三ノ輪駅から歩いて一〇分ほどのところにあると聞き、駅で降りて歩いてみて、町の風景に心奪われた。妙に碁盤の目状で、雰囲気があるのだ。何かいわくがあるのかと調べてみたら、ここらへんは竜泉というまちで、新吉原の玄関口だったらしい。トータルサポートたいとうのすぐ裏には樋口一葉を記念した一葉館と一葉公園がある。グーグルマップが一本先の路地を指すのでうろうろしてしまったのだが、すぐそばにある床屋ではおじさんがひとり新聞を読んでいるし、あっちの甘味屋では年配のお姉さま方が騒いでいる。浅草まで歩いていけるし、秋葉原もすぐ近く。そんなお土地柄である。

ここで生まれ育った鶴岡和代さんが中心になって立ち上げたのが、のちにトータルサポートたいとうの母体となった、CILたいとうである。鶴岡さんはここで親たちが中心になった会に所属していたが、その後山梨の入所施設に入れられ、そこは嫌だと飛び出して東京へ戻ってきたという。入所施設で辛酸をなめた、まさに障害者解放運動の第一世代である。当時、台東区にあった当事者団体のメンバーたちに声をかけ、六人で立ち上げたそうである。一九九六年四月のことだった。

なんとか財源も確保でき、健常者を二人雇う余裕ができた。そこで翌一九九七年から入ったのが宮尾さんだった。宮尾さんは新潟県出身で、当時は音楽をやりながらフリーターを続けていた。たまたま福祉の仕事に興味を持ち、CILたいとうの当事者のひとりが通うグループホームでアルバイトを始めていたところ、声がかかったのだそうである。最初は宮尾さんについて良い噂しか聞こえてこないことから、鶴岡さんはかえってかなり警戒していたそうなのだが（ここらへん、お人柄がうかがえてステキである）、その後意気投合し、毎日二三時くらいまで議論を重ねるほど、実にいろいろな話をしてきたのだという。

ただ、雇われたといっても、宮尾さんがもらっていた給料は当初は八万円、あとになっても一七万円（福利厚生なし）。しかもCILたいとうの出資金を出せといわれて毎月一万円を支払い、会員になって会費も払っていたという。それだけでは食べていけないので、CILたいとうの仕事が終わった後にビデオ屋の夜勤で働いていたそうである。一週間のうちに休みなどなく、バイト中にシフトを組むのでシフト作りがうまくなったのだとか。それなりに、いやかなり、ブラックである。だが宮尾さんは面接時に「最初は給料を出せないからバイトは続けろ」といわれて「面白いな」と思ったそうで、まあお互いさまというか、なんというか。

トータルサポートたいとう前の通り

鶴岡さんはいま気管切開を受けて自宅で暮らしており、本人が外に出たがらないのだそうである。そのため、今回はお会いできていない。ただ、宮尾さんが話すお二人のエピソードはなんだかすてきなものが多い。たとえば面接のときに宮尾さんが音楽をやっているといったとき、鶴岡さんに何をやっているのかと聞かれ、「ローリング・ストーンズから入って、ブルースなど」と答えたところ、「ああずっと反差別運動にかかわってきたのね」といわれたそうである。うん、まあ、確かに。個人的に、音楽を別の何かに回収する表現はあまり好きではないのだけれど、この感じはすてきである。鶴岡さんって、ほんっとうに反差別を、身を挺してやってきた人なんだろうなあ……。

その後、二〇〇一年四月にヘルパー派遣事業所であるトータルサポートたいとうを設立した。理事長は鶴岡さん、副理事長は宮尾さん。現在は、障がい者（児）地域移行総合センターことReena（りーな）、居宅介護支援むらさきも開設されている。

支援者も当事者になる

もうひとつ、トータルサポートたいとうが少し特徴的だなと私が思うのは、活動の初期から精神障害者の当事者団体との接点が多くあることである。台東区には全家連（全国精神障害者家族会連合会）も全障連（全国障害者解放運動連絡会議）もあるらしく、精神障害者の当事者団体はふたつほどあったらしい。初期から鶴岡さんはそのうちのひとつの精神障害者団体に出張カウンセリングに行っていたという。

宮尾さんは、「こういう言い方はよくないかもしれないけど……」と前置きをしつつ、「精神障害者と脳性麻痺の人は相性がいい」という。脳性麻痺の人の話を精神障害の人はゆっくり聴き、また精神障害の人の話を脳性麻痺の人はゆっくり聴くのだとか。

そして、宮尾さんは障害者だけが当事者ではないという。ＣＩＬの発想は、基本的には「障害当事者であること」を重視し、たとえばピアカウンセリングであっても「当事者であることが資格」くらいの勢いでとらえていたが、それに対してＣＩＬたいとうは批判的だったようである。障害者であってもカウンセリングの勉強は必要だし、介助者であっても介助だけしていればいいわけではない。鶴岡さんは「同胞」あるいは「戦友」と表現するそうだが、障害者の暮らしのこと、生きていくということに、自分の問題として取り組んだとき、介助者もまた当事者となる。そういう支援者になっていくことが重要であり、そのとき支援者と障害者は相互に援助しあう関係になるのだという。

この発想が出てくるベースには、先述した精神障害の人たちとの付き合いがあったのではないかと思う。介助者は単に介助をする人たち、というのではなく、その人たちの中にもある苦しみや悲しみが、精神障害の人たちとの付き合いの中から鶴岡さんたちにはよく見えていたのではないだろうか。

こうした土壌があったことが、堀川要さんという重症心身障害の人を受け入れることにつながったのだと思う。本来、ＣＩＬの理念からすれば、どのような障害の人であっても受け入れるはずだ、ということになるだろうが、実際にはなかなかそうはなっておらず、重度知的障害の人の自立生活支援は断られることも少なくないと聞く。スムーズにトータルサポートたいとうが支援に入ったのは、障害者が物事を決め、介助者はそれに従うという図式ではなく、介助者自身が当事者になるという発想を持っていたためなのではないかと思う。

トータルサポートたいとう事務所入り口

介助者確保という課題をどう考えるか ——支援の一部として

さて、介助者をはじめとしたスタッフをどう育成するかという話になると、宮尾さんはときどき言葉に詰まる。そうそううまくはいかない現状があるからだろう。こちらはこう育ってほしいと思っていても、相手次第のことでもある。いまのスタッフの主力は四〇代くらいだそうで、長年宮尾さんと一緒にやってきた層である。最近、堀川要さんを軸に新しく何人もスタッフが入ってきたが、この人たちも新しいとはいえ同世代なので、お互いに多くを共有できているようだという。ただ、問題はやはりその下にはなかなか続かないことで、二〇～三〇代はどうしても薄く、大きな課題として受けとめている、とのことだった。

どこの現場でも似たような話をよく聞く。自立生活運動が始まった当初であれば、障害者自身が自らの人間的魅力も駆使して介助者を確保していくエネルギーを出していたが、それだけでは数多くの障害者たちの自立生活を実現できない。生活とは、毎日のことであり、単純にどうしても人手が必要である。はっきり言ってしまえば、「穴を埋める」ことがやはり必要で、「質より量」で考えなくてはならないときだってある。だが、現状としては、介助という仕事のとっつきにくさ、労働条件としてみたときに必ずしも良いとは言えないことなどがあって、どこの現場も深刻な人手不足に苦しんでいる。わずかこの一〇年ほどの間にも深刻さが増しており、事業所を運営している層が集まると、「人が集まらない」という話ばかりが続いてしまうこともある。

そういう、悩み多き現状にあるということは踏まえつつ、それでも宮尾さんの介助者確保の戦略話は聞いているとなかなか面白い。一般的な介助者派遣事業所がやっていることは全部やっているし、そのひと回り上まではやっている、という。人材募集の業界紙にも出しているし、人づても歓迎しているとか。紹介料システムも作ったことがあったそうだが、これはあまり効果がなかったらしい。

近年真剣に考えているのは、トータルサポートたいとうの中で就労支援事業所を立ち上げられないか、ということだそうである。働いている人たちもさまざまな背景と事情とがある。働いていくという上で、実際問題としてさまざまなサポートが必要なことも多い。そして、自立生活の介助は、いきなり相手の自宅に一対一で入り込むわけで、リスクが高いといえば高い。こうしたこともあって、普段事務所にいろんな活動スタッフと介助者が入り浸っているその場面に、一ヵ月でも二ヵ月でも、ただ立ち会うような形で居合わせ、他のスタッフたちの目のあるなかで障害者とのかかわり方・介助の仕方を学んでいけるといいという。現状としては、そこを金銭的に保障する方法がないので、それなら就労支援しかないか、というのである。

もうすでに、トータルサポートたいとうはそれを実践しているともいえる。どこの障害者支援団体でも起きていることではあるが、軽度の発達障害・知的障害の人や、精神障害の人、外国人などが介助者に多く入りつつある。総勢八〇人という大所帯になり、大変といえば大変なのだが、そうなることで事務職のみという働き方をする人も必要になってきており、介助の現場に入るのはまだ難しい人や、経験はあるが子育て中のために入れない人などがともに事務職で働いているのだという。

実際、その日いらしていたスタッフに紹介されたあと、帰り際に「今日お会いした人達の中に『当事者』と呼ばれる人が三〜四人いますよ」と言われたが、正直いって誰のことかわからなかった。

というか、宮尾さんと話していると、いったいいま話題になっているのは、利用者なのか、介助者なのか、よくわからなくなることがしばしばある。たぶん、そこまで大きな線引きがなされていないのだろう。

といってももちろん、給料を払う／払わない、という違いは決して小さなものではない。労働条件の整備については、かなり考えられていると思う。研修も盛んに参加させているようである。最近、鶴岡さんが医療的ケアを必要とするようになったのを契機に、医療的ケアを必要とする利用希望が殺到しているそうなのだが、それを引き受けていくためにも、介助者の研修は不可欠であり、シフトをうまく組むことも不可欠である。前年に監査が入ったこともあって、いまは事業所として「A級」になって、さらにプラスアルファを求めていけるような環境づくりを考えているという。宮尾さん自身の初期の労働条件は、先に書いたように、なかなかファンキーなものだったのだが、それとは違う世界を用意しなければ、次の世代はついてこない。その思いは強くあるようである。だから、線引きがなされていないといっても、労働条件を無視しているわけではない。そうではなく、労働条件を整えれば働くマシンとして介助者を見ているのではなく、介助者もまた、支援を要する人たちと見えているだけなのである。

運動だけど事業、いやむしろ事業で運動

それでは、宮尾さんは「優しい雇用主」なのだろうか？　しかし、失礼ながら私にはあまりそうは見えなかった（本当に失礼でごめんなさい）。むしろ、介助者たちを集めて育てていくことは、宮尾さんにとって、いわゆる「人手不足問題」ではないのだろうと思う。

とにかく「人手」が必要で、「穴を埋める」ことが必要だという発想に立ってしまうと、とてもつらくなる。多くの事業所が集まるとすぐ人手不足の話になるが、だんだんみんな表情が暗くなっていくのだ。楽しい話にならないからだろうと思う。そんなことばかり考えたくて、こんなことを始めたわけではないのに。そういう悲鳴が聞こえるような気がするときがある。

それに対して、たぶん宮尾さんには、これこそが「運動」なのだ。鶴岡さんたちにとっては、障害者が自分自身として身体をはり、世間と対峙し、あるいはときに妥協しながら、生き抜いていくことが運動だったのだとしたら、宮尾さんは「障害者」ではないし、「支援費以前」を知る人ではあるが、障害者解放運動真っただなかの人では必ずしもない。障害者とのかかわりは、いかにひどい労働条件だったとはいえ、最初から「仕事」ではあった。そのことをどう引き受け、どう展開していくかが、宮尾さんの「運動」なのではないか。

おそらく鶴岡さんにとってもそういう部分はあったのだろう。鶴岡さん自身は介助者養成に際して、自分にも相手にも厳しい人で、簡単に休む人には「契約違反だ」といってその場で解雇し、その後次の介助者が来るまで三時間や四時間くらい、ひとりで過ごしていたらしい（重度障害の人なのだが）。ただ、鶴岡さんはそうやって自分の身体を張ることによって、介助者を雇うということを「運動」に変えていけるが、宮尾さんはそういう立場ではない。おのずとやり方は別物にならざるを得ない。

だからむしろ、事業としてどうやるか、ということが、宮尾さんにとっての「運動」になっているように思うのだ。明らかに雇用主と雇用者の関係でありながら、同時に支援の関係にもつなげていく。また、「仕事」として介助を担う人がいることも重々承知していながら、同時にその中から「生業」として介助を担う人たちが育って

いけるよう、働きかける。

そうなると、介助者はひとりの当事者でもある支援者となり、また同時に単なる雇用者というより、利用者に選んでもらう個人事業主のようになっていく。そうなってきたとき、支援者たちは「結果」を求めなくなるのだという。そうではなく、「結果」が出ないことを受け止め、それでも萎えずに付き合い続ける人たちになっていくのだ。

変な言い方なのだが、トータルサポートたいとうが目指しているのは、しっかり事業なのだが、だからこそ「運動」でもある。その事業の中にいかに「運動」を盛り込んでいくか、「運動」でありつつ事業にもしていくか、という難業に宮尾さんはトライしているのではないか。

というのも、人手集めのため、その他にも出てくるアイデアがなかなか楽しいのだ。事務所が秋葉原とも近いのは先に述べた通りだが、秋葉原のメイド喫茶に通う人たちには地方の福祉施設で働く人が少なからずいるのだとか。だったらこっちに引っ越して来れば、給料は多少下がるかもしれないが徒歩で通える。そういう誘い方をすることも考えて、そしてもちろん当事者の中にメイド喫茶にあこがれを抱く人も多いことから、トータルサポートたいとうで出張メイド喫茶をやったこともあったそうである。ただしこれは勇み足すぎたのか、広報が足りなかったのか、押し寄せたのはメイドさんたちの追っかけのお兄さんたちが中心で、あまり人材リクルートに直結はしなかったのだとか。リベンジを考えているみたいである。

あとは、ここは浅草も近い。浅草寺も歩いて行ける。浅草は芸人の街でもある。売れない芸人のアルバイト先として、介助の仕事はかなり魅力があるはずだ。その方向での売り込みも考えているのだという。

そもそも、先に挙げたようなお土地柄であり、親の会の影響力が強いところでもある。そうした中で、トータルサポートたいとうは親の会の手法を真似ることで地域に定着しようとしてきた。親の会は、地元で季節ごとに開催されるお祭りの類に丁寧に出続ける。ほおずき市には朝四時半から集まり、酉の市も当然ながら参加する。それを真似て、トータルサポートたいとうもこの二つには参加するようにしているらしい。これらイベントへの参加もまた、いってみれば「運動」である。

だから、人手集めの話が、聴いていてもあまりつらくないというか、どこかで笑えてしまうのだと思う。本来は、どうやって人を集めるかという話は、とにかく「穴を埋める」話になり、介助者のことも人間扱いしていないような話になりがちである。だが、それ自体が介助者の支援であり、またそれ自体が「運動」になっていけば、少し違ってくるのだろう。

冒頭で書いたように、要を支える会（ＫＳＴ）の会合で宮尾さんの話した断片から、「この人の若手育成の話は面白い！」と直観的に思ったわけだが、おそらくそれは、個別具体的な工夫が興味深かったというより、姿勢そのものにあったのだと思う。

もちろん、事業の中で「運動」などというやり方は、矛盾の真っただ中に切り込むようなものである。運動は個人のもので、事業は組織のもの、運動は一時性を強く持つけれども、事業体は継続性こそがカギになる。相反するものの中で、「運動」の方が擦り切れていく可能性は大いにある。

実際、ＫＳＴとのやりとりの中では、宮尾さん自身、自分が「運動」側から遠ざかっている面を発見することもあるのだという。ＫＳＴはよくも悪くも事業体とは無関係なので、要さんの暮らしという観点のみから行動する。それを前にして、事業所としてストップをかけ、反論されて議論しているときに、「あ、俺はいま行政みたいだ」「ＫＳＴこそが自立生活運動みたいになっている」と感じたことがあるのだそうだ。そこから、事業所として違法行為にならないラインを無理やり見つける方向へと切り替えたのだそうである。

危ういバランスではあるだろう。困難な道なのは確かである。それでも、そこにあえて船をこぎだしているのである。

次世代の「運動」

こうやって書いてきたからといって、トータルサポートたいとうが特に人手不足を解消できているというわけではないし、宮尾さんの挑戦が成功するかどうかもよくわからない。というか、社会運動って、成功するとかしないとかいう話とはちょっと違うし……。

ただ、これは次世代の「運動」のひとつの形なのだと思う。障害者解放運動の第一世代が多く亡くなりつつあるなか、次世代が何を担うかという議論が、あちこちでなされている。障害のある人たちにはその人たちなりの引き継ぎ方もあるのだろうが、そうではない立場ゆえの引き継ぎ方もあるのだろう。宮尾さんは、たまたま自身がミュージシャンであるということや、鶴岡さんと出会ったこと、場所が台東区だったことなどから、事業を運動としてやるような方向性に辿り着いたのだろうと思う。他の人には他の人の引き継ぎ方があるのだろう（余談だが、宮尾さんの音楽活動にも関心がある方は、Youtube で「The SOULMATEz」を検索するとライブ画像の一部が出てくる。思っていたよりずっと硬派で、かなり反骨的な歌（自作）を歌っている）。

もちろん、矛盾だらけの方向性ではあるのだろうと思う。実は、事業と運動が相反するものだというのは、社会学などではほとんど定番の議論である。どの領域でも必ず出てくる「いつものあれね」というやつである。実際、どの障害者団体や支援団体にかかわっても、必ず出てくる普遍的な矛盾であり、テーマである。

でも、だから何だというのだろう。それでもやらなくてはならないのであれば、そこにとどまり続け、運動としての面白さを追求し続けるだけだ――トータルサポートたいとうからはそんな姿勢を感じて、なんだかよくわからないけれど、私はえらく励まされてしまった。

セオリーはセオリー。乗り越えられてなんぼ。ああ、これって、まさに社会運動だよね。そんなふうに感じた

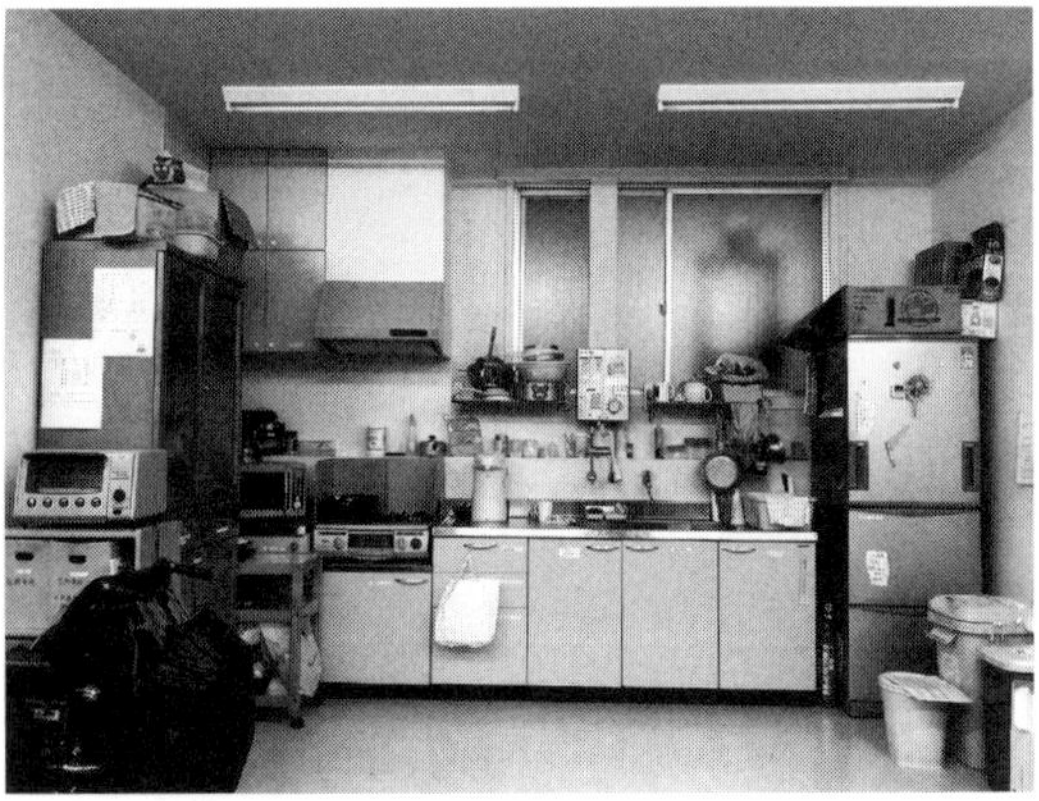

トータルサポートたいとう事務所内部

のだった。

私はどうも最近、団塊の世代他のあと、そして地域包括ケアだの共生社会だのいわれている現在、「運動」はどう展開されるのだろう、という問いを抱えてしまっているようだ。それも、他人がどうしているか、というより、私自身がどう考えたらいいのかを探るために、というような、あまり他人事にできないような気になり方をしている。だから若い人や同世代のいまを知りたくなってしまっているのだと思う。

私はもともと、世代とか、時代とか、ほんっと考えたことがない人間だったのに。不惑（四〇歳）を超えると人間はこうなるんだろうか。

たぶんまだもうちょっと追いかけてしまうと思う。いま、そしてこれから、私が、あるいは私よりも若い人たちが、何を目指していけるのか、どんな道がありうるのか。ただ受け継ぐのではなく、私たちそれぞれの形で。

（『支援 vol.10』〔2020〕所収に加筆修正）

〈後日談〉

二〇二一年五月、宮尾さんと有志は新たにNPO法人SJをお隣の墨田区で立ち上げた。七月には墨田区のグループホーム事業をこの法人で受託している。人員不足が深刻化するなか、もう閉めるしかないというところまで追いつめられていると聞き、別法人を立ち上げることで引き受けたのだという。

宮尾さんと話していてつくづく思うのは、障害者福祉の現場は、見る側の視点によってずいぶん異なって見えてくるということである。たとえば地域での暮らしの場を創設する側や親の側は、仕事としてやっていない。だからこそ、一人ひとりの利用者（正確には「利用者」以前の人）を見る。このことのすごさは何度強調しても足りないだろう。ただ、働く介助者という視点からすると、ひとりでその人を支えているわけではなく、介助の現場は常にチームワークである。そして、その人もひとりで暮らしているとは限らず、集団生活の場であれば、介助の現場は同時に人と人とがせめぎ合う場でもある。どうしても両者の間にはズレがある。いいとか悪いとかでなく。そして、このズレを理解した上でないと、人材確保の方法も現場とズレたものになりかねない。

　ケアや支援の現場を実際に作ってきた人たちは、多かれ少なかれ、複数の視点を持っているよなあと振り返って思う。でもこれ、実はなかなかすごいことで、一般にはどれかひとつしか持てないのが普通なのだろう。そして、ケアや支援の現場で働く人たちの多くは、いってみれば普通の人たちである。全員がそんなことできないのは当たり前なのだ。それでも何人か、鍵になるような人が、双方の視点を持つことがすごく大事なのかもなあ。そんなことを思った。

　いずれにしても、たいとうは（別法人だけれども）また少し事業を大きくしてしまい、また改めて、事業と運動という二つの車輪のもつれに取り組んでいる。やっぱり無茶だよなとは思うけれども、現場のことを考えれば考えるほど、やらざるを得ないことでもあるのだと思う。社会運動が、生活や暮らしと異なるところにあるわけでないと見定めるなら、本質的に避けられないことなのかもしれない。

トータルサポートたいとう
〒110-0012
東京都台東区竜泉 3-19-7
TEL：03-5824-2480
FAX：03-5824-2485
https://www.tomoni-ikiru.com/

支援の現場を訪ねて⑬

ごたまぜで生きる

ウイズタイム／ウイズタイムハウス

大泉学園町の一角で

大泉学園町は、池袋から西武池袋線で約一五分。駅から離れて歩き出すと、碁盤の目状に一方通行の道が拡がる、広大な住宅街である。その一角に、ちょっと大きめの家なんだかアパートなんだかよくわからない、新築のきれいな建物がある。庭と呼ぶにはまだ早いような、草が生えた平地に、奇妙なトラックが一台。裏口のようなところもついている。

一応、小さな看板は出ているが、まあ、普通は見落とすよな。現に私は見落として、灼熱の太陽の下、周囲を二〜三分ウロウロした。よくよく見直すと、「ウイズタイム」の看板が見つかった。そんな場所である。

ウイズタイムという場所

ウイズタイムの説明はちょっと難しい。まず、ウイズタイムと一言でいっても、ウイズタイムハウスというシェアハウスと、ウイズタイムという就労継続支援Ｂ型事業所とがあり、それぞれ法人も異なる。シェアハウスは一般社団法人ウイズタイムハウス、就労Ｂの方は一般社団法人アライブが運営している。そして地域住民に拓くという意味で、土曜日に開かれているのがウイズタイムカフェ。第一日曜日は、一般社団法人ウイズタイムハ

ウィズタイムハウス入り口

ウスとして、五〇〇円の食事が出たり、さまざまなイベントが開かれたりしている。

「ウイズタイム」って名前のついたものが多すぎるし、何がなんだかわからなくなるが、まあそれはたぶん、制度にのっとって理解しようとするからなのだと思う。見たままでシンプルに理解するのであれば、月曜日から土曜日までこの建物の一階には、なんだかにぎやかでキャラの立った人たちが何人もいて、二階にはこれまたいろいろな人たちが住んでいて、オーナーがときどきやってくる。そういう場所である。

ウイズタイムハウスのオーナー加藤木さん

始まりは、二〇一六年末に、シェアハウスの現オーナーである加藤木桜子さんが、いまは就労Bの理事長である兼俊亮さんと、飲み会の席で話していたところに遡る。兼俊さんは福島の出身で、ご両親は原発事故によってセカンドライフで住んでいた土地に住めなくなり、一時的に東京に避難してこられた。もうもとの土地には戻るのは難しいし、子どもたちもみんな東京で暮らしている。だが、みなし仮設のしくみは二〇一八年三月まである。兼俊さんは、その後をどうしようか、と悩んでいた。できれば自分も仕事を辞めて、両親の面倒を見ながらそれを仕事にしてみたい、集合住宅の空きスペースなどを活用しながらちょっと支援が必要な人たちを支えるようなことはできないか。そんな話をしたそうである。

それを聴いた加藤木さんは、「そうか」と思い、でも集合住宅の空きスペースを使うとなるとさまざまな制度が邪魔になるだろうから、いっそ空き家を自分でゲットした方が早いのではないかと考えたのだそうである。そして自宅で夫にそんな話をしたら、後日夫が近所を歩いていて広い土地を見つけ、「土地があったよ」と言ってきた。なので、不動産屋に話を聴きに行った。不動産屋によれば、三つに分けて分譲して売るつもりだったそうなのだが、加藤木さんが「いろんな人たちでちょっとだけ支援が必要な人たちが一緒に暮らすような場をつくりたい」と相談したところ、「それはいいねえ」と分割するのをやめてまとめて売ってくれた。さらには家を建てるのに必要な業者も紹介してくれたので、バリアフリーのことを加藤木さんの知り合いの一級建築士に聞きつつ、いまの建物を建てたのだそうである。「土地代と建物代はどうしたのですか」と聞くと、加藤木さんが三五年ローンを組んだのだとか。普通のメガバンクは組んでくれないので、不動産屋の紹介で地元の信用金庫でローンを組んでもらったのだという。

さて皆さん、ここまでの話、読んで理解できましたか？　私は話を聴いても、日本語はわかるけど、意味がさっぱりわかりませんでした。だっておかしいだろ、なんで福島に帰れないというご夫婦がいるからって、土地を買って家を建てるの。なんで夫さんも普通に土地見つけてくるの。なんで不動産屋もそんなに協力しているの。全体的におかしいでしょ。つか、四〇歳手前で三五年ローン組むなよ。

このわけのわからなさを理解するためには、まず加藤木さんの背景を書かなくてはならない。加藤木さんは、大学を卒業後、ヘルパーとして働くなかで、現状の福祉がすでにある制度のなかに人々の暮らしを押し込めていくようなやり方になっていることに強い疑問を抱くようになる。だからといってこの人、そこで区議選に出ちゃうのである。そんでもって、当選してしまうのである。当時は民主党だったらしいが、一年ほどで一人会派になったらしい。区議会議員に初めて当選したのが二〇〇七年、二七歳のときである。

なんでいきなり議員なのかがさっぱりわからないのだが、理由を聞いたらもっとわからなくなった。ヘルパーとして働くなかで抱いた疑問に取り組むために、いつか福祉の事業を自分で立ち上げたいと思っていたらしい。そのとき、知り合い（学生時代にハンセン病の元患者が立候補するのを支援したことがあるそうで、政治関係に知り合いはもともといたらしい）に「まずは議員になって制度のこととか勉強したら」といわれて、「それもそうか」と思って議員になったらしい。いや、普通、逆でしょ。

ここまで聞いたところで、私の物差しで理解しようとするのをやめてしまった。この人、相当におかしい。そしてこちらの物差しを放棄してみると、兼俊さんの相談がきっかけでしかなかったこともよく見えてくる。おそらく、もともとやりたかったのは、議員活動ではなく、こっちなのだ。だから、いい機会だと始めた、ということなのだろうと思う。

ちなみに、ウイズタイムハウスの家賃は、六畳の部屋だと五万一〇〇〇円から五万九〇〇〇円。一〇畳の部屋は八万円。この値段設定は、生活保護受給時に家賃で払える上限を意識して設定されている。ただし、管理費は少々高く、六畳の部屋が三万円、一〇畳の部屋が三万七〇〇〇円である。管理費が高いということは、生活費を圧迫しているということなので、ここをなんとかしたいと思っているそうなのだが、ローンと管理費を全部入れても、現状ではちょっと赤字らしい。いまは二部屋が埋まっていないので、それが埋まれば少し黒字になるそうなのだが（以上、二〇一九年八月現在）。

そして、ウイズタイムハウスはそれ自体としては制度を全く利用していない（これも二〇一九年八月現在）。単に人が部屋を借りて住んでいるだけである。風呂とトイレは共同（風呂は二つ、シャワールームも二つある）、台所も共同。中には少し大きめのエレベーター（ただし大型の電動車いすが入るのは少々難儀しそうなのが、オーナー的には悔しいところらしい）。あとは普通の家……というか、私には「寮」っぽく見えた。まさにシェアハウス、というべきか。

就労Bのスタッフ・兼俊さん、木村さん

さて、こうしてできたウイズタイムハウスなのだが、加藤木さんは現役の区議会議員で、しかも議員として質問等をするだけでなく、駅で活動内容についてチラシを配るといった、選挙時以外にも区民とかかわる機会を多く持つような一風変わった議員である。さすがに忙しくて、そうそうウイズタイムハウスにいられるわけではない。現状としては、週に二〜三回来る程度だといっていた。それでも加藤木さんがいる間には、住人がよく顔を出すようで、現に私が加藤木さんの話を聴いている間にも、ある住民が何度か立ち寄っていた。

多少なりとも見守りが必要な人がいる以上、そこに常駐している人がいてほしい。だが、その人の人件費をそれ自体として確保することは難しい。そこで、一階で就労継続支援B型事業所が開かれた。それがもうひとつのウイズタイムである。法人が別になっているのは、たとえばシェアハウスの中の掃除を就労Bが事業所として請け負うに際して、同じ法人ではダメだったからだそうである。就労Bの理事になったのは、先に挙げた兼俊さん

〈理事長〉とその妻、そして木村英幸さんである。

兼俊さんは、先に述べたように、そもそものきっかけになった人である。二〇一八年七月に定年を迎える年齢でもあり、もともと自分もお年寄りのケアを仕事にしながらついでに両親のケアをしようと思っていたこともあって、ほとんど福祉の経験がなかったにもかかわらず、引き受けることにしたという。

だが、実は本当に乗り気だったのは、妻の方らしい。兼俊さんの妻は、なんと五〇歳を過ぎていきなり保育士の資格を取り、まずは小規模保育を始め、その後は放課後デイで働いてきたという。ずっと障害児のケアをやりたかったのを、五〇歳を過ぎてから徐々に実現していったということだった。そして、放課後デイの経験から、高校を卒業した後にこの人たちはどうなるのか、という思いを抱いていたそうである。だから、就労Bで働くことは妻の強い希望でもあったらしい。こうして兼俊さん夫婦は、夫婦で同じところで、それも両親のすぐそばで働くという、新しいワークスタイルに突入した。

ときどき、両親の介護で仕事を抜けることもあるらしい。以前勤めていたサラリーマン生活からすれば、ちょっと考えられないことである。それでも、そんな形でいいのではないかと思っているという。就労Bのスタッフも利用者も、みんな両親をよく知っている。介護が必要だということもわかっている。そして仕事を抜けた後はまた戻ってくる。そんなふうに、暮らしと介護と仕事が「ごたまぜ」になっている。

そんな「ごたまぜ」を「いいのだ」と積極的に肯定するのが、もう一人のスタッフ、木村英幸さんである。木村さんはもともと練馬区介護人派遣センターで働いていた人で、身体障害者の自立生活運動にかかわってきた人である。だがそのなかでも、知的障害や発達障害、精神障害など、いろいろな障害のことにもかかわり、「ごたまぜがいい」という発想を持つ人だった。そのためか、多摩市のたこの木クラブにも接点があり、そこに来ていた私とも知り合った。私がウイズタイムを知ったのも、木村さんとSNSでつながっていたからである。

数年前、木村さんは諸事情から介護人派遣センターを辞めた。そしてそこで、「ごたまぜがいい」と思ってはきたが、自分が実際にはお年寄りのケアにかかわってこなかったことを踏まえ、有料老人ホームで働くことを選択する。現場で働いたあと、介護老人保健施設のケアマネージャーとしても働いたのだそうである。

ところがその職場での仕事の仕方は、先に挙げた加藤木さんの言葉を用いるなら、まさに「すでにある制度に人々の暮らしを押し込めていく」ような、現在の多くの福祉現場と同じものだった。木村さんにいわせれば、「みんな、『こんなことしたいけどできないんだよね、制度がないからね』というんだよ。『だったら、区役所とかに行って、こういう制度作りましょうっていいましょうよ』、というと、『おまえはわかってない』っていわれるんだよね」という様子だったらしい。当時を知る加藤木さんは、そのころの木村さんを評して「野生動物が檻に閉じ込められているみたいだった」という。一年近くで一五キロ痩せたのだそうである。

加藤木さんは、「キムキム（木村さんの愛称）を野生に返してあげよう」と、就労Bのスタッフに誘いをかけた。「やる?」。「やる」。即答で木村さんはウイズタイムのスタッフになった。

「ごたまぜ」の中で

ウイズタイムという場は、「ごたまぜがいい」がベースとなっている。ひとつには、兼俊さんのようなワークスタイルが可能になるということもあるが、そもそもここに集まる人たちが、いわゆる福祉の枠組みからすると「ごたまぜ」なのである。

左から木村さん、加藤木さん、三上さん

まず、シェアハウスは、最初は兼俊さんのご両親だけの時期が半年くらい続いた。その後、入所施設から退所する人がそのままシェアハウスに移ってきた。さらには七〇代の一人暮らしと、八〇代の一人暮らしの人、そして三〜四〇代の軽度知的障害の人もおり、一時的だが現在は二〇代の人も一人入っている。

ここは制度的に福祉とは無縁の場だが（二〇一九年八月現在）、入居している人たちは何らかの形で少しの支援を必要とするときがある。日々の見守りもそうなのだが、たとえば入所施設から退所してきた人であれば、施設側とのやりとりを誰かが担わなくてはならず、そうした部分はオーナーである加藤木さんが担うらしい。

これまでに、残り二部屋について入る寸前まで行った例として、老親二人と知的障害を持つ五〇代の息子というケースがあったらしい。これまでずっと息子を大事に育ててきた老親が、でももう身体が効かなくなったというときに、ではどこかに入所しようとしたら、息子は入所施設、自分たちは老人ホームと、別々のところに行くしか方法がないことに気づいて、愕然としたらしい。一緒にサポートを受けられればそれが一番いいのに、と相談されたそうである。結局、その家族は有料老人ホームに三人で入れたそうなのだが、こういうケースについては現状の制度はほとんど無力である。

以前、加藤木さんはALSの人の介護をしていたこともあるらしく、残っている二部屋のうち一部屋は、エレベーターからも近く、ALSの人のように、常時介護を必要とする人が入ってくれたらという思いを持っているそうである。確かに、本人だけでなく介護者も出入りするようになり、さらにいろんな人たちがいる場になっていくだろう。

また、就労Bの方は、行政に就労継続支援B型事業所として申請する際に、「どういう人達が対象ですか」と確認され、そのときは仕方がないので「精神障害と知的障害のある人たちが中心です」と答えたそうなのだが、実はあまりそうではない。精神保健手帳を持つ人、愛の手帳を持つ人ももちろんいるのだが、その他に、若年性認知症の人も、全盲の人も、難病の人もいる。来年度はインシュリン注射を必要とする人も来るという話である。

なぜそんなにいろいろな人が来るのかと聞けば、木村さんは「他で断られている人が来るからね」とこともなげにいう。どうやら福祉事務所をはじめ、さまざまなところが、「困ったらウイズタイムに行けばなんとかなるんじゃない?」といっているらしい。というか、加藤木さん自身が外でそういってまわっているらしい。

そして、見学に来た人には、「一緒に困ることしかできませんが、いいですか?」と聞くのだそうだ。一緒に困ることで、どうにもならないこともあるが、どうにかなることもある。それでいいか、と聞くそうである。その上で、見学に来た人が実際に見て、「ここがいい」って思ったら、そこから始まるのだという。

なお、就労Bの方のウイズタイムでは、開所当時から「飯をみんなで作って食べようぜ」を基本姿勢としている。これはもちろん、それなりに大変なことだ。だが、みんなで味噌汁がしょっぱいとかしょっぱくないとか、そんな話をしながら日々を過ごすと、本当にいろんなものが出てくる。それがいいのだと木村さんはいうし、現に見学に来た人たちもそれがいいのだというらしい。

そのため、就労Bウイズタイムの午前中は、まかない作り班と、チョコレート班と、そして最近できたランドリー班の三つに分かれて行動する。そのつど、自分のしたいことを選ぶようである。

そうそう、書き忘れていたのだが、就労Bではチョコレートつくりをしている。これが、すごい。カカオを選別し、炒って皮を剥くところから始まるのだが、皮を剥くところだけ手伝わせてもらったのだけど、カカオってすんごい香りがいいのである。なんか夢中になって皮を

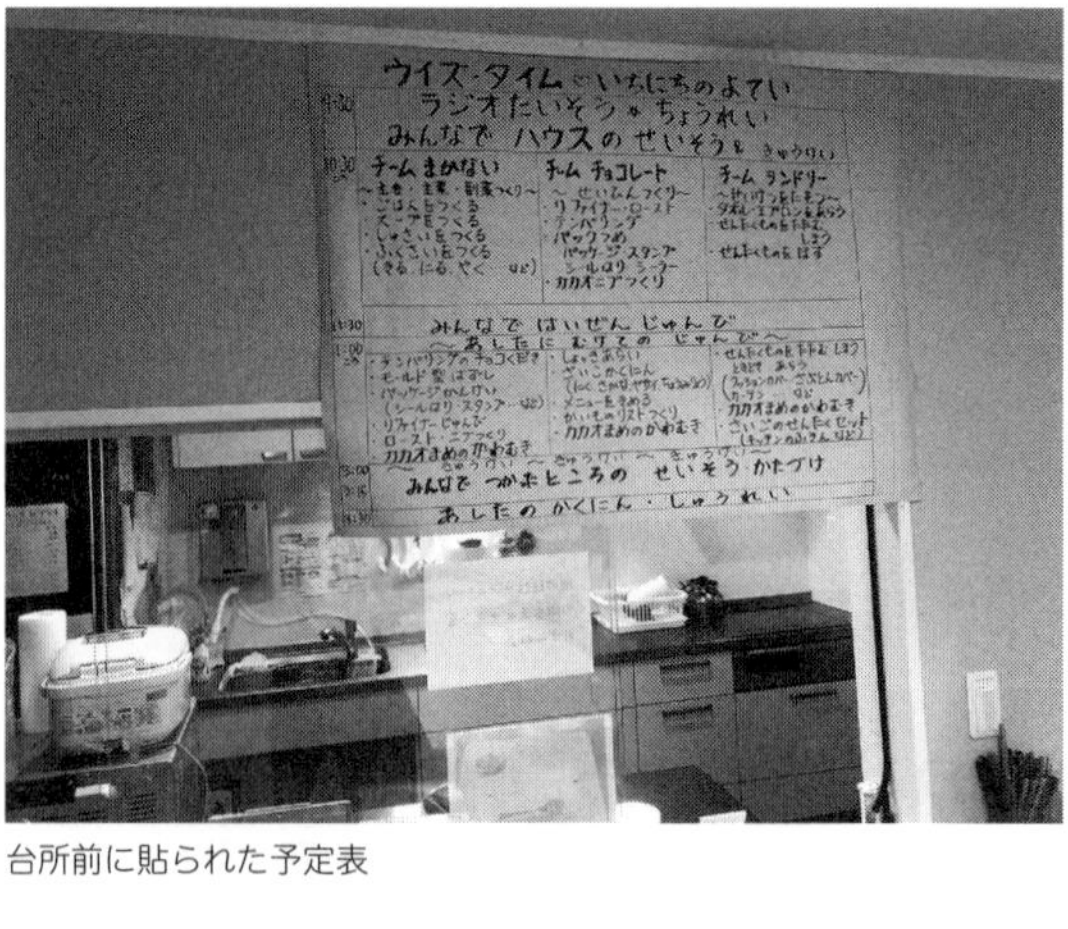

台所前に貼られた予定表

剥いてしまった。また教えてくれたAさん（後で聞いたら「利用者」らしい）の教え方が良くて。「これをやったらダメ」と教えるのではなく、「これをやっても大丈夫」「あれをやっても大丈夫」ばかり教えてくれるので、緊張しなくてよく、初心者にはすごくいい。

そして最後にできあがったチョコレートを一本だけ食べさせてもらったのだけど、これマジで美味いっすよ。ステキなロゴ（加藤木さんの知り合いの「ＳＯＦ」という集団にかいてもらったそうである）入りの袋に入れられる。ウイズタイムカフェの日には小売りもしているらしい。むっちゃ欲しい。訪問した日、「ここで買えますか」と聞かずに帰ったことを後でどれだけ悔やんだか。

さてそんなウイズタイムだが、これだけ書くと、「いかにもいろんな人たちがお互いを支え合って生きています」という美談に聞こえるかもしれない。そういっても嘘にはならないのだろうが、そういうこととは少し違うのだろうなと思う。「ごたまぜがいい」とはいうけれど、「ごたまぜ」ってそう楽なことではない。

そんなふうに思ったのは、「利用者」の三上さんのお話を伺ったからでもある。三上さんは、もともと難病を抱えていたのだが、親の虐待から逃れるために一六歳のときに単身上京し、建築業で七年間働き、その間必要な薬も飲めずにいた。そのためとうとう体調を崩し、訪問看護につながったところから、ウイズタイムに来るようになったのだという。

三上さんに言わせれば、ウイズタイムの特徴は「ものすごいのがいっぱい」だということである。「いいように言うなら、『キャラが濃いのがいっぱい』ってことになりますけどね」。いいように言ってもそれなんだ…と私が内心でウケつつ、「それは利用者が？」と聞くと、「利用者も職員もだよ」と言って、木村さんを指さして「一番うるさい」と笑う。

うん、確かに木村さんは一番うるさいかもしれない。ずっと笑っている。カカオの皮剥きを手伝わせてもらっているときも、どこからともなく木村さんの笑い声が聞こえてくるのである。まあ、木村さんだけではない、常時、あちらでもこちらでもケラケラ笑い声が聞こえてくる場所である。

そんな中で三上さんが最近強く思っているのは、「仕事」を優先するのではなく、「一緒にやっていく」ことを大事にする、ということだそうである。「仕事」を優先して考えると、ウイズタイムの仕事の進め方はあまりにも「おっとり」している。それはそうだろう、建築業界で七年間ももまれてきた人である。先述したように「これをやっても大丈夫」ばかり教えてくれるような職場環境は、かなりの異文化体験だったと思う。「仕事」をちゃんと進めようという発想に立てば、その「おっとり」ぶりは許せなくなる。また、三上さんはウイズタイムに集う人たちの中では「できる」人になってしまうらしく（まあ確かに私は、最初三上さんはいわゆる職員なのかなと思っていた）、みんなに頼られてしまうそうで、それも「仕事」優先で考えると、キツくなるだろう。

そうしたなかで三上さんの感情が爆発してしまうこともあるらしい。そうすると、責任感の強い三上さんは「もうクビですかね」と口にする。すると木村さんが「三上さんはどうしたいの」と聞くそうだ。三上さんが「ここでみんなとやっていきたい」と答えると、「じゃあ、そのためにどうしたらいいか一緒に考えよう」というらしい。それが重ねられてきたことで、「一緒にやっていく」ことが三上さんのテーマになりつつある。

聴いていて、「一緒にやっていく」ことは大変なことなんだよなあとつくづく思う。「ごたまぜ」であればあるほど、大変なことだ。別に、木村さんや兼俊さんが頑張ればいいという話ではない。来ている人たちそれぞれにとって、それぞれに大変なことなのだ。

だから、「ごたまぜがいい」というのは、誰かが一方的に与える理念ではないのだと思う。その場にいる人達が、それぞれに考え、それぞれに引き受けたり拒んだりしながら、それでも一緒に作っていくようなものなのだ。美談で語れる話ではないというのは、そういう意味である。スタッフが与えてやるものでもなければ、利用者がそこで安寧とするようなものでもない。スタッフだの利用者だのという枠を超えて、それぞれがその場で葛藤しながら、それでもともに作っていく何かなのだ。

まあ、そして、実は「一緒にやっていく」はどこであっても大変なことでもある。「仕事」をやればいいかのようにいわれるけれど、多くの人が会社や学校などで煮詰まるのは、単に「仕事」だけのことではない。それにともなう、「一緒にやっていく」（これはレベルや水準がさまざまなわけだけど）に悩む。「ごたまぜでいい」というとき、その大変さが先鋭化するだけのような気もする。その意味では、とことん、普通の場所である。美談にされると何かがズレる。普通の場所でしかないのだ。

新しい／ここにしかない／どこにでもある

実は、ウイズタイムに惹かれた背景のひとつには、木村さんや加藤木さんが私より七〜八歳年下の若い人たちで、なおかつ四〇歳手前とある程度経験を積んだうえで、新しいことを始めている、というところにあった。それを象徴的に感じさせるところは随所にある。たとえばウイズタイムハウスの玄関が品のあるおしゃれさを見せているところ、就労Bの壁にステキな棚があるところ（これは、地域に応援団を増やすという意味もあって、あえてクラウドファンディングで作られた）、なんだかコアな映画上映をやっているところ。

これらについて、加藤木さんは、「自分だって楽しい方がいい」という。「毎日楽しく」をサポートしたいなら、自分だって楽しい方がいいという。この妙な肩の力が抜けた感じは、木村さんにも共通していて、誰かが暴れて物が壊れれば「形あるもの、いつかは壊れる」とかつぶやくらしいのだが、そういっているところが目に浮かぶくらい、なんだかずっとむちゃくちゃなことをいって笑っている。

では、のんびりしているだけなのかといえば、もちろんそうではない。加藤木さんの表現を借りれば、「心の中でげんこつは握っている」。ただ、それをそのまま外に出すのとは違う。それがたぶん、団塊の世代など、障害者運動を牽引してきたような世代とは少し違うところなのだろう。喧嘩になってしまうのではなく、心の中にげんこつを握りつつ、それでも楽しくやっていく。そんな姿勢を感じるし、おそらくそれが、不動産屋を動かし、地元の信用金庫も動かしていったのではないか。

といっても、世代だけで片づけられない、個性のようなものの方が強いのかもしれない。兼俊さんは、定年を迎えた直後の年齢で、もう少し上の世代である。兼俊さんに「以前の業界との違いをどこで感じますか」と聞いたら、即答されたのが「自分は社団法人アライブの役員なのだけれど、役員報酬を設定したら『なんでそんなものを付けるのか』といわれたこと」である。これには笑ってしまった。「しかも社団法人って、事業を終わりにするときには、最初のメンバーに財産が残らないようにすることになっているんですよ。私は最初にお金をそれなりに出しているのに、お金を出し続けるだけのしくみなんですよ。」と頭をかき、「これじゃ、ただのいい人だよね…」という。このセンスと率直さがまた、加藤木さんや木村さんと合うのだろうなと思った。そう考えると、世代だけの問題ではなく、そういう人たちがたまたま集まった、ということなのかもしれない。

いずれにしても、妙に肩の力が抜けていて、それでいて「心にげんこつはある」感じが、なんだか私にはとても新鮮で、そして変な言い方だけれども、やたらと励まされるものがあったのだった。

この「支援の現場を訪ねて」の原稿を書き始めて一〇年になるわけだが（途中、お休みもあったけれど）、どこに行っても思うのは、「これはここだけのものだよなあ」ということである。やっぱり、私が面白がって伺っているところはどこも、どこか「運動」（身体を動かす方ではなくて、社会を動かす方）でもあって、「運動」はやっぱりどこか、属人的である。そこにいる個々の人が、それぞれの人があってはじめて成立するようなところがある。加藤木さん、兼俊さん（とその奥さん）、木村さん、そしてウイズタイムに集まってくる人たち、それぞれがいてはじめて生まれているものである。一人が欠けたって、大きく違うものになっていただろう。

だけど同時に、そこには普遍性がある。「ごたまぜがいい」は、さまざまな現場でも見てきたものであり、おそらく団塊の世代の人たちが作ってきた運動のなかでも多々見られたものだと思う（少なくとも私が惹かれてきたもののなかには）。現状の福祉の枠組みなど蹴り飛ばし、いま必要な人に合わせて、ここで必要なことを積み上げていく。そしてできればそれを制度的に支えるようなしくみも模索していく。そういう営みは、たぶん多くの場にある。だから、「古くからある」ものでもある。

それでいて、やっぱり、私はどこかで、普遍性も超えて、時代の移り変わりと世代を感じてしまっている。いや、別にいまの四〇代手前くらいの人たちの運動はこういう形になる、と決めつけたいわけではないし、全然違う形もあるだろう。そうではなく、いまここで、それぞれの個性がそれとして活かされながら作られている形に、やはりいまの時代の刻印と、ある種の「新しさ」を感じるのだ。そしてその「新しさ」は、なんだかよくわからないけれど、とても励まされるものなのだ。

今度、土曜日のカフェにも子連れで突撃を考えている。そのときならチョコレートも買えるはず（しつこい）。誰か、一緒に行きませんか？

追記：ウイズタイムハウスの料金は、二〇二〇年四月現在は六畳の部屋で一番高い部屋が五万七〇〇〇円に、管理費は六畳すべて二万五〇〇〇円に値下げされた。一〇畳の部屋の管理費も三万二〇〇〇円となる予定。「昨年一年間でだいぶ経営が安定したので、調子に乗って値下げしてしまいました」とはオーナーの弁。メールを読んで笑ってしまった。このスピード感、いいですよね。

（『支援 vol.10』〔2020〕所収に加筆修正）

〈後日談〉

ウイズタイムハウスは、二〇二〇年に居宅支援法人の指定を受けた。これは、改正住宅セーフティネット法（平成二九年一〇月二五日施行）に基づき、住宅確保要配慮者の入居を拒まない賃貸住宅として登録された住宅の入居者への家賃債務保証、賃貸住宅への入居に係る情報提供・相談、見守りなどの生活支援を行う法人として、都道府県によって指定される制度である。

いまは、ウイズタイムハウスに暮らす、以前イタリアンレストランをやっていたという女性が、入居者の夕食だけでなく、就労Bの調理も担当しているらしい（東京都社会福祉協議会『福祉広報』二〇二一年二月号 p.12）。こういう行き来ができるのが、ここの面白さだなあと思う。

あと、あの庭とも呼びにくい感じだったスペースは、いまは「庭プロジェクト」として、周辺地域の人たちも巻き込んだ庭造りになっているらしい。やっぱりちょっとむちゃくちゃで、でもなんだかとても楽しそうである。

ウイズタイムハウス
〒178-0061
東京都練馬区大泉学園町 4-30-20
http://withtimehouse.org
info@withtimehouse.org

ウイズタイム
〒178-0061
東京都練馬区大泉学園町 4-30-20
http://withtime.work
info@withtime.work

補遺

あのころの私に

1 「この程度なんだ」

子どもが生まれて二ヵ月くらいした頃だったと思う。夜中、授乳が終わったあとに、友人からもらった、男性による育児を論じた本を、手に取って読んだことがある。ざっと読み終わってから、本をくれた友人には本当に申し訳ないのだが、怒りのあまり、壁に叩きつけた。

「ああ、男にとってはこの程度なんだ」。そう思ったのをよく覚えている。ちょっと世界が拡がっちゃって、ちょっと学問とか見直しちゃって。パートナーの女性が背負うものに心馳せちゃったりするのだ。

私の感じていたものと違いすぎた。私は、妊娠がわかって以降、私が培ってきたものを力づくで剥ぎ取り、「母親」なる種に叩きこもうとする力が働くのを、ひしひしと感じていた。そんなものに負けないとは思っていたし、ずっと子どもに来てほしくてたまらなかったのだし、それだけの準備も整えていたつもりだが、それでもときどき心底怖くてたまらなかった。自分が根底から壊されるようで。それに比べると、あまりにもアレだ。

ふと振り返ると、院生時代、男性だろうが女性だろうが、そんなことは関係なく、研究だの就職に向けた努力だのをやっていたよなと思い出す。夜中にひとりで嗤った。バッカじゃねえの。どこが対等だったんだよ。あいつらみんな、たっかい下駄履いていたんじゃないか。だのに私はまともに張り合っていけると思っていたのか。情けなさ過ぎて、少し涙が出た。

まあ、ホルモンバランスの変化がもっとも激しいときだったので、いささか（いやかなり）感情的だったのだと思う。いまならもう少し違うふうに受けとめるだろう。

子どもが生まれ育つという過程に関して、大人がどうかかわるかということについては、本当に猛烈なまでのジェンダー格差がある。正直いって、ここまで強烈な格差があるとは私も思っていなかった。圧倒的に「母親」が責任を問われ、「母親」が担わされ、「母親」だけが逃げることを許されない。

もちろん、時代は変わってきている。男性が抱っこひもで小さい子どもを抱えて歩いているのは珍しくもない光景になってきたし、知り合いで男性側が主たる子どもの世話担当となっているカップルも複数いる。男性の育休取得も増えてきているし、男性が子どもの世話のために仕事を削ったり会議を早く抜けたりするケースを目にすることもある。

だが、まあ、実際に「母親」という社会的役割を波のようにかぶってみると、それらが言及され、心にとどめられているのは、やはりレアケースだからだ、ということも、哀しいながらよく見えてしまった。小さなことは、いろいろ工夫もできる。ステキな人はあちこちにいる。だが、全体でみれば、結局は「そう」なのだ。なにより、心全体にかかってくる負荷のようなものが、やはり独特である。妊娠・出産、そして子どもと暮らす過程で、この社会はよほど「母親」が憎いのだろうかと何度も思ったくらい、「母親」に対して人びとはやたらと責任を問うし、期待し、要求する。

いまの時代、妊娠は避けることも可能で、だから結局「おまえの選んだことだろう」という圧力も感じる。まあ、それはそうではある。けれども、それでいて他方で、一定の年齢になっていないながら子どもがいないことについての圧迫感だって相当なものだったよなと思う。社会から向けられるものも、自分で自分に向けてしまうものも。そんなものに負けないけれど。でも、すべての人がいつでも無傷なわけではない。

2　分断と世代と

ただ、実をいうと、恥ずかしながら、私自身が以前は、無自覚のうちに「母親」を平気で責め、

「母親」に負担をかけてきた側だったのだと思う。

たとえば「テレビに子育てさせるなんて」「スマホに子育てさせるなんて」、そんな言い方に対して、妊娠・出産前は特に何も感じていなかった。同調すらしていたかもしれない。だが、いまとなると「なんだそれは」と思う。テレビがあれば使うし、スマホがあれば利用する。便利な道具があれば、使うのは当たり前である。それは通常の生活でも子どもとのかかわりでも同じだろう。

そして、これは子どもの個性や意志を無視する見方と表裏一体でもある。近所の車通りの多い道で、子どもがどうしても自分で歩きたいといい、しかも私の手を振り払うので、仕方なくウロウロしながらついていったことがある。通りすがりの年配の男性が「心配だなあ、ちゃんとしてよ?」と私に声をかけていった。それ自体は純粋な配慮だったのだろう。私もまた、以前なら同じことをいったかもしれない。要は、子どもが手をつなぐのを拒否するということを全く想定していないのだろう。

つまりは、背景にあるのは、子どもがいるという風景に対する、奇妙なくらいの理解のなさである。それが、「母親」非難の土壌にある。これは、ジェンダーという問題だけでは語りきれないところがある。

産休・育休を半年で切り上げ、夫に代わりに育休を取ってもらって子どもの世話を任せながら教員業に従事していたとき、年配の男性同僚に「どうですか、社会復帰できましたか」と声をかけられたことがある。その声かけにはその人なりの精いっぱいの配慮を感じ、ありがたかったのだが、その言葉の現実味のなさには笑ってしまった。私は妊娠発覚から出産、育休からの復帰に至るまでの一年間で、それまでにないほど強烈に「社会」に触れ、「社会」を学んだ気がしていた（むしろそれが「社会復帰」だったかもしれない）。だがそれは「社会」にカウントされていないのだろう。

これを大声で批判することも大切だし、すべきなのだと思う。ただ他方で、私自身が「そちら側」にいたこと、そして「こちら側」がわからなかったこと、また同時に、長年不妊に悩んだことから「こちら側」に対してさまざまな思いを抱いていたこと、これらの折り合いが、まだまだ私にはつけられていない。

「社会」に子どもが含まれていないことは、たぶん男女雇用機会均等法以降の世代の女性にとっては、すでに自分自身の中に組み込まれた何かである。私はもともと、多摩市の団塊の世代の女性たちが、子どもを連れてどこにでも行き、社会運動や活動を展開してきたことにあこがれを持っていて、自分もそういうふうに子どもとかかわっていきたいと思っていた。だが、実際に子どもが生まれてみると、どうにもこうにも私には難しい。それまでに培ってきた「仕事」のモードが（院生時代から数えれば二〇年近い）、それをなかなか許さないのである。頑張ってやってみても、なんだかものすごく疲れてしまう。私だけなのかと思っていたが、同じようなことを漏らす同世代の女性支援者は少なくない。ここにはやはり、世代の問題が隠されているように思う。

このように、私のなかに、分断がある。ジェンダー格差を非難する気持ちはもちろんあるが、他者への非難で済ませられるものではない。他の人たちと手に手をとってともに抗いたいし、実際そうするつもりではあるけれど、実のところ、その間にも、そして自分自身のなかにも多くの分断を感じて、何度も足止めされてしまう。

だから、私は私の言葉を見つけなくてはならないし、私の方法を見つけなくてはならないのだと思う。先人たちの問いの立て方やものの観方から多くを学びつつも、私の道は私が作らなくてはならない。いまの自分と、あのころの自分とともに。

それでも、子どもが育つ過程にどうかかわるか、という話は、ジェンダー格差がすごすぎるから、まだ話しやすいよな、とは思う。あまりにもすごいので、むしろ堂々と話せるという良さはある。セクシュアルな話は、そうはいかない。

3 白と黒とで分けられない

たこの木クラブに通うようになって、いろいろな障害当事者とのかかわりで、セクシュアルな事柄について、何度か根底から考えさせられたことがある。男性の当事者とのかかわりもあるし、女性の当事者とのかかわりもある。

たこの木クラブに通うようになってから一年ほどの間で、男性の当事者に触られることが複数回あった。どれも男性の支援者や女性で古くからの付き合いの支援者がその場にいなかったときである。恥ずかしい話だが、最初はかなり動揺した。それ自体が差別だろうといわれればそれまでなのだが、もう少し当時の思考回路を辿ってみたい。

何度かあったあと、このことをどう位置づけていいのかと悩んでいたときに、ふと「なんだこれ、日常茶飯事じゃないか」と思った。といってももちろん、日常的に仕事等でかかわる人たちが、いきなり断りもなく肩に腕をまわしてきたり、膝を擦れ合う距離に近づいてきたり、ということはあまりない。だが、まあなんというか、男の人と二人だけになったときに出てくる、あののしかかってくるような感じや、物理的な意味ではなく膝が近づいてくるような感じとか、そういうのはいつだってある。年齢を重ね、社会的地位も得ていくとだんだん減ってくるのは確かだが、きれいに消えるわけでもない。

そして、そういう人たちに対して、怒りを抱くことは多々あるし、うざいとかも思うのだが、それではその男性たちをすべて非難してまわっているかといえば、そんなことはない。現実的に不可能だということもあるし、日常生活の平穏を守ることを優先させるということもあるが、別にそんな計算を毎日やっているわけではない。そんな立派な話ではないのだ。ただなんとなく、流して生きているだけなのである。

なんだそれと一緒じゃないか。そう思ったのだった。障害があろうがなかろうが、みんな結局同じで、それが世の中というものだから、そういうことも含みこんで生きるのが人生の基本形である。いいとか悪いとか超えて、いつも私がやっていることである。そう思ったら、肩の力が一気に抜けた。

そのあと、でもまあ違うよな、とも思った。たとえばいきなり触ってきた男性の当事者に、私は少し怯えたし、周囲に男性支援者がいなくなったときに急に態度が変わったことからしても、計算を感じて怖かった。ただ、よく考えるとそこには、私の受け止め方のバイアスもかかっている。男性だろうが女性だろうが、ステキだなとか、ちょっといいなとか思った相手には、何らかの形でコナをかけたくなるときがある。アプローチというほど、はっきりしたことをする気はなくとも、まあ出てしまうものはあるだろう。ただ、多くの人はそれをわかりにくくするように工夫したり、相手の反応を見てまずそうだと思えばひっこめたりする。一言でいうなら「ごまかす」ことができる。

おそらく、その男性の当事者には、「ごまかす」力が欠けていたのだと思う。だからすぐに肩に腕をまわしてしまう。そんな「ごまかし」の効きにくいこと、普通はいきなりやらないのだが、そのニュアンスが掴めないのだろう。

そして、男性の支援者が席を外したときにやるのは、なんというか、雨が降ったから傘をさす、に近い。別に「隙を見て」といった計算があるというより、単純に直観的に状況を把握して行動しているだけなのだと思う。

ただそれは、私からすれば、非常に乱暴なことをされたという感覚になるし、計算高いと感じて相手の意思を強く読み込む契機にもなる。向こうの「ごまかす」力のなさが、私がこの社会の中で培ってきた「常識」に照らし合わせたとき、ちょっと踏み込みすぎた行動で恐怖心も起こすようなものになってしまっている。そういう構図があるのだと思う。

だからといって「許す」という話ではない。なんで許さなくちゃあかんのか。誰もそんな話はしていない。

そこをもう少し、切り離して考えさせてほしいのである。

この意味については、もう少し付言しないといけないのだと思う。ちょうどそのころだったのだが、ある本の中に、当初は（第三者からすれば）性暴力による被害だった性体験を、どう位置づけていいかわからなくて、「恋愛」だと位置付けようとする人の姿を見つけた。だって、よく知っているあの人が、そんなこと（＝性暴力とやら！）をするだろうか。あの人は、そんな悪い人ではないだろう。それに、私が、この私が、性被害になど遭うだろうか。そんなはずはない。だから、これは「恋愛」なのだ。そう言い聞かせるのである。

読んだ当初はあまりなんとも思わなかったのだが、数日経つうちに、徐々にその姿が重くのしかかってきた。気づいたら、認めざるを得ないところに追い込まれていた。あれは、いつぞやの私の姿と重なってやしないか。

その意味で、恋愛と性暴力は地続きだと思う。これは、男性向けポルノによくあるという「レイプされていたら気持ちよくなった」という話ではない。ここからは「恋愛」で、ここからは「性暴力」と明確に区別できる事例ばかりではない、ということであり、また当事者たちはその区別を本当にさまざまな背景や理由からごちゃまぜにする、ということでもある。自分に主導権があるか、自分はそれを嫌がっているのか、嫌がっていると思うことが自分に許されるのか。これらの判断が、あっちへいったりこっちへいったりすることは、珍しくない。

だってそこには、なけなしのプライドがかかっているのだ。自分のことを、自分までが貶めるのはつらい。自分くらい、自分を引き上げてやりたい。「性暴力だ」と名づけることもそのひとつなのだろうけれど、むしろ前向きに「そうではない」と位置付けることもまた、そのひとつになりうるのである。

それだけに、当時の私に対して、「それは性暴力と呼んでもいいんだよ」と言ったところで、耳を貸さなかっただろうと思う。そして私はその当時の私を、まあそりゃバカだなあとは思うけれども、どうしても否定できない。

だから、それ以降、授業で性暴力のことを取り上げるときには、「これも性暴力で、あれも性暴力だ」という言い方はあまりしない。もちろん性暴力に関する初歩的な誤解（派手な服装で夜道を歩くから被害に遭うのだといったたぐいの誤解はいまでも学生の間には根付いている）は解くけれども、あれやこれを性暴力と断罪する姿勢はとらないことにしている。そうではなく、「性被害の可能性はあるが、そうであるかそうでないかは、あなたが決めていい」「加害や被害をそれとして認定できるように感じられなくても、あなたがイヤだったのなら、『イヤだった』といっていいのだ」と伝えることにしている。

これは根本的な問題解決ではないと思う。ただ、当時の私が受け取ることができる言葉は、それしかなかっただろうとも思うのだ。

そして、男性当事者のふるまいについて、先に書いたように捉えかえすことができるようになったのは、こうして以前の自分について振り返った後だった。さらにいうなら、それを『たこの木通信』(たこの木クラブのニュースレター)に書いた後でもあった。それから何人かの女性支援者と話すようになってからでもあった。そもそも、以前の自分について振り返ることができたこと自体が、夫と暮らし、年齢を重ねたことで、積み重ねてきた何かによるのだろう。

白と黒とに分けられないなかでも、痛みというのはありうる。それをそれとして(「被害」と呼ぶかどうかは別だ)認めることができてから、いろいろ見渡せるのだと思う。「被害」や「加害」、誰がいいか悪いか、そういう捉え方と、痛みや苦しみをいったん切り分けて、どうであっても痛かったことは痛かったといってもいいのだと思えてはじめて、流すということが、人生の基本形が、それまでとは少し違う意味で可能になるような気がする。

こんなこと書いていていいのか、自分でもよくわからない。でも、たとえ明確に「被害」などといえなくても、そしてあえてそうとはいわずに、だが痛みはそれとして認めるということでしか、前に進めないときもある。そこを認めないと始まらないのだろう。あのころの私にとっても、いまここにいる私にとっても。

4　降りた痕跡

男性の当事者には、先述したような経緯もあって、「『男』じゃない人ってほとんどいないんだなあ」と思うようになった。もちろんなかにはいわゆる「男性」ではない人もいたのかもしれないが、私が出会った人たちは、少なくとも男性支援者や女性で長い付き合いの支援者がいなくなると、やっぱり「男性」になるのを感じたことが多い。知的障害のある／なしは大した違いには思えなくなった。

ただ、女性の当事者は、そう単純ではないように感じていた。よく女性の支援者の間でもいわれることだけれども、女性の知的障害・発達障害の当事者には、やたらと「女くさい」と感じられる人と、そういうのがほとんど感じられない人とがいる。当時、私の周囲には後者の女性当事者が多かったので、「ああ女の人って性欲とかもあまり表に出さないように社会化されているから、そのせいなのかな」と思っていた。

だが徐々に、それだけではないような気がしてきたのだった。

当時、たこの木クラブではときどき、「女子会」と称したお出かけがあった。別に特に「女子会」をしたかったわけではないのだが、なんとなくそんな空気になったのだ。お出かけしてみたり、洋服を見てみたり。そのとき中心になっていた当事者の一人は洋服にはほとんど興味を持たず、「女子会」乗りにはどうもついていけない様子だった。

ただ、その流れのなかで、ときどきふと「この人、本当に興味がないというより、興味を持っていいと思ってないんじゃないかな」と思うときがあった。

たぶん、自分を重ねていたのだと思う。私は中学校時代に男子生徒に集中的に容姿をけなされた時期があって、以来なかなか容姿コンプレックスが抜けず、ひとりで洋服を選ぶのがやたらと難しかった。二〇代後半のとき、年上の女性友達数人と結婚式出席用にドレスを買いに行き、胸もとが大きく空いているので「こんなの着られないよ」とおびえたら、「いいから見せつけちゃいなさいよ！」といわれて思わず買ってしまったことがあるのだが、それを契機にやっとこさ一人で洋服が買えるようになった。大変いびつな人間なのである（お恥ずかしい……）。

その私のいびつさに似たものを感じる瞬間が何度かあった。洋服選びが好きか嫌いかというより、おしゃれをするということ自体が、自分に許されているという感覚があまりないような気がしたのだ。まあ、私の思いこみなのかもしれないのだけど。

女性は生まれてこの方、死ぬまで、選ばれる側として扱われる。女性の価値にはヒエラルヒーがあるようで、そのなかでどこかに位置付けられてしまう。結果的に、嫌だと思っているのに、競争原理に巻き込まれそうになる。

この「選んでくる」力は圧倒的である。ジョン・アーヴィングの小説（『ホテル・ニューハンプシャー』）に、熊の着ぐるみをかぶっている女性が出てくるが、その女性が熊の着ぐるみを手放さなくなったきっかけは、「こんなブスじゃ勃たねえよ」といわれ、顔に紙袋をかぶせられてレイプされたためだった。この小説を読んだあと、なぜか一週間くらいずっとこのことが頭から離れなかったのだが、あるときにふと気づいた。それが日常だからだ。

そうなのだ、日常なのだ。誰も頼んでないのに、わざわざ評価され、位置付けられる。そして価値が低いのなら放っておいてくれればいいのに、わざわざ貶められる。逃げても逃げた先でまた別の人から別の形で同型のことをされる。いつも身近で起きている現実である。

一部の女性はその競争から自らの意志で「降りる」。ヒエラルヒーの下位に位置付けられているがゆえに降りる人もいれば、高いところに位置付けられているがゆえに降りる人もいる。その降り方、あるいは決心の仕方は、本当に人それぞれだ。

そして、女性の支援者には、「降りた」人がたくさんいる。知的障害・発達障害の人たちの支援（それも自立生活の支援など）を担う人たちは、社会に対して思うところがある人が少なくないので、意図的に降りている人は多い。外見に全く頓着しない人もいるし、おしゃれをしていたとしても、好きな服を着ているだけだという人もいる。まあ、強いていうなら私もその一人なのだろう。

女性の当事者でも、あまり「女くささ」を感じさせない人は、単純に競争原理を感じ取らない人もなかにはいるのかもしれないが、競争原理に気づきながら降りている人もいるだろう。そんなものに乗っていてもいいことはあまりない。それをはっきり知っているように思えるときもある。

でも、「降りた」人には「痕跡」が残る。私もそうなのだが、もうそんなものとは関係なく生きていると思っているのに、やはりどこかに痕跡はある。私は女性の当事者にときどき、その痕跡を強烈に感じる。そして、痕跡を見出すこと自体が、私の痕跡なのだとも思う。

ただ、実はその瞬間にもっとも強く感じるのは、共同意識や連帯意識というより、強烈な断絶である。少なくとも、先に挙げた女性に対しては、私と彼女の間に深い溝がいきなりぱっくり口を開けたような気持ちになった。障害者と呼ばれる女性の多くにとって、ヒエラルヒーに勝手に位置付けられるとき、そこはどこなのか、そしてそれはどのような意味を持つのか。勝手に想像してはいけないような気がした。いまも、そこには足を踏み込めないでいる。

でも同時に、やっぱり、思ってしまった。「いいから見せつけちゃいなさいよ！」といった人たちが私にくれたものを、この人ともシェアできたら。それは、彼女のためではない。その思いは、「支援」という言葉とは程遠い。それでも、確かにそのとき私を突き動かす力だったし、彼女との付き合いを続けさせた力のひとつだった。

こうして考えてみると、やたらと「女くさい」と感じる当事者がいることも、とてもわかりやすい。着飾るとか、いわゆる「女性らしい」ふるまいが多いとか、そういう意味では必ずしもない。当事者のふるまいのなかに、「女」のイヤな（と私などが思ってきた）行動様式がカリカチュアライズされたかのような形で表れることがあるのだ。たとえば男性が介在したときの身の処し方、周囲への目配りの仕方、さまざまな場面での保身のやり方など。

本当にその人が「女くさい」性格のときもあるだろう。また、その人は女の選ばれる競争原理から「降りて」おらず、それをごまかす力が足りないのかもしれない。あるいは逆に、「降りた」痕跡が変に働いて、そのように感じさせるのかもしれない。

そして、こちら側の痕跡が、その「女くささ」を感知させているのでもあるだろう。それだけに、「見てしまった」と思った後には、どうにもならない後味の悪さが残る。笑い飛ばせるときもあるのだが、なかなかそうできないときもある。女性の支援者には、そういうことを理解し整理するだけの力量を持つ人が多いのだが、にもかかわらず、あるいはそれだけに、やっぱり気づくと振り回されていることがあるように思う。

それはもしかしたら、「降りた」と思っているのは自分だけだからなのかもしれない。本当の意味では、降りきれていないのかもしれない。その可能性があることももちろんわかっている。わかっているからこそ、そんなものに振り回される自分を、これ以上見たくないのだけれど。

5 支援の現場で

支援の現場には、こういうジェンダーやセクシュアリティにかかわるさまざまなややこしさ、もつれにもつれた糸、行き場がなくなったどろどろ、隠しきれない妬みや怒り、恨み、卑屈さなどが、本当はあちこちにある。

女性の支援者同士でも、さまざまなことが生じうる。シンプルでわかりやすいところからいうなら、小さな子どもがいる女性支援者は、なかなか夜勤に入れない。なぜか多くの男性支援者は、小さな子どもがいても、きちんと仕事に来ることができて、夜勤もできたりするのだけれども。別にそれが「悪い」というわけではないのだが——でも「無害」というわけでもないだろう。誰かがその子の面倒を見ているのだから。

もともと支援の現場は、男性が家事を担ったり、女性で働く人が多かったり、性別役割分業があまり色濃すぎないように見えるところが多い。だが、子どもが生まれると同時に、一気に「それ」

は押し寄せてくる。物理的に、だれかが子どもの面倒をみなくてはならない。だれかが介助に入らなくてはならないのと同じように。

そして、そのしわ寄せは、子どもがいない女性支援者のところに行く。みんなもちろん、いろいろわかっている。お互いに協力していくし、そうするしかない。だが、子どもがいない女性支援者のすべてがいつでも無傷なわけではない。そこではいろいろなことが生じうる。

もう少しわかりにくい、微細なレベルの話もたくさんある。たとえば、女性の当事者と女性の支援者の間であれこれとやり取りが重ねられ、なかなかうまくいかなくて困っているとき、男性の支援者が現れると、女性の当事者がいきなり態度を変えることがある。こういうとき、男性の支援者の存在を「便利だなあ」とだけ思えればいいのだが、そうと片づけられない思いを抱く女性支援者もいる（私もしばしばそう思ってしまう）。

あるいは逆に、女性の当事者が男性の支援者を嫌がって女性の支援者に自分の嫌悪感を延々と訴えてくることもある。実はこれも、男性の支援者のことが気になって仕方がないという意味では、ほとんど同じである。そのことも「見通せて」（過度に感知して）しまいながらも、その人の嫌悪感に共感した顔をしなければ、話は進まない。

また、もう降りたはずのヒエラルヒーゆえに、女性支援者のふるまいが女性当事者の神経を（あるいは女性当事者のふるまいが女性支援者の神経を）逆なでしているように見えることもある。降りたからといって、痕跡はそう簡単に消えない。そこから生まれる複雑な思いもある。

ある男性ヘルパーが「男の支援者は男の当事者の友人にも母親にも恋人にもなれるけど、女性の支援者はそうじゃないんだよね」といったことがある（あくまでも象徴的表現である、念のため）。そうなのかもしれない。「友人」にも「母親」にもなれるだろうが、「恋人」にはなかなかなれないような気がする。それがいいことかどうかは別として。

その他にも、挙げていけばきりがない。ひとつひとつはたいしたことではないし、うまく利用していけばいいだけのことではある。だが、疲れは溜まる。

私たちは、そんなものは見たくないから、なるべく蓋をする。「見たくない」とだけ表現すると語弊があるかもしれない。「見て」もあまりいいことがないからだといった方が正確だろう。

女性の支援者たちはよく、女性の当事者と女性の支援者の関係の難しさは、男性同士のそれとは質的に異なるというのだが、その内容に踏み込もうとすると、しばらくするとみんな黙ってしまう。もちろん、実際には質的に異なるというのは思いこみであって、そう違わないからかもしれない（過度の一般化はだいたい的外れである）。だが私はいつもそこでもうひとつの可能性の方を思ってしまう。言語化してもあまり幸せになれない——そんな思いから言葉にするのが虚しくなってしまうのではないか。

なぜなら、支援そのものは、男性だの女性だのという話ではないからである。本当の意味での敵もまた、男性だの女性だのという話ではない。ここで生じている事柄は、女性の間の格差でも生じていることであり、健常者と障害者の間で生じていることでもある。それにそもそも、世の中の人間を男性と女性だけで分けられるわけではなく、本当にいろんな人がいる。にもかかわらず、男性だの女性だのという言葉で切り分けることは、ときに暴力にもなりうるし、ときにひどく虚しい。

自分を貶めないためには「被害などない」としか言いようがないことも多い。それにもう、ヒエラルヒーやゲームからは「降りた」のだ。残っているのは痕跡だけであり、そんなもの、誰より捨ててしまいたいのは本人である。

でも、だからこそ、言葉を探さなくてはならないのだと思う。いまの私に、いまのあの人に、あのころの私に、あのころのあの人に、確かに届く言葉を。その人が受けとれるような言葉を。

おわりに

本書では、ケアや支援の現場において、「社会」を適切な形で発見することが重要だという観点から、さまざまな形で「社会」を発見してきた。

ここでいう「社会」は、「はじめに」の註でも述べたように、社会学の用語でいうなら、「制度」である。盛山和夫は、制度とは人びとがそれをあると思っているものだと位置づけている（盛山 1995）。たとえば学校は、校舎が焼けても、生徒の名簿が焼けても、それでなくなるわけではない。学校という制度は、私たちの心の中に存在するものである。だが、それなら皆が「学校などないのだ」と言えばなくなるのかといえば、そう単純ではない。制度が理念的な存在でしかないと思っていても、それが存在しないかのようにふるまうのは、やはり難しい。また、「学校」に行くにあたって何が必要かなど、具体的な制度のありようについては、私たちは普段から必ずしも同意しておらず、見解の相違は多々ある。それでも学校というものの存在自体は揺るがすことのできないものとして感じられている。その意味を込めて盛山は制度を「理念的実在」と呼んだ（盛山 1995: iv）。

ただ、現場の人たちはこれを「制度」と呼ぶことには違和感を抱くかもしれない。法制度への異議申し立てや提案なども多くせざるを得ない現状があり、現場にいる人たちが「制度」といえば、普通は法制度や、組織や事業所の経営論理を指し、常に抗う対象である。そこに社会学の用語としての「制度」を持ち込むと、語感としてのズレは否めない。そのため、「はじめに」で述べたように、小さな「社会」、あるいは意味世界とここでは呼んでおこう。

さて、ここで取り上げた「社会」あるいは意味世界は、現場の人たちがそこに「ある」と思っているものであり、法制度のレベルや組織の役職一覧表などのレベルでは捉えられないものである。たとえば第1章で、〈場〉としか呼びようがないような、それでも確かに存在すると感じられているような、さまざまなモノや複数の主体が織りなす関係性を取り上げたが、これもミクロに成立している「社会」である。あるいは、第2章で、現在の日本社会のありようゆえに、明らかに職員が利用者より「優位に立つ関係」は存在するが、その強弱はさまざまにありうると述べた。場のセッティングを変えることで、大きく楔を入れることもできる。地域で暮らせば「優位に立つ関係」が解消されるわけではないし、内実によっては強まることすらあるかもしれないが、それでも一般には入所施設よりも弱まる傾向にあるだろう。あるいは、セッティングは変えなくとも（入所施設なら入所施設であっても）、内部のしくみを変えることによって実質的に弱めることも可能である。この強弱を決めるのは、現場に存在するミクロなレベルでの「社会」のありようである。そして第3章で、素人には専門家とは異なる形での力があると述べたが、それは当時のＲＯＡＤ事務局や受け入れ側のボランティア団体が、過度に研修を施さず、むしろ行きかえりのバス内などでの対話を重視するなどすることで、あえて維持していたものであり、これもひとつの現場レベルでの「社会」である。最後に、第4章で上田と対比的に示した「ともに生きる」姿勢もまた、人びとが時間をかけて育んできた「社会」のありようであるといえよう。上田が創り出したリハビリテーションの世界もまた、新たな「社会」であったのと同じように。

ケアや支援の現場にいる人たちは、こうしたミクロなレベルでの「社会」を敏感に感じ取る。私の主観からすれば、本書のなかで書いているのは現場の人たちが常日頃から言っていることを論理整合的にまとめただけのことである。現場の人たちは、ときにかなり明確に、あるいは少し不明瞭ながら、これらの「社会」の存在について言語化してきている。

言語化しなければならなかったのだろう。そうしなければ、支えられない人がいると感じたのだろう。多くの現場の人たちは、あの人やこの人という具体的な人を脳裏に浮かべながら、その人がその人として生きていける時空間を確保しようと格闘している。その格闘のなかで、さまざまな水準で「社会」を発見し、それを相対化したり、新たに作り直したり、さまざまに働きかけてきた。「はじめに」で、ケアや支援の現場にいる人には、社会学者も顔負けだと思うほど、社会的な力学に敏感な人がいると述べたが、それはおそらくある程度必然なのだと思う。誰かが言葉にしていかなければ変えられないからであり、そうしなければ支えられない人がいたからである。だから言語化してきたのであり、私たちもそれを受けとめることができるのである。

このような「社会」は、法制度でサービスの一類型として位置付けようとすると、しばしば歪んでしまう。第1章で、ユニットケアなどのサービス類型は、〈場〉の力を本質的には捉えそこなっていることを指摘した。第2章冒頭で述べたような、一般的にみられる虐待対策（啓蒙と第三者機関の設置）は、虐待が起きるメカニズムに対して、必ずしも有効には機能していないように見える。第3章のNGO協働センターの箇所で述べたように、素人の力を活用しようとして作られた災害ボランティアセンターというしくみは、ときにボランティア活動の豊かさを阻害した。第4章で述べた「ともに生きる」姿勢は、従来からの医療・福祉サービスの考え方にそぐわない。

これは、現状の法制度がうまく出来ていないという問題でもあるのだが、それだけでもない。おそらく、いかにうまく法制度や政策を作ったとしても、結局はかみ合わないところが残るだろう。たとえば〈場〉の力を正しく評価し、適切に提供されるように仕向ける法制度とは何か。現状のように阻害するような形にしないことは考えられるが、サービスの一類型として適切に位置づける方法は、残念ながらあまり思いつかない。

だから、ケアや支援の現場では、これら法制度と少しズレたところで、独自に「社会」（あるいは制度）を作り出している。本書の「支援の現場を訪ねて」で取り上げてきたのは、その人たちなりの「社会」の紹介だったとまとめてもいいのかもしれない。現場レベルで生み出されるミクロなものでしかなく、決して大きなものではないが、それでもいっときそうした「社会」が作り出されることによって、法制度が現状として持っている、あるいは本質的に持っている限界を乗り越える手がかりとなる。

サロンを立ち上げ、高齢者や子どもたちがともに過ごす空間を作り、同一賃金をベースとした働く場をつくり、障害のあるなしにかかわりなくともにいる空間を作る。これらの事業が利用している補助金は別枠のものであることもあるのだが、それを利用しつつ、自分たちが作りたい時空間を作ろうとしている。あるいは、被災地支援で災害ボランティアセンターとは異なるところで活躍したり、災害ボランティアセンターを受託してそのしくみの限界を換骨奪胎したり、「障害でまちおこし！」と謳って、地域で激しい排除を受けてきた精神障害者たちと地元企業や家族をなんとか結びなおそうとしたり、学生たちとお年寄りたちそれぞれを大切にしながら結び付けたりする。そして、おむつフィッターという資格をあえて作ることで介護を変えようとしたり、要さんを取り巻くコミュニティを作ったり、事業と運動を結び付けようとしたり、ごちゃまぜで生きる空間をいまの感覚で作り出したりする。法制度の限界はあるし、個々人の行為にも限界はある。それに対して、ミクロな「社会」を作り出すことで、法制度や個の限界をときに掻い潜り、乗り越え、換骨奪胎しながら、現場の人たちは明日の一歩となるものを作ろうとしている。

ところで、こうした試みは、いわゆる「勝利」にたどりつくようなものではない。語弊を恐れずにいうなら、いつかは「負ける」のが普通である。ひとつには、法制度はすぐにまた変わってしまうからである。一度作った「社会」も作り直しが必要になるし、ときに維持が困難になる。ちいろばの家やあしたや共働企画が、同一賃金というしくみを維持できなかったのは、法制度の激しい変化が背景にある。さらにいうなら、マクロな社会構造は、排除と差別のしくみが強烈に残り続けている。ミクロなレベルでの「社会」を何度作ったからといって、一発大逆転で世界が変わるわけではない。たとえば事業体としての論理、経済の論理に巻き込まれ、もっとも支えたかった人たちのことをないがしろにしてしまう危険は、いつもすぐそこにある。

それでも、今日もまた、法制度や個々人の行為の限界を、掻い潜り、乗り越え、換骨奪胎するため、現場の人たちはミクロな「社会」を発見し、「社会」を新たに創り、そして明日を目指す。これは、一見するとずっと「負け続けて」いるのだけれども、だからといって価値が否定されなくてはならないものではない。

「負け続ける」という言葉は、「負ける」という言葉と、「続ける」という言葉の組み合わせである。確かにまた負けるのだろう。だけど、それでも続けた時間と空間がある。その時間と空間で、維持されたものがあり、誰かが少しでもその人として生きることができたのなら、そのことに意味がないはずがない。そして、人間は過去の記憶に基づいて未来や将来を構築していくものである。だとしたら、たとえいっときだったとしても、確かに続けた時間と空間が周囲に影響を与え、ときと場所を変えて、また違うところで違う形で、次の「続ける」を作るかもしれない。

そうであるなら、勝ち負けは本質的な問題ではなくなる。もともと、ケアや支援の領域には、戦争や闘いの用語はあまり似合わない。なぜなら、戦争や闘いから排除され、抑圧され、切り捨てられた人たちとともにあろうとする領域だからである。勝てなかったからといってなんだというのか、そのこと自体はデフォルトである。むしろそれでも続けていることそのものが、何にも代えがたい高い価値がともなうような、そういう領域である。続いてさえいれば、今日もあの人やこの人との明日が育まれる可能性が残されているのだから。

このことは、本書がケアと支援という言葉を、現状として用いられるときにニュアンスの違いがあることを踏まえながら、多くの場面であえて併用してきたこととも深くかかわっている。「はじめに」で述べたように、ケアという言葉も、支援という言葉も、一定の文脈の中に成立している。以前あった言葉と、それに代表されるようなやり方に対して、批判するために生まれ、使われてきた言葉である。その意味では、ケアという言葉の使われ方、支援という言葉の使われ方は、それぞれが新たに創られた「社会」でもある。ケアというと包み込むような温かさを感じさせ、支援というと本人の主体性が強く前提されているように感じらせられるのは、そういう言葉として用いることが、一定の「社会」の言葉として一部の領域で（医療・福祉分野である程度本を読む人なら伝わるだろうニュアンスにすぎず、それ以外の人であればあまり気にしないだろうから）成立してきたからである。

そして、どちらの言葉も、最初に持っていた批判的な潜勢力は徐々に失われていく。たとえば支援という言葉は、今日では社会福祉領域で全般的に用いられるようになっていて、当初批判の対象とされていたようなやり方であっても一律に支援と呼ばれるようになってしまっている。新たな

「社会」を生み出して対抗しても、こうしていわば「盗用」され、当初の意味を損なわれてしまうことは珍しくない。たとえば自立生活運動が育んできた「自立」など、こうした例には事欠かない。その意味では、これもまた、「負け続けている」ともいえる。

それでも、こうして生み出し続けていること、ケアや支援という言葉に、それぞれの現場で身体を張っている人たちが自分たちの思いを託してきたことには、やはり重要な意味がある。具体的に託された思いは、それぞれ少しずつ違うだろう。けれども、いまの社会において、人が人とかかわりながらその人なりに生きるということを大切にしようとしてきたという点では、おそらく多くのものが共通している。

本書は、個々の「社会」というより、「社会」を生み出すという営みの方に焦点を当てている（そのこと自体、まとめてみることで初めて私も気づいたのだが）。だとしたら、ケアと支援という言葉も、ニュアンスの違いは踏まえつつ、あえて併用した方がいい。そう考えたのである。

だが本当は、こうしたことを書いていることに対して、私にはかなり強いためらいもある。なぜなら、負け続けるのは、とてもしんどいことだからである。続けていればすごいのだという言い方をしてもむなしくなるくらい、本当に多くの現場が疲弊しているのも肌で感じている。

医療や福祉にかかわる法制度は、本当にコロコロ変わり、立派な目的で作られたのだろうと思うサービス類型が新たに生まれ、それでいて実際には書類ばかりが増えて、利用者本人とかかわる時間がまた削られるばかりである。マクロな社会の側の差別や排除は、弱まったり緩んだりする部分もあるのだけれど、他方で深刻化したり激化したりしているところもある。理解のある顔をしながら、実際にはもっとも陰湿な形で排除してくる人もいる。

そんな日々を送るうちに、実は自分がもっとも、「理解のある顔をしながら、実際にはもっとも陰湿な形で排除して」いるのではないかと思う瞬間が出てくる。利用者本人の方を向いているつもりが、いつのまにか「社会」（マクロにせよミクロにせよ）の方を向いてしまっているのではないか。負けないように抗っているつもりが、あの人やこの人を本当の意味で切り捨てているのは自分ではないか。そう気づいて、足元が抜け落ちるような感覚に駆られることもあるだろう。

少なくとも私自身、現場とのかかわり方はごく限られたものでしかないけれども（あるいはそれだけに）、何度もそう感じてきた。実際に当事者からそういわれたこともある。そして、周囲の頼れる支援者たちが、繰り返しそうやって苦しんでいるのも、何度も見てきた。

負け続けることは、とてもしんどい。自分が負けるだけなら、どうでもいいかもしれない。だが、負けても続けているつもりが、気づいたら負けるか負けないかだけに気が取られて、一番大切だったことを見失っているように思えるときは、本当に気力が失われる。

でも、だからこそ、私は多くの人たちと考えたいし、本書をまとめることで他の人たちの思いも聞きたいし、いろいろな現場にも行きたくなるのだと思う。しんどいと思うから、一番大切だったことを見失わない方法を探したいから、同じような思いを持つ人たちとつながりたくなるのだろう。そして、つながるというとき、私たちがいま考えなくてはならない重要なことのひとつが、世代の問題である。

すでにお気づきかもしれないが、「支援の現場を訪ねて」で取り上げている団体の多くが、いわゆる団塊の世代と呼ばれる人たちやその少し下の世代が始めたものである。大学紛争などの「時代の空気」を吸った人たちの一部は、内ゲバや紛争から距離を取り、一九七〇年代に地域で活動を始めている。あるいは、その世代の人たちで、子育てや親の介護を終えた人たちが、一九九〇年代に始めていることもある。また、その少し下の世代が、定年退職を間近に控えて、これまでとは大きく異なる世界に飛び込んでいることもある。

その世代の人たちが作ってきた「社会」は、いろいろな意味で魅力的だし、学べるものが多いと思う。だけど、それをそのまま受け継ぐのは無理である。私の世代（四〇代後半で団塊ジュニア世代）でもそうだし、もっと若い世代ならもっとそうかもしれない。

ここには時代の問題もある。たとえば、「ともに生きる」という姿勢がいかに魅力的だったとしても、現在新たに介助者になる人で、それをそのまま踏襲できる人はごくわずかである。「ともに生きる」が成立したのは、当時の時代背景と雇用状況、法制度の状況など、多くのものがあってのことである。

もうひとつには、そもそもここでいうミクロな「社会」をつくるということは、まさに「社会」

運動のひとつだからである。社会運動は、それぞれの人の人生そのものである。「支援の現場から」で取り上げた現場はどこも、そこを立ち上げ維持してきた人たちの人生と不可分だった。どの現場にも、そこを立ち上げた人たちの人生の刻印がある。人の人生は、引き継げない。そんなもの、重くてとても無理である。私は私でしかないし、その人はその人でしかない。

だとしたら、何を、どの水準のものを「受け継ぐ」のか。それを言葉にしていく必要がある。私はそれを、法制度や個々の行為レベルとは異なる、ミクロな「社会」をそのつどの状況に応じて作ることだと提示してきたつもりである。その具体的な形はさまざまで、ひとつの形だけを想定する必要はない。時代によって、担う人によって、置かれた条件によって、さまざまであっていいはずである。いずれにせよ、法制度や個の限界を掻い潜り、乗り越え、換骨奪胎しながら、本当に大切なことや人の方を向き続けるために、適切な形で「社会」を発見し、その場に応じた「社会」を創出する。それが、この人たちのやってきたことである。

そのままを踏襲することはできない。けれども、自分なりの形でやってみることはできるだろう。そうやって連綿と続いていけば、いかに負け続けているように見えても、そのことには価値があるのではないか。同じでなくても、勝つことはなくても、続いているのなら。そしてまた明日、それで少しでも、あの人やこの人が、その人なりに人とかかわりながら生きていけるのなら。

あとがき（謝辞）

本書は、本当に多くの方々のお力を借りることでなんとか形にすることができた。

まずは、「支援の現場を訪ねて」で取り上げた団体の皆様に心から感謝したい。取材はもちろん、原稿の確認、写真の提供など、そして今回の再録に当たっての最後の確認と、大変お世話になった。なお、エフ・エーさろんとすまいる、フェリスモンテについては、写真家である矢部朱希子さんの写真（本当にステキな写真！）を使わせていただいている。あわせて御礼申し上げたい。

第1章で取り上げた特養Bの皆さんには、貴重なお時間を割いていただいた。第3章については、貴重な機会を与えてくれたＲＯＡＤ事務局、声をかけてくれた似田貝香門先生、つぶやきを残してくれた足湯ボランティアの皆さん、そしてその向こうにいる被災者の方々に御礼を申し上げたい。第4章については、上田敏先生、そしてインタビューの場を作ってくれた一橋大学の猪飼周平さん、日本看護協会出版会の青野昌幸さんに感謝したい。

その他にも、ここで名前を挙げて取り上げてはいないが、たこの木クラブをはじめとして、支援の現場で出会った多くの方々から学んだことが、本書の基礎になっている。

日本女子大学の岩永理恵さんと、東北大学の田代志門さんには、お忙しい中、草稿に目を通していただいた。お二人のコメントがあったからこの形でまとまったのだと思う。心から感謝申し上げたい。

この一〇年あまりの間にあちこちで書いたことをまとめて本にしたいという思いは以前からあったが、日常生活の中ではなかなかその機会が持てなかった。二〇二〇年度から法政大学社会学部にサバティカルをいただき、やっとその機会を得ることができた。あいにくのコロナ禍で、せっかくの在外研究も家にこもってばかりではあったのだが、その時間を使って本書をまとめることができた。貴重な機会を与えてくれた職場にも感謝したい。

本書に掲載した文章の多くが雑誌『支援』に書いたものである。『支援』編集委員の皆さんには、公私ともども本当にお世話になっている。併せて感謝したい。

最後になるが、すぐに「こんなの出しても仕方ないです」と言い出す私に、そのつど「また言っているんですか」と笑って流してくれた生活書院の髙橋淳さんにも、御礼申し上げたい。下手な慰めよりよほど効いたと思う。

私事で恐縮だが、本書は特養Bでお会いした、当時一〇〇歳だった女性に捧げたい。私がボランティアだと名乗ると、「いい経験をしているね。経験を重ねなさい。経験は、お金やモノと違って、誰にも取られないものだから」と言われた。あまりにカッコいい言葉に感動して、実母に電話で話したところ、祖母（母が若い頃に亡くなったので、私は会ったことがない）がいつも口にしていた言葉と同じだったそうである。

この一言で踏ん張れた瞬間が何度もある。そしていつも、戦争を生き延びてきた女性たちがこの言葉にどんな想いを込めていたのだろうと、考えてしまう。

支援の現場を訪ねて⑦　最後のひとりまで――被災地ＮＧＯ恊働センター（「被災地 NGO 恊働センター――被災した一人ひとりのために」『支援 vol.2』2012 年より改変）

支援の現場を訪ねて⑧　サービスとしてではなく――法政大学多摩キャンパス・旧ボランティアセンター／館が丘団地ふらっと相談室・ふらっとカフェ（「「その人」として出会う――学生をボランティアにつなげるということ」『支援 vol.4』2014 年より改変）

支援の現場を訪ねて⑨　関係のただなかで――シャロームいしのまき（「シャロームいしのまき――関係のただなかで、まちおこし！」『支援 vol.8』2018 年より改変）

第４章　専門職と「ともに生きる」立場と――上田敏と障害者運動の対比からみえる異なるケア提供者像（「上田敏をちゃんと読もう！――社会モデルとは何だったのか」『支援 vol.8』2018 年より改変）

支援の現場を訪ねて⑩　モノは使いよう！――むつき庵（「むつき庵――モノは使いよう！」『支援 vol.3』2013 年より改変）

支援の現場を訪ねて⑪　一人ひとりの弱い人たちが――要を支える会（「要を支える会――ひとりひとりの弱い人たちが」『支援 vol.8』2018 年より改変）

支援の現場を訪ねて⑫　仕事でなく生業として――トータルサポートたいとう（「トータルサポートたいとう――仕事ではなく生業として」『支援 vol.10』2020 年より改変）

支援の現場を訪ねて⑬　ごたまぜで生きる――ウイズタイム／ウイズタイムハウス（「ウイズタイム／ウイズタイムハウス――心にげんこつはあるけれど」『支援 vol.10』2020 年より改変）

補遺　あのころの私に（「あのころの私に」『支援 vol.10』2020 年より改変）

おわりに（書き下ろし）

初出一覧

はじめに（書き下ろし）

第１章　〈場〉の力——ケア行為という発想を超えて（「〈場〉の力——ケア行為という発想を超えて」鈴木智之・三井さよ編『ケアのリアリティ——境界をといなおす』法政大学出版局、2012 年より改変）

支援の現場を訪ねて①　お年寄りの方が、懐も深いし、したたかですよ——エフ・エーさろん（「エフ・エーさろん——お年寄りがしたたかに「助け合う」まちを目指す」『支援 vol.4』2014 年より改変）

支援の現場を訪ねて②　にぎやかさ、明るさと、それを支えるものと——すまいる／ほっとすまいる（「すまいる——賑やかさ明るさと、それを支えるものと」『支援 vol.4』2014 年より改変）

支援の現場を訪ねて③　おたっしゃで——フェリスモンテ（「口絵——フェリスモンテ」『支援 vol.4』2014 年より改変）

第２章　「優位に立つ」を弱める——支援か虐待かという問いの先へ（「支援と虐待のはざまで——虐待を防止するとはどのようなことか」『社会福祉研究』127 号、2016 年、pp.29-37. より改変）

支援の現場を訪ねて④　ちょっと変わったリサイクルショップ——ちいろばの家（「ちいろばの家——なんだか普通で自然体」『支援 vol.8』2018 年より改変）

支援の現場を訪ねて⑤　美味しいものいっぱいですよ——あしたや共働企画（「あしたや共働企画——美味しいですよ、あしたや」『支援 vol.7』2017 年より改変）

支援の現場を訪ねて⑥　特にイジられている人がスタッフです——えるぶ（「えるぶ——特にイジられている人がスタッフです」『支援 vol.7』2017 年より改変）

第３章　出会うということ——足湯ボランティアと被災者のつぶやきからみる素人の力（「足湯ボランティアの聴いた「つぶやき」と被災者ケア」吉原直樹・似田貝香門・松本行真編『東日本大震災と＜復興＞の生活記録』六花出版、2017 年より改変）

文　献

天田城介, 2004,『老い衰えゆく自己の／と自由——高齢者ケアの社会学的実践論・当事者論』ハーベスト社

——, 2011,『老い衰えゆくことの発見』角川学芸出版

Beck, Elizabeth, Nancy P. Kropf & Pamela Blume Leonard eds., 2010, *Social Work and Restorative Justice: Skills for Dialogue, Peacemaking, and Reconciliation*, Oxford University Press, Inc.（= 2012 林浩康監訳『ソーシャルワークと修復的正義——癒やしと回復をもたらす対話、調停、和解のための理論と実践』明石書店）

Cohen, Uriel & Gerald D. Weisman, 1991, *Holding on to Home: designing environments for people with dementia*, Johns Hopkins University Press（= 1995, 岡田威海監訳『老人性痴呆症のための環境デザイン——症状緩和と介護をたすける生活空間づくりの指針と方法』彰国社）

Freidson, Eliot, 1970, *Professional Dominance: The Social Structure of Medical Care*, New York: Atherton Press（= 1992 進藤雄三・宝月誠訳『医療と専門家支配』恒星社厚生閣）

深田耕一郎, 2013,『福祉と贈与——全身性障害者・新田勲と介護者たち』生活書院

林田俊弘, 2016,『鼻めがねという暴力——どうすれば認知症の人への虐待を止められるか』harunosora

堀智久, 2014,『障害学のアイデンティティ——日本における障害者運動の歴史から』生活書院

星加良司, 2007,『障害とは何か——ディスアビリティの社会理論に向けて』生活書院

星加良司, 2013,「社会モデルの分岐点——実践性は諸刃の剣？」川越敏司・星加良司・川島聡『障害学のリハビリテーション——障害の社会モデル　その射程と限界』生活書院

市川和彦, 2000,『施設内虐待』誠信書房

——, 2002,『続・施設内虐待——克服への新たなる挑戦』誠信書房

市川和彦編, 2007,『虐待のない支援——知的障害の理解と関わり合い』誠信書房

市川和彦・木村淳也, 2016,『施設内暴力——利用者からの暴力への理解と対応』誠信書房
井口高志, 2007,『認知症家族介護を生きる——新しい認知症ケア時代の臨床社会学』東信堂
猪飼周平, 2010,『病院の世紀の理論』有斐閣
池ノ上寛太, 2009,『リハビリの結果と責任——絶望につぐ絶望、そして再生へ』三輪書店
石村善助, 1969,『現代のプロフェッション』至誠堂
南雲直二, 1998,『障害受容——意味論からの問い』荘道社
———, 2002,『社会受容——障害受容の本質』荘道社
ならではの働き研究委員会, 2007, 報告書『その人の“ならでは”の働き』
似田貝香門・村井雅清編, 2015,『震災被災者と足湯ボランティア——「つぶやき」から自立へと向かうケアの試み』生活書院
似田貝香門, 2015,「被災者の「身体の声」を聴く——被災者の「つぶやき」分析から」似田貝香門・吉原直樹編『震災と市民2——支援とケア』東京大学出版会
松川敏道, 2001,「施設内虐待の視覚と方法——障害者施設における虐待の発生構造についての包括的研究枠組み」『教育福祉研究』7: 27-37
増田公香, 2014,『当事者と家族からみた障害者虐待の実態——数量的調査が明かす課題と方策』明石書店
三井さよ, 2004,『ケアの社会学——臨床現場との対話』勁草書房
———, 2008, 「『生活をつくる』——特養Bにおけるグループケアの試みを通して」日本社会学会第八一回大会報告
———, 2008,「「人として」の支援——阪神・淡路大震災において「孤独」な生を支える」崎山治男・伊藤智樹・佐藤恵・三井さよ編『〈支援〉の社会学——現場に向き合う思考』青弓社
———, 2011,「決定/介入の割り切れなさ——多摩地域における知的障害当事者への支援から」『現代社会学理論研究』No.5, pp.3-15
———, 2010『看護とケア——心揺り動かされる仕事とは』角川学芸出版
———, 2015,「〈出会い〉の創出と〈共同化〉——足湯ボランティアの生み出すもの」似田貝香門・吉原直樹編『震災と市民2——支援とケア』東京大学出版会
———, 2018,『はじめてのケア論』有斐閣
三井さよ・児玉雄大編, 2020,『支援のてまえで——たこの木クラブと多摩の四〇年』生活書院

三好春樹 , 2001,『ブリコラージュとしての介護』雲母書房
———, 2005,『介護の専門性とは何か』雲母書房
宗澤忠雄編 , 2012, 障害者虐待——その理解と防止のために』中央法規
村井雅清 , 2011,『災害ボランティアの心構え』ＳＢクリエイティブ
———, 2013「災害ボランティア活動から見えること」『福祉社会学研究』10
西川勝 , 2007,『ためらいの看護——臨床日誌から』岩波書店
西川真規子 , 2008,『ケアワーク：支える力をどう育むか——スキル習得の仕組みとワークライフバランス』日本経済新聞出版社
奥山久美子 , 2003,『のぞみホームの静かな力——新しい介護の生まれ方、育ち方』全国コミュニティライフサポートセンター（CLC）
Oliver, Michael, 1990, *The Politics of Disablement*, The Macmillan Press（= 2006 三島亜紀子・山岸倫子・山森亮・横須賀俊司訳『障害の政治——イギリス障害学の原点』明石書店）
小澤勲 , 2003,『痴呆を生きるということ』岩波新書
佐藤俊樹 , 2008,『意味とシステム——ルーマンをめぐる理論社会学的探究』勁草書房
———, 2011,『社会学の方法——その歴史と構造』ミネルヴァ書房
阪井由佳子 , 2002,『親子じゃないけど家族です——私が始めたデイケアハウス』雲母書房
榊原賢二郎 , 2016,『社会的包摂と身体——障害者差別禁止法制後の障害定義と異別処遇を巡って』生活書院
盛山和夫 , 1995,『制度論の構図』創文社
———, 2000,『権力』東京大学出版会
柴田保之 , 2015,『沈黙を越えて』萬書房
下村恵美子 , 2001,『九八歳の妊娠——宅老所よりあい物語』雲母書房
荘田智彦 , 1983,『同行者たち——「重症児施設」島田療育園の二十年』千書房
惣万佳代子 , 2002,『笑顔の大家族このゆびとーまれ——「富山型」デイサービスの日々』水書坊
杉野昭博 , 2007,『障害学——理論形成と射程』東京大学出版会
鈴木良 , 2019,「日本において知的障害者の脱施設化が進まないのはなぜか」障害学会第16 回大会シンポジウム発表資料
https://gakujutsushukai.jp/system/content_attachments/attaches/000/000/141/original/sympo_suzuki.docx?1567075265

田部井康夫, 1993,『18 坪のパラダイス――デイセンターみさと奮闘記』筒井書房
多田富雄, 2007,『わたしのリハビリ闘争――最弱者の生存権は守られたか』青土社
高口光子, 2004,『ユニットケアという幻想――介護の中身こそ問われている』雲母書房
瀧本信吉, 2008,『元気な亀さん物語――幼児から高齢者まで　共生ケアの源流』筒井書房
田島明子, 2009,『障害受容再考――「障害受容」から「障害との自由」へ』三輪書店
立岩真也, 2010,「社会派の行き先・2」『現代思想』12 月号（⇒ 2017 立岩真也『リハビリテーション／批判――多田富雄／上田敏／他』Kyoto Books.
―――, 2011,「社会派の行き先・3」『現代思想』1 月号（⇒ 2017 立岩真也『リハビリテーション／批判――多田富雄／上田敏／他』Kyoto Books）
―――, 2017,「リハビリテーション専門家批判を継ぐ」『多田富雄コレクションⅡ：人間の復権【リハビリと医療】』藤原書店
寺本晃久・末永弘・岩橋誠治・岡部耕典, 2008,『良い支援？――知的障害／自閉の人たちの自立生活と支援』生活書院
寺本晃久・岡部耕典・岩橋誠治・末永弘, 2015,『ズレてる支援！――知的障害／自閉の人たちの自立生活と重度訪問介護の対象拡大』生活書院
富山県厚生部厚生企画課, 2019,「全国へ広がる富山型デイサービス」『Aging&Health』2019.1, 10-13.
外山義, 1990,『クリッパンの老人たち――スウェーデンの高齢者ケア』ドメス出版
―――, 2003,『自宅でない在宅――高齢者の生活空間論』医学書院
Tuan, Yi-Fu, 1977, *Space and Place: The Perspective of Experience*, University of Minnesota Press（= 1993, 山本浩訳『空間の経験――身体から都市へ』筑摩書房）
上田敏, 1983,『リハビリテーションを考える――障害者の全人間的復権』青木書店
―――, 1987（→ 2001）,『リハビリテーションの思想――人間復権の医療を求めて　第２版』医学書院
―――, 1992,『リハビリテーション医学の世界――科学技術としてのその本質、その展開、そしてエトス』三輪書店
―――, 2001,『科学としてのリハビリテーション医学』医学書院
―――, 2013,『リハビリテーションの歩み――その源流とこれから』医学書院
―――, 2016,「新版への序」上田敏・鶴見和子『患者学のすすめ〈新版〉――“人間らしく生きる権利”を回復する新しいリハビリテーション』藤原書店
上田敏・三井さよ, 2020,『「生きるを支える」リハビリテーション』日本看護協会出版会

上野千鶴子 , 2011,『ケアの社会学――当事者主権の福祉社会へ』太田出版
浮ヶ谷幸代 , 2007,「病いと〈つながり〉の場――民族誌的研究の方向性」, 浮ヶ谷幸代・井口高志編『病いと〈つながり〉の場の民族誌』明石書店 : 13-46
―――, 2009,『ケアと共同性の人類学――北海道浦河赤十字病院精神科から地域へ』生活書院
和田幸子 , 2020,「子ども会から働く場へ――たこの木の三〇年、あしたやの二〇年」三井さよ・児玉雄大編『支援のてまえで――たこの木クラブと多摩の四〇年』生活書院
渡邉琢 , 2011,『介助者たちは、どう生きていくのか――障害者の地域自立生活と介助という営み』生活書院
山辺恵理子 , 2010,「修復的正義から「修復的実践」へ――「修復的」であることの教育的意義の探求」『東京大学大学院教育学研究科　基礎教育学研究室　研究室紀要』36
山下幸子 , 2008,『「健常」であることをみつめる――一九七〇年代障害当事者／健全者運動から』生活書院
山崎英樹＋清山会医療福祉グループ , 2006,『介護道楽・ケア三昧――関わりを自在に楽しみながら』雲母書房
幼老統合ケア研究会編（多湖光宗監修）, 2006,『幼老統合ケア　少子高齢化も安心！――“高齢者福祉”と“子育て”をつなぐケアの実践と相乗効果』黎明書房
Zehr, Howard, 1995, *Changing lenses: A New Focus for Crime and Justice*, Herald Press（= 2003 西村春夫・細井洋子・高橋則夫監訳『修復的司法とは何か――応報から関係修復へ』新泉社）
―――, *The Little Book of Restorative Justice*,（= 2008 森田ゆり訳『責任と癒し――修復的正義の実践ガイド』築地書館

本書のテキストデータを提供いたします

本書をご購入いただいた方のうち、視覚障害、肢体不自由などの理由で書字へのアクセスが困難な方に本書のテキストデータを提供いたします。希望される方は、以下の方法にしたがってお申し込みください。

◎データの提供形式＝CD-R、フロッピーディスク、メールによるファイル添付（メールアドレスをお知らせください）。

◎データの提供形式・お名前・ご住所を明記した用紙、返信用封筒、下の引換券（コピー不可）および200円切手（メールによるファイル添付をご希望の場合不要）を同封のうえ弊社までお送りください。

●本書内容の複製は点訳・音訳データなど視覚障害の方のための利用に限り認めます。内容の改変や流用、転載、その他営利を目的とした利用はお断りします。

◎あて先
〒160-0008
東京都新宿区四谷三栄町6-5 木原ビル303
生活書院編集部　テキストデータ係

【引換券】
ケアと支援と
「社会」の発見

著者略歴

三井さよ

（みつい・さよ）


1973年石川県生まれ。

2003年東京大学大学院人文社会系研究科博士課程修了（博士（社会学））。

2004年から法政大学社会学部教員、現在は同学部教授。

著書に『ケアの社会学――臨床現場との対話』（勁草書房、2004年）、『看護とケア――心揺り動かされる仕事とは』（角川学芸出版、2010年）、『はじめてのケア論』（有斐閣、2018年）。共編著に『ケアのリアリティ――境界を問いなおす』（鈴木智之と共編著、法政大学出版局、2012年）、『支援のてまえで――たこの木クラブと多摩の四〇年』（児玉雄大と共編著、生活書院、2020年）など。雑誌『支援』の編集委員。

ケアと支援と「社会」の発見
――個のむこうにあるもの

発　行―――― 2021年11月30日　初版第1刷発行
著　者―――― 三井さよ
発行者―――― 髙橋　淳
発行所―――― 株式会社　生活書院
〒160-0008
東京都新宿区四谷三栄町6-5 木原ビル303
ＴＥＬ 03-3226-1203
ＦＡＸ 03-3226-1204
振替 00170-0-649766
http://www.seikatsushoin.com
印刷・製本―― 株式会社シナノ

Printed in Japan

ISBN 978-4-86500-133-4